中国能源市场蓝皮书
CHINA BLUE BOOK OF ENERGY MARKET

中国焦化行业发展研究报告

（2017—2018）

CHINA COKING INDUSTRY DEVELOPMENT REPORT

(2017-2018)

中国炼焦行业协会
山西焦化行业协会 编著
山西汾渭能源开发咨询有限公司

中国经济出版社
CHINA ECONOMIC PUBLISHING HOUSE
·北京·

图书在版编目(CIP)数据

中国焦化行业发展研究报告.2017—2018／中国炼焦行业协会，
山西焦化行业协会，山西汾渭能源开发咨询有限公司编著.
北京：中国经济出版社，2018.4
ISBN 978-7-5136-5151-6

Ⅰ.①中… Ⅱ.①中…②山…③山… Ⅲ.①焦化—化学工业—工业发展—研究
报告—中国—2017-2018 Ⅳ.①F426.7

中国版本图书馆CIP数据核字(2018)第060754号

责任编辑 姜 静
责任印制 马小宾
封面设计 任燕飞工作室

出版发行 中国经济出版社
印 刷 者 北京金明盛印刷有限公司
经 销 者 各地新华书店
开　　本 710mm×1000mm 1/16
印　　张 16.5
字　　数 255千字
版　　次 2018年4月第1版
印　　次 2018年4月第1次
定　　价 198.00元
广告经营许可证 京西工商广字第8179号

中国经济出版社 **网址** www.economyph.com **社址** 北京市西城区百万庄北街3号 **邮编** 100037
本版图书如存在印装质量问题，请与本社发行中心联系调换(联系电话：010-68330607)

《中国焦化行业发展研究报告(2017—2018)》

编 辑 委 员 会

前　　言

在经历了动荡剧烈的市场波动、去产能与环保风暴后，焦化行业款款地进入了2018年，惊魂未定的企业家们从未像今天这样关注中国的两会、美国的特朗普、全球“一带一路”合作和遍地桃花背景下的雾霾天气，因为所有这些从未像今天这样与焦化企业的命运紧密相连。

在此背景下，我们将往年的焦炭市场发展研究报告扩展为焦化行业发展研究报告，旨在从更深入、更广泛的角度对中国焦化行业面临的风险、机会及其在全球的竞争环境作一分析与评估。

在充分研究了资源、环境、焦化产业链以及政策、宏观和国际政治与经济环境的基础上，本报告初步得出了如下结论：

一、中国焦化行业是可持续发展的，伴随着资源与产品的应用技术与应用领域的拓展以及综合效率的提高，焦化行业还有进一步发展的空间。

二、中国焦化行业的技术装备水平是全球领先的，是有生命力的。

三、中国焦化企业管理水平的差异是触目惊心的，淘汰、兼并与重组是必然趋势。

四、中国焦化行业技术发展路径单一，与炼焦煤的研究与应用水平较发达国家的差异是巨大的。

基于以上结论，本报告尽可能全面地对2018年乃至更长时间的中国焦化行业的发展情景进行了描述，同时又根据我们的理解重点研究了以下内容：

一、“一带一路”及国际市场对中国焦化行业的直接与间接影响。

二、国内外焦化技术发展及其对中国焦化行业的影响。

三、大数据及人工智能在焦化行业的应用前景分析。

四、中国各焦炭产地资源禀赋，产业链与竞争力对比分析。

五、中国焦炭及其产业链产品的各应用领域发展前景分析。

六、2018年中国焦化市场分析与预测。

2018年，注定是中国焦化行业发展史上浓墨重彩的一年，风险、机遇并存；实力、战略与新时代和新技术兼容并蓄。愿我们携手同行，创新发展，共同迎接焦化行业更美好的未来。

本书编委会

2018年3月

目 录

第一篇 市场报告

第二篇　技术发展研究报告

第三篇　产品报告

第四篇　区域系统研究报告

第一篇

市场报告

第一章　2017 年中国焦化行业发展综述

一、2017 年中国经济稳中向好发展

(一)2017 年 GDP 增速 6.9%

根据国家统计局数据,2017 年全国国内生产总值 827122 亿元,比上年增长 6.9%。全年来看,经济总体呈现前高后低的态势。

2017 年第一季度信贷、通胀和投资均出现回升,支撑中国经济延续上年末回升态势。第一季度 GDP 增速 6.9%,环比增加 0.1%;工业增加值增速累计同比增加 6.8%,环比增加 0.8%。第二季度主要受基建投资旺季季节性、制造业补库存周期延续和 PPP 项目的逐步落地等因素的支撑,经济延续企稳态势。第二季度 GDP 增速 6.9%,环比持平;工业增加值增速累计同比增加 6.9%,环比增加 0.1%。但在政府政策的影响下,终端消费尤其是房地产和汽车销售的走弱对经济造成了负面影响。经济在后半年压力显现,第三季度 GDP 增速 6.8%,环比回落 0.1%;工业增加值增速累计同比增加 6.7%,环比回落 0.2%;第四季度 GDP 增速与第三季度持平,维持 6.8%,工业增加值增速累计同比增加 6.6%,环比回落 0.1%。

(二)固定资产投资增速回落

近年来中国固定资产投资增速呈现回落的态势,2017 年中国固定资产投资 631684 亿元,同比增长 7.2%,增速回落 0.9%。其中,房地产限售和利率提升抑制了房地产投资,全年房地产业投资同比增加 3.6%,增速回落 3.2%;地方政府举债受到限制,基建增速减缓,全年基础设施建设固定资产投资同比增加 14.93%,增速回落 0.78%;制造业升级带动固

定资产投资同比增加4.8%，增速提升0.6%。

（三）CPI与PPI分化

2017年CPI和PPI分化，截至2017年12月，PPI增速为4.9%，而CPI增速仅为1.8%。近两年，供给侧结构性改革推升了煤焦钢等原材料价格，使得PPI水涨船高，非食品类产品价格受到成本影响也出现上涨，表现为非食品CPI上涨2.4%，但食品类产品价格并未受到太大的影响，食品CPI下降0.4%，拉低了CPI增速。低通胀为货币政策提供了一定的调整空间。

（四）货币政策趋紧

尽管通胀水平并不高，但货币政策仍呈现出收紧的态势。第一季度央行三次局部上调公开市场操作利率，并且在2017年政府工作报告中下调M2及社融增速目标，使得货币政策呈现趋紧的迹象，引导资金“脱虚向实”以及“去杠杆”的意图明显。尽管从货币政策的大基调来讲，受高社会负债率和经济企稳基础不牢固的影响，宽松的氛围仍将延续，利率调升空间有限，但央行货币宽松的力度和意愿却在下降。从2015年的全面宽松到2016年的公开市场操作与定向宽松相结合，再到2017年的结构性上调央行公开市场和定向货币政策工具利率，可以看出，央行货币政策正在趋于收紧。

二、2017年钢铁市场运行情况

（一）2017年钢铁固定资产投资下降

2017年，中国钢铁行业固定资产投资4555.39亿元，同比下降11.4%。其中，黑色金属采矿业固定资产投资额累计751.19亿元，同比下降22.8%；黑色金属冶炼及压延加工业固定资产投资额3804.2亿元，同比下降7.1%。

（二）钢铁去产能初见成效

根据《钢铁工业调整升级规划（2016—2020年）》，“十三五”期间钢铁行业去产能目标为1亿~1.5亿吨，而2016年和2017年已分别压减产能6500万吨和5000万吨，两年合计去产能1.15亿吨，2018—2020年去产能压力不大。根据《2018年国务院政府工作报告》的要求，2018年钢铁行业去产能3000万吨，2018—2020年去产能目标值不大，但是压减的难度并不轻松。总体看，到“十三五”末，钢铁行业去产能目标应可完成。

根据汾渭能源统计，截至2017年，中国粗钢产能11.24亿吨，较上年下降0.14亿吨；生铁产能9.23亿吨，较上年下降0.12亿吨。

（三）钢铁产量和消费量双双增加

受益于全球及中国经济形势向好，以及主要用钢行业消费量的增加，2017年中国钢铁行业产量和消费量双增。根据国家统计局数据，2017年全国粗钢产量83172.8万吨，同比增加5.67%，自2016年以来连续两年回升；生铁产量71075.9万吨，同比增加1.83%，这是由于“地条钢”出清、废钢利用率提升带动铁钢比下降，因此生铁产量增速较粗钢产量增速低1.5%。

（四）钢材出口大幅下降

2017年中国钢材出口量7541万吨，同比下降30.5%，东南亚七国仍是中国钢材的主要出口目的国，占比50%。受钢铁去产能尤其是彻底取缔“地条钢”以及去库存、环保、运输等综合因素的作用，国内钢材供需趋于平衡，进而恢复了被市场扭曲的钢材价格。由于国内钢价较为合理，同时外部市场对中国钢材的贸易保护主义抬头造成贸易摩擦增多，贸易商和钢厂出口积极性减弱，使得钢材出口量大幅下滑。

（五）钢铁行业企业经营情况

2017年，由于取缔“地条钢”以及去产能政策的影响，螺纹钢价格一路上扬，2017年底为4320元/吨，恢复至价格下跌前的水平，年涨幅37.1%。在高价的支撑下，钢厂盈利水平维持高位，2017年黑色金属矿采选业利润总额413亿元，同比增加43.8%，黑色金属冶炼及压延加工业利润总额3419.4亿元，同比增加177.8%，结束了自2012年以来的利润持续下滑态势。2017年钢厂吨钢利润一度达到1000元以上。

三、2017 年炼焦煤供应情况

(一)中国炼焦煤产能释放情况

从各省(市、区)以及中央企业公布的 2017 年煤矿关闭退出情况来看,全国总计关闭退出煤矿 791 个,总产能 1.47 亿吨。其中动力煤退出产能 1.1 亿吨,占比 75.4%;炼焦煤退出产能 0.36 万吨,占比 24.6%。

据汾渭能源统计,2017 年末全国炼焦煤总产能 15 亿吨,有效供应产能 11.2 亿吨。其中,证照齐全的生产矿井产能 9.68 亿吨,核准试运转或已建成矿井产能 1.46 亿吨,未核准但已建成矿井可贡献产量的产能 600 万吨。2017 年,炼焦煤原煤产量 8.96 亿吨,精煤供应量 4.48 亿吨。

(二)炼焦煤进出口情况

2017 年中国炼焦煤进口量 6990 万吨,同比增加了 17.9%,延续了 2016 年炼焦煤进口量增加的态势,主要进口国仍为澳大利亚和蒙古。

2017 年炼焦煤出口量 230 万吨,同比大幅增加,增幅为 91.0%。主要原因是:受到澳大利亚 4 月飓风的影响,日本、韩国、中国台湾地区对中国大陆炼焦煤紧急采购需求增加,导致我国 4 ~ 6 月出口量大增,拉高了全年的出口量。

(三)炼焦煤均价抬升

2017 年受下游市场回暖、需求增加影响,国内炼焦煤价格整体高位震荡,根据中国煤炭资源网数据,柳林 4#低硫焦煤由年初的 1630 元/吨下跌至年末的 1480 元/吨,下降 9.2%,全年均价 1435 元/吨,同比大幅增加,增幅为 69%,总体维持高位。

进口煤价格也大幅跟涨,以澳大利亚峰景主焦煤为例,2017 年全年均价 190 美元/吨,同比回升 29%。

四、中国焦炭市场分析

(一)2017 年中国焦炭需求增加

2017 年中国焦炭消费量 43627 万吨,同比增加 2.9%。其中,钢铁行业焦炭消费量 37244 万吨,占焦炭总消费量的 85%;化工行业焦炭消费量 3341 万吨,占焦炭总消费量的 8%;金属铸造行业焦炭消费量 990 万吨,占焦炭总消费量的 2%;电石等非金属矿物制造业焦炭消费量 929 万吨,占焦炭总消费量的 2%;有色金属冶炼行业焦炭消费量 552 万吨,占焦炭总消费量的 1%;其他行业焦炭消费量 572 万吨,占焦炭总消费量的 1%。

(二)2017 年焦炭供应量下降

2017 年,受供给侧结构性改革、取暖季环保限产等因素影响,全年焦炭产量 43143 万吨,同比下降 3.3%。

从生产企业的结构看,钢厂配套焦化企业生产焦炭 14344 万吨,占比下降至 33.2%;独立焦化企业生产焦炭 28799 万吨,占比 66.8%。随着沿海钢厂配套焦化企业的投产,独立焦化企业产量占比有所回落。

从焦炭产品的品种结构看,2017 年冶金焦产量为 38153 万吨,占比 88.4%;铸造焦产量约 970 万吨,占比 2.2%;半焦产量约 4020 万吨,占比 9.3%。环保限产不同程度地抑制了各品种焦炭的产量。

(三)2017 年焦炭出口量下降

2017 年中国焦炭出口量为 809 万吨,同比降低 20.1%。主要出口货源地仍然是山西省,2017 年出口焦炭 534.4 万吨,占全国出口总量的 66.0%。焦炭出口主要流向为印度、日本、马来西亚、越南、南非等国家,对上述 5 国的焦炭出口量总计 461 万吨,占中国焦炭出口总量的 57.0%。

(四)焦炭缺口扩大带动价格上行

受环保限产及下游需求增加的影响,2017 年焦炭供应缺口 1260 万吨,呈现扩大的趋势,带动价格上行。截至 2017 年 12 月 29 日,国内日照港焦炭价格为 2300 元/吨,较年初的 2050 元/吨小幅上涨12.2%。年内焦炭价格最高点在 9 月下旬，为 2410 元/吨，年内焦炭价格最低点在 6 月下旬，为 1680 元/吨。

五、焦化行业存在的问题及发展趋势

（一）焦化行业存在的问题

1. 新的环保政策条件严苛，相应的技术措施尚不成熟

面对新的严格的环保政策法规标准，现有的焦化厂基本达不到要求，而现实中成熟的并被专家认可的高效经济，且可实现达标要求的技术措施和工艺还在实践探索过程中。因此，增加了企业对环保技术装备的选择难度，部分企业在环保设施的新建或改造的投资方面犹豫不决。但是企业环保达标没有回旋余地，要尽快作出较为可行应对方案。

2. 管理和技术不适应企业竞争，成本差异较大

中国焦化行业一直在追求企业规模化和装备现代化，而对炼焦煤的研究，特别是在炼焦煤各参数和焦炭质量的定量研究方面，与国外同行相比差距较大；评价煤的性价比和应用配比普遍沿用几十年前的理论和各自的经验，导致同类企业之间的生产成本差异较大；加之生产管理粗放，人为因素影响较大，企业的综合竞争能力和抵御风险的能力有待提升。

3. 市场波动不断加快，企业适应能力严重不足

近年来焦炭价格的波动无论是幅度还是频率都在增加，但企业对市场信息、市场研究和风险控制方面的重视程度严重不足，基本只靠运气或决策者的感觉，因此，焦煤和焦炭价格的波动总是国外先于国内，我国只能成为市场波动风险的承担者。

（二）焦化行业未来发展的亮点和趋势

1. 低污染和高质量为企业创造了更多的机会

随着环保政策的督察落实，处于焦化密集区的“2 + 26”范围内的企业被淘汰一部分已成必然趋势；与此同时，随着高炉大型化和落后产能的淘汰，高端焦炭的需求将快速增加，未来可保证环保达标的企业和生产高

质量焦炭的企业将获得更多的机会和发展空间。

2. 控制并不断降低成本是企业生存的关键

目前，国内焦化企业之间的成本差异非常之大，大多数企业存在巨大的降成本空间，主要来源于以下两个方面：一方面是量化研究各炼焦煤性价比及其组合性能基础上的新型配煤技术，以及在保证质量稳定前提下的动态优化能力。这就要求企业对更广阔范围内的资源性能进行深入的研究，实时掌握不同资源价格的差异化波动，在原料煤频繁切换时不影响产品质量和生产控制。另一方面是加强企业生产全过程的定量化管理，提高控制水平，确保每一个生产节点的实际结果符合设定目标。这就要求企业采用系统管理，加强数字控制，避免人为干扰。

3. 行业大数据系统下的数据化管理及决策是企业发展的未来

当今的企业，其每一根神经都与上下游及整个行业紧密相连，其生产过程中的每一个动作都有进一步优化和完善的空间，其经营过程中的每一天都有值得改进的新机会。所有这些都将依赖于现代信息技术的发展和行业大数据系统的形成，在此基础上，企业能否优化出自己的数据逻辑和标准系列，并在生产经营过程中不断完善数据采集系统，最终实现企业全流程的不断优化与有效控制，将决定企业的未来。

第二章 中国经济发展与结构对钢铁行业的影响

一、中国宏观经济运行情况

(一)中国 GDP 发展状况分析

根据国家统计局数据,2017 年全国国内生产总值 827122 亿元,比上年增长 6.9%。全年来看,经济总体呈现前高后低的态势。

1.2017 年上半年经济企稳回升

2017 年第一季度信贷、通胀和投资均出现回升,支撑中国经济延续上年末回升态势。第一季度 GDP 增速 6.9%,环比增加 0.1%;工业增加值增速累计同比增加 6.8%,环比增加 0.8%。第二季度主要受基建投资旺季季节性、制造业补库存周期延续和 PPP 项目的逐步落地等因素的支撑,经济延续企稳态势。第二季度 GDP 增速 6.9%,环比持平;工业增加值增速累计同比增加 6.9%,环比增加 0.1%。但在政府政策的影响下,终端消费尤其是房地产和汽车销售的走弱对经济造成了负面影响。

2.2017 年下半年经济承压

供给侧结构性改革使得行业集中度得到提升,企业盈利改善,同时银行的不良资产率下降,在此背景下关于新周期的辩论在第三季度甚嚣尘上。但值得注意的是本轮经济的企稳回暖仍旧依靠地产和基建的拉动,政府对地产和基建的监管力度增加的同时为经济带来了下行的压力,此外,央行在外部压力下进入货币紧缩阶段,也对经济起到一定的反作用。宏观经济在后半年压力显现,第三季度 GDP 增速 6.8%,环比回落0.1%;工业增加值增速累计同比增加 6.7%,环比回落 0.2%;第四季度 GDP 增速与第三季度持平,维持6.8%,工业增加值增速累计同比增加 6.6%,环比回落 0.1%。

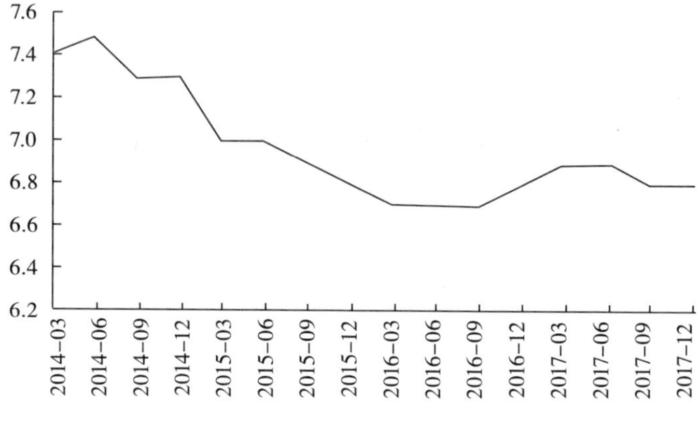

图 1-1　GDP 季度同比增速

资料来源：国家统计局

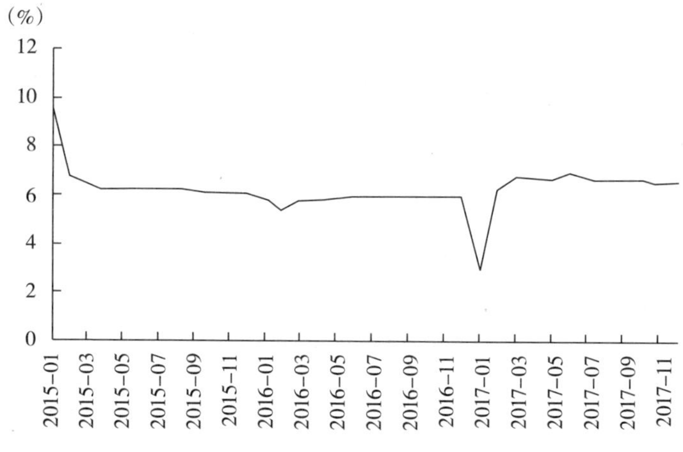

图 1-2　规模以上工业增加值累计同比增速

资料来源：国家统计局

（二）固定资产投资

近年来中国固定资产投资增速呈现回落的态势，2017 年中国固定资产投资 631684 亿元，同比增长 7.2%，增速回落 0.9%。

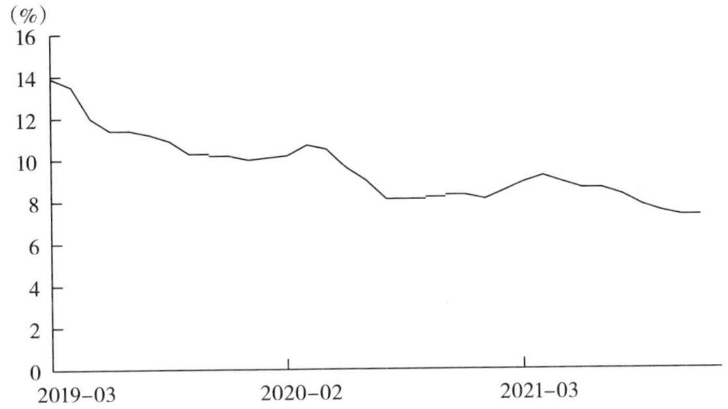

图 1-3　固定资产投资累计同比增速

资料来源:国家统计局

1. 房地产投资:限售+利率提升,抑制了房地产投资

2017 年房地产业投资同比增加 3.6%,增速回落 3.2%。2017 年 3 月始,厦门首先发布"限售令",随后,全国有 40 余个城市纷纷出台限售政策,多要求取得住房产权证后需持有一定年限才可进行转让销售。此外,政府还通过利率和信贷从消费端进行房地产调控,在上调房地产贷款利率的同时,限制银行房地产贷款额度,并严格限制消费贷违规进入房地产领域。

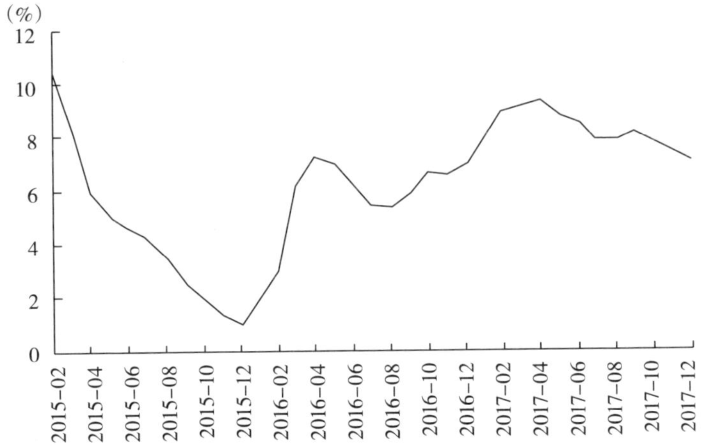

图 1-4　房地产开发投资完成额累计同比增速

资料来源:国家统计局

在限售和信贷调控的作用下，房地产销售面积增速回落，特别是2017年上半年支撑房地产销售的二线、三线城市，增速明显放缓，销售价格增速也在下半年出现回落，同时反作用于销售，使销售面积增速进一步走低。

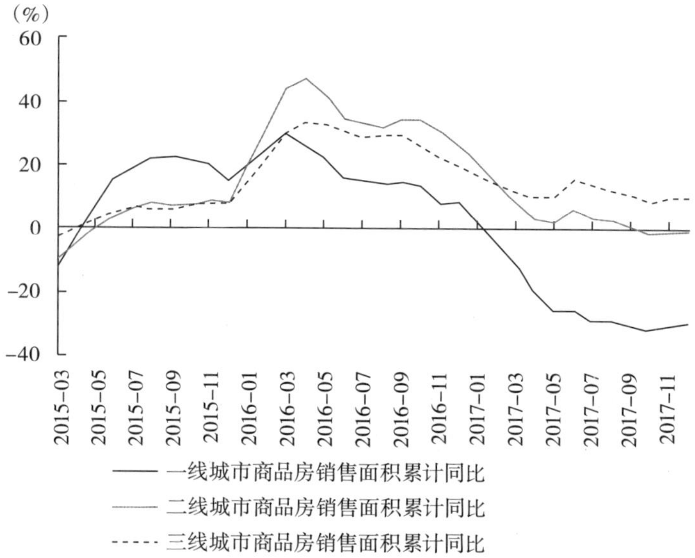

图1－5　40个大中城市商品房销售面积累计同比增速

资料来源：国家统计局

在销售放缓的背景下，房地产投资的资金来源也受到限制。从房地产开发资金来源来看，个人按揭和国内贷款占比较大，而此两项资金来源在信贷收紧和利率上升的作用下，占比出现回落，分别由2017年5月的51.5%和17.8%降至12月的51.1%和16.2%；与此同时，需要企业自筹比例由年初的30.1%涨至12月的32.6%，房地产企业的资金成本和资金压力下半年逐步增大，进而对房地产投资增速起到抑制作用。

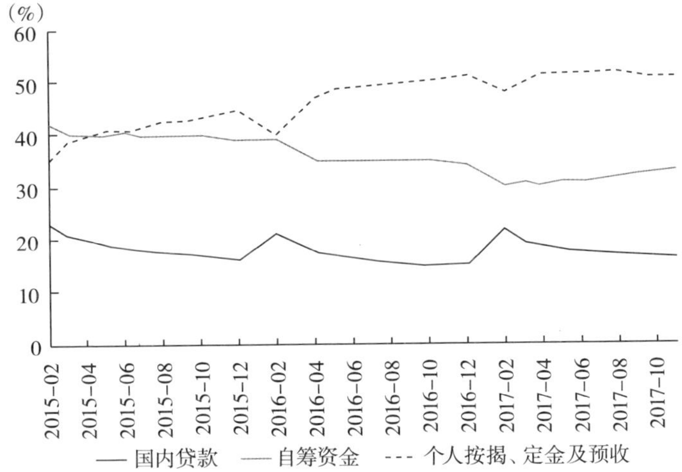

图 1-6 房地产开发资金来源占比

资料来源:国家统计局

2.基础设施投资:地方政府举债限制,基建投资增速下降

2017 年基础设施建设固定资产投资同比增加 14.93%,增速回落 0.78%。2017 年以来,由于对地方政府举债融资的限制逐步趋严,基础设施建设投资增速逐月回落。5 月,财政部、发改委等六部委联合发布《关于进一步规范地方政府举债融资行为的通知》,一方面,敦促融资平台转型为市场化运营的国有企业,限制地方政府利用融资平台举债;另一方面,严禁地方政府利用 PPP、政府出资的各类投资基金等方式违法违规变相举债。6 月,财政部又发布了《关于坚决制止地方政府以政府购买服务名义违法违规融资的通知》,进一步限制了地方政府变相融资的途径。

国家下半年对地方政府融资的强监管抑制了基建投资的增速,同时,环保政策趋严也对部分基建项目开工造成一定的影响,基建投资增速逐月下滑。

图1-7 基础设施建设投资累计同比增速

资料来源：国家统计局

3. 制造业投资：投资增速与补库存意愿趋势相同

2017年制造业升级带动固定资产投资同比增加4.8%，增速提升0.6%。经济增速经历多年下行，企业都在主动去库存。到2016年，经济企稳回升，同时多个行业实行供给侧结构性改革，导致制造业投资意愿持续回升。制造业PMI指数2017年全年保持在51以上，截至12月已升至51.6，其中，生产和新订单PMI指数分别达到54.0和53.4，制造业维持扩张态势。

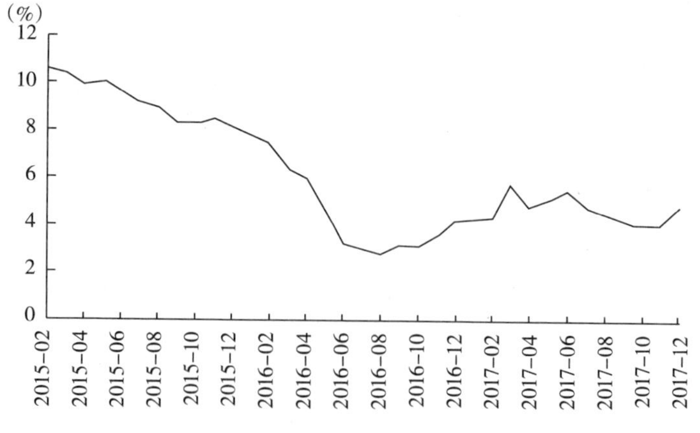

图1-8 制造业固定资产投资累计同比增速

资料来源：国家统计局

制造业投资的增加引发了工业企业的主动补库存意愿，工业企业产成品存货同比增速自2016年11月转正后，一路上扬至2017年4月。同时，下半年，经济压力重新显现，制造业投资增速重新放缓，补库存意愿也有所回落。

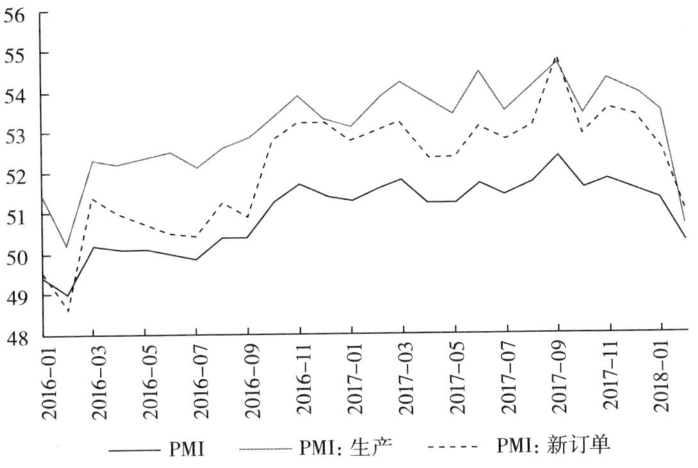

图1-9　PMI指数

资料来源：国家统计局

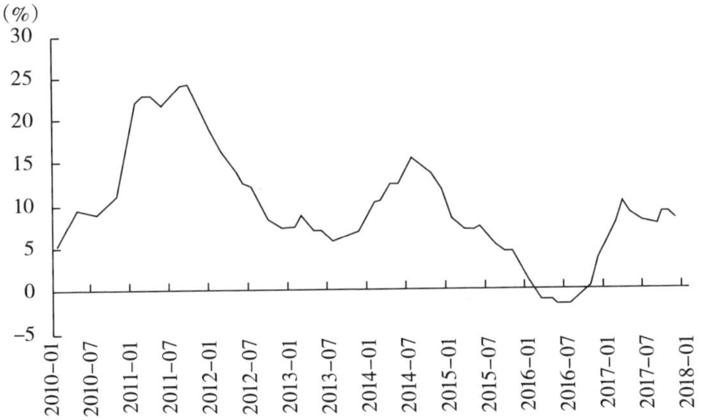

图1-10　工业企业产成品存货累计同比增速

资料来源：国家统计局

(三)CPI、PPI分析

2017年CPI和PPI分化，截至2017年12月，PPI增速4.9%，而CPI

增速仅为1.8%。近两年，供给侧结构性改革推升了煤炭等原材料价格，使得PPI水涨船高，非食品类产品价格受到成本影响也出现上涨，表现为非食品CPI上涨至2.4%，但食品类产品价格并未受到太大的影响，食品CPI下降0.4%，拉低了CPI增速。低通胀为货币政策提供了一定的调整空间。

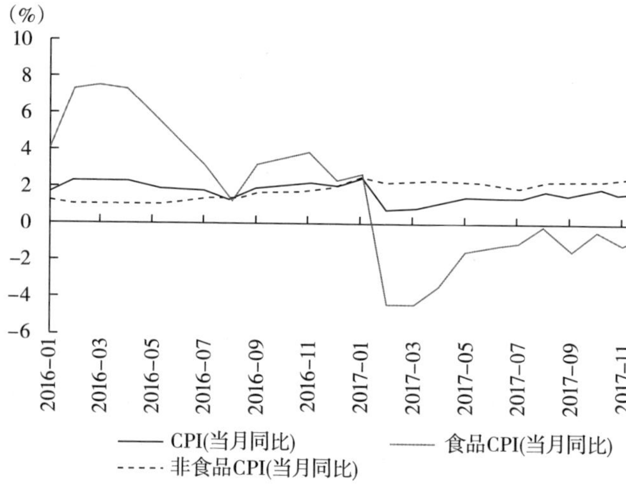

图1-11　2016年1月至2018年1月CPI同比增速

资料来源：国家统计局

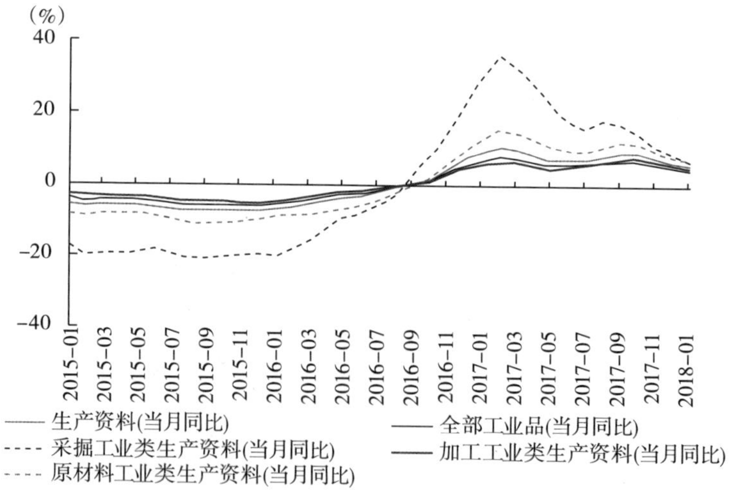

图1-12　2015年1月至2018年1月PPI同比增速

资料来源：国家统计局

（四）货币政策趋紧

尽管通涨水平并不高，但货币政策仍呈现出收紧的态势。第一季度央行三次局部上调公开市场操作利率，并且在2017年政府工作报告中下调M2及社融增速目标，使得货币政策呈现趋紧的迹象，引导资金“脱虚向实”以及去杠杆的意图明显。尽管从货币政策的大基调来讲，受高社会负债率和经济企稳基础不牢固的影响，宽松的氛围仍将延续，利率调升空间有限，但央行货币宽松的力度和意愿却在下降。从2015年的全面宽松到2016年的公开市场操作与定向宽松相结合，再到2017年的结构性上调央行公开市场和定向货币政策工具利率，可以看出，央行货币政策正在趋于收紧。

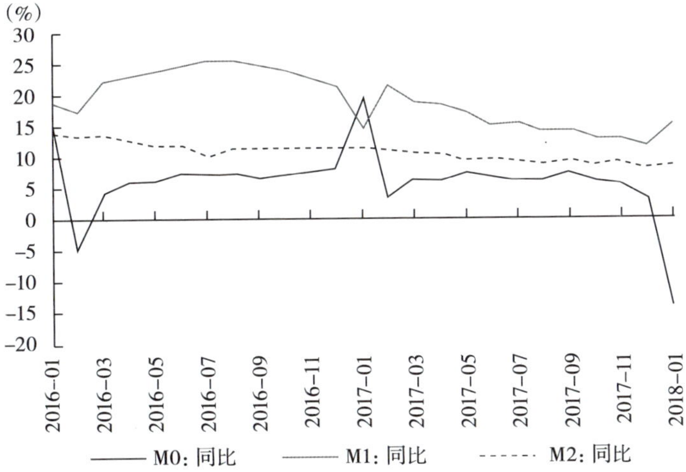

图1－13　2016年1月至2018年1月货币供应量同比增速

资料来源：中国人民银行

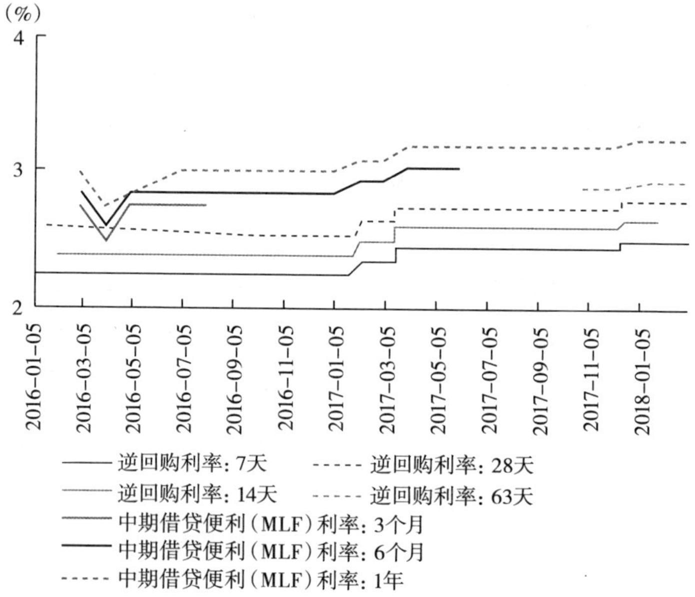

图1－14　2016年1月至2018年1月利率水平

资料来源：中国人民银行

二、新经济下的中国钢铁行业运行情况

（一）2017年中国钢铁行业固定资产投资减少

2017年，中国钢铁行业固定资产投资4555.39亿元，同比下降11.4%。其中，黑色金属采矿业固定资产投资额累计751.19亿元，同比下降22.8%；黑色金属冶炼及压延加工业固定资产投资额3804.2亿元，同比下降7.1%。

2017年是中国供给侧结构性改革深入推进的第二年，随着对“地条钢”的全面清除，中国钢铁行业固定资产投资额不断减少，连续两年下滑，且2017年的降幅大于2016年的降幅。国内钢铁产能目前仍处于过剩状态，未来需要继续控制固定资产投资水平，以促进钢铁行业健康有序发展。

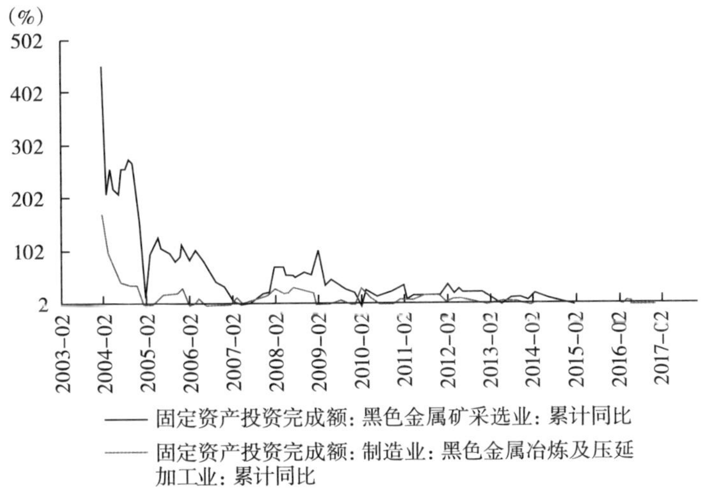

图1－15 2017年中国钢铁行业固定资产投资累计同比增速

资料来源：国家统计局

（二）中国钢铁生产能力分析

1. 去产能任务无忧

根据《钢铁工业调整升级规划（2016—2020年）》，“十三五”期间钢铁行业去产能目标为1亿~1.5亿吨，而2016年和2017年已分别压减产能6500万吨和5000万吨，两年合计去产能1.15亿吨，2018—2020年去产能压力不大。根据《2018年国务院政府工作报告》的要求，2018年钢铁行业去产能3000万吨，到2018年底，“十三五”钢铁行业去产能目标即可实现。

2. “地条钢”清理殆尽

2016年12月，国家发改委发布《关于坚决遏制钢铁煤炭违规新增产能打击“地条钢”规范建设生产经营秩序的通知》，开始在全国范围内打击“地条钢”。2017年1月，国家发改委将全面清除“地条钢”上升为“政治任务”。之后，国务院多次派遣专项督查组赴全国各省市区监督清理“地条钢”违规产能。5月，质检总局要求完全取缔“地条钢”生产企业生产许可证，从根本上杜绝了“地条钢”死灰复燃的可能。截至2017年6月底，“地条钢”已经全面清除，涉及“地条钢”生产企业600多家、不合规产能约1.4亿吨、产量约7000万吨。

3. 置换工作继续推进

2017年参与钢铁产能置换的企业约72家，拟淘汰炼钢产能1.32亿吨、炼铁产能1.06亿吨；拟新建炼钢产能1.18亿吨、炼铁产能0.94亿吨。分地区计，河北省新建炼钢、炼铁产能居全国首位，分别为3148万吨、3130万吨。

2017年公示的产能置换项目中，拟新建高炉63座。其中，1000立方米以下高炉1座，1000～3000立方米高炉62座，3000立方米以上高炉5座。新建高炉中1200立方米规模的最多，达13座；其次为1860立方米高炉，有8座。综合来看，新建的高炉容积多在1000～2000立方米，占新建总数量的79.4%。

根据汾渭能源统计，截至2017年底，中国粗钢产能11.24亿吨，较上年下降0.14亿吨；生铁产能9.23亿吨，较上年下降0.12亿吨。

（三）钢铁生产情况

1. 钢材总量及分省产量

根据统计局数据，2017年全国钢材产量104818.30万吨，同比减少7.9%，主要是国内清理“地条钢”所致，但长流程钢材产量仍有较为明显的增加。

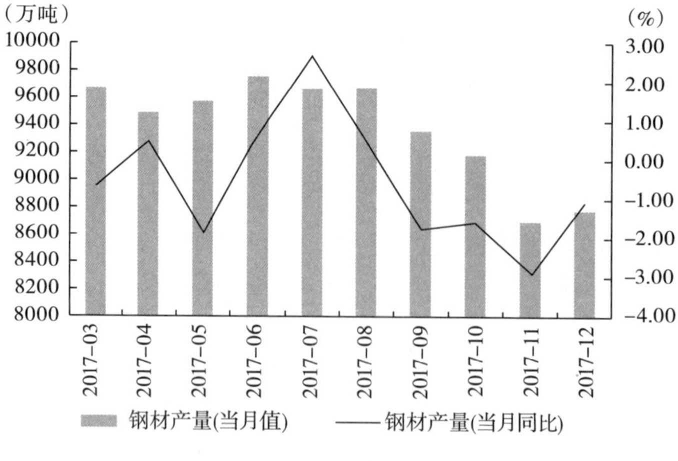

图1－16 2017年全国钢材分月产量及同比增速

资料来源：国家统计局

分地区来看,2017 年钢材产量排前 5 位的省份为河北、江苏、山东、辽宁、天津,产量合计 56823 万吨,占比 54.2%,CR5 占比较上年回落 2.0%。其中,河北、江苏两省钢材产量共计 36846 万吨,占比 35.2%。从各省钢材产量增幅来看,西北和东北地区省份增幅较大。

表 1-1 2017 年中国分省钢材产量

单位:万吨

序号	省份	2016 年	2017 年	同比变化(%)
1	河北	26150	24551	-6.1
2	江苏	13470	12295	-8.7
3	山东	9788	9210	-5.9
4	辽宁	5906	6393	8.2
5	天津	8667	4374	-49.5
6	山西	4279	4335	1.3
7	广东	4113	4214	2.4
8	河南	4668	3909	-16.2
9	湖北	3564	3596	0.9
10	广西	3645	3271	-10.3
11	浙江	3761	3148	-16.3
12	安徽	3226	3144	-2.5
13	福建	2860	2726	-4.7
14	江西	2585	2524	-2.3
15	四川	2837	2491	-12.2
16	湖南	1999	2210	10.6
17	上海	2080	2056	-1.2
18	内蒙古	2017	2003	-0.7
19	云南	1655	1607	-2.9
20	陕西	1234	1378	11.7
21	新疆	1088	1300	19.5
22	吉林	961	1028	6.9
23	重庆	1234	917	-25.7
24	甘肃	666	702	5.5
25	贵州	526	496	-5.8
26	黑龙江	333	411	23.4

续表

序号	省份	2016 年	2017 年	同比变化(%)
27	宁夏	164	222	35.1
28	北京	163	179	9.9
29	青海	125	127	1.6
30	海南	36	1	-97
合计		113799	104818	-7.9

数据来源：国家统计局

2. 粗钢总量及分省产量

根据国家统计局数据，2017 年全国粗钢产量 83172.8 万吨，同比增加2.9%，自 2016 年以来连续两年回升。

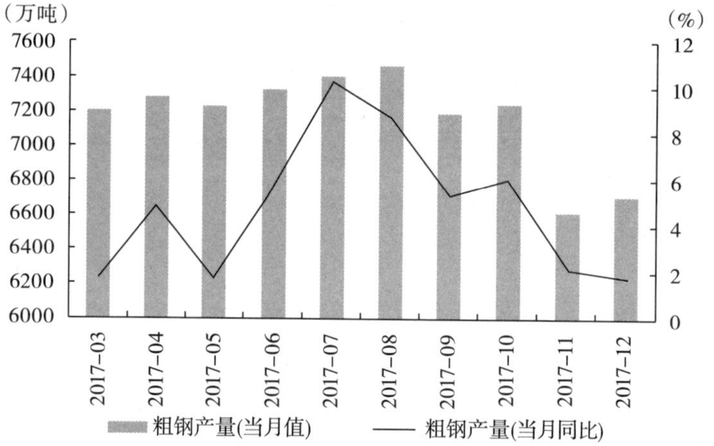

图 1-17　2017 年月度粗钢产量及同比增速

资料来源：国家统计局

分地区来看，2017 年粗钢产量前 5 的省份为河北、江苏、山东、辽宁、山西，产量合计 47550 万吨，占比 57.3%，CR5 占比较上年回落 0.5%。其中，河北、江苏两省粗钢产量 24549 万吨，占比 35.6%。2017 年全国 29 个粗钢出产省份中，山东、河北、湖北、江苏、上海、甘肃、贵州、浙江、海南 9 省市产量出现下降，其余省份均在需求的带动下出现上升。

表 1－2　2017 年中国分省粗钢产量

单位：万吨

序号	省份	2016 年	2017 年	同比变化(%)
1	河北	18832	19121	-0.7
2	江苏	10995	10428	-5.9
3	山东	6619	7148	-0.3
4	辽宁	6071	6423	6.5
5	山西	3847	4430	12.5
6	河南	2897	2954	3.7
7	广东	1762	2891	26.6
8	湖北	2920	2875	-2.5
9	安徽	2506	2793	2.3
10	江西	2211	2413	7.6
11	广西	2146	2265	7.4
12	湖南	1853	2041	11.7
13	四川	1948	2026	0.9
14	内蒙古	1735	1984	9.4
15	福建	1587	1883	24.1
16	天津	2069	1813	0.8
17	上海	1784	1608	-5.9
18	云南	1418	1518	7.1
19	陕西	1027	1184	28.1
20	新疆	740	1110	27.8
21	浙江	1595	1091	-16.1
22	吉林	1067	911	9.5
23	甘肃	852	561	-10.8
24	黑龙江	419	503	35.1
25	贵州	466	440	-14.7
26	重庆	690	411	12.3
27	青海	121	120	4.1
28	海南	24	1	-98.1
29	北京	2	0	—
合计		80837	83173	2.9

数据来源：国家统计局

3. 生铁总量及分省产量

根据国家统计局数据，2017 年全国生铁产量 71075.9 万吨，同比增加1.4%，这是由于“地条钢”出清，废钢利用率提升带动铁钢比下降，因此生铁产量增速较粗钢产量增速低 1.5%。

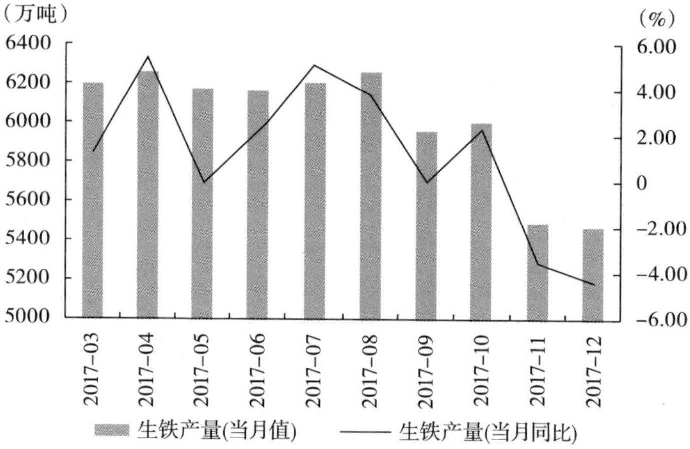

图 1－18　2017 年全国生铁分月产量及同比增速

资料来源：国家统计局

分地区来看，2017 年产量前 5 的省份为河北、江苏、山东、辽宁、山西，产量合计 41765 万吨，占比 58.8%，CR5 占比较上年回落 1.2%。其中，河北省是 2017 年生铁产量最大的省份，达 17997 万吨，占比25.3%。2017 年全国 28 个生铁出产省份中，湖南、江苏、天津、河北、山东、福建、河南、贵州、甘肃、上海 10 省市产量出现下降，其他省份均在需求的带动下出现上升。

表 1－3　2014—2017 年中国分省生铁产量　　单位：万吨

序号	省份	2016 年	2017 年	同比变化（%）
1	河北	18398	17997	-2.2
2	江苏	7174	7132	-0.6
3	山东	6769	6562	-3.1
4	辽宁	6034	6122	1.5
5	山西	3641	3952	8.5

续表

序号	省份	2016 年	2017 年	同比变化(%)
6	河南	2863	2703	-5.6
7	湖北	2323	2401	3.4
8	安徽	2243	2265	1
9	江西	2082	2143	2.9
10	广东	1670	2024	21.2
11	四川	1733	1900	9.6
12	湖南	1791	1790	-0.1
13	天津	1661	1638	-1.4
14	内蒙古	1469	1550	5.5
15	上海	1587	1448	-8.8
16	云南	1277	1322	3.5
17	广西	1216	1311	7.7
18	陕西	856	1137	32.8
19	新疆	850	1062	24.9
20	福建	980	938	-4.3
21	吉林	848	906	6.9
22	浙江	848	856	0.9
23	甘肃	494	456	-7.7
24	黑龙江	354	439	23.9
25	重庆	288	384	33.4
26	贵州	371	344	-7.4
27	宁夏	154	192	24.4
28	青海	97	102	6
合计		70074	71076	1.4%

数据来源:国家统计局

(四)钢材进出口情况

根据海关总署统计,2017 年中国钢材出口量 7541 万吨,同比下降 30.5%,东南亚七国仍是中国钢材的主要出口目的国,占比 30%。主要受国内钢铁行业供给侧结构性改革影响,钢材供应缩减,使得国内钢价上涨,高于国际价格,贸易商和钢厂出口积极性不高;同时,外部市场针对中国钢材的贸易保护主义抬头，导致贸易摩擦不断，使得钢材出口量大幅下滑。

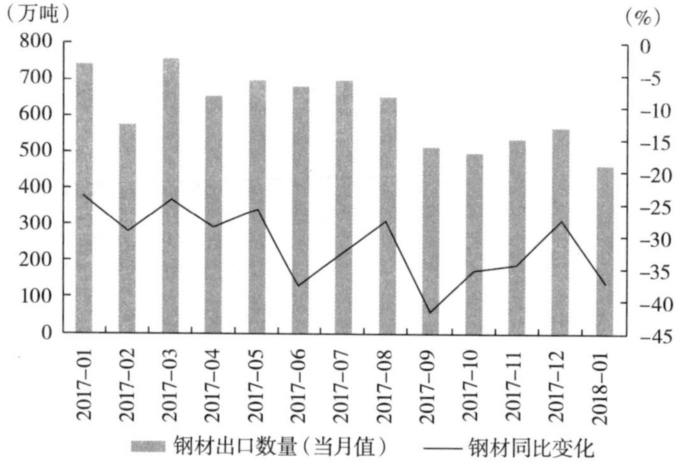

图 1－19　2017 年 1 月至 2018 年 1 月钢材月度出口量及同比增速

资料来源：海关总署

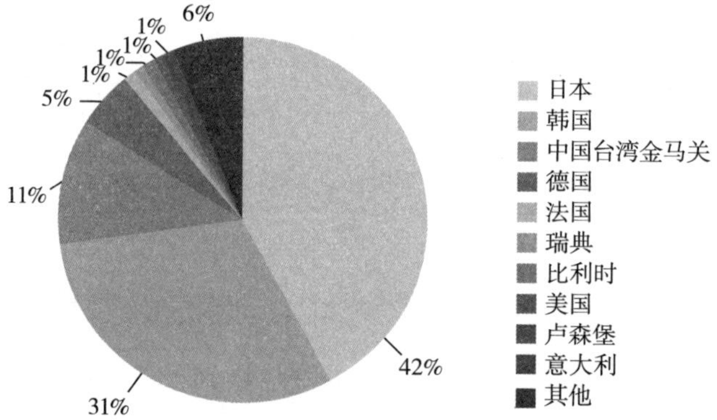

图 1－20　钢材出口分地区统计

资料来源：海关总署

进口保持平稳，2017 年中国钢材进口量 1330 万吨，同比增加 0.7%。进口来源国家和地区中从日本、韩国进口量合计占比 73%。

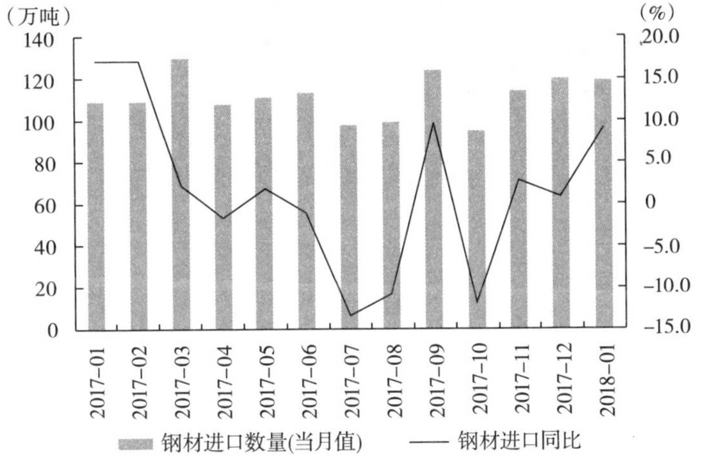

图 1－21　2017 年 1 月至 2018 年 1 月钢材月度进口量

资料来源：海关总署

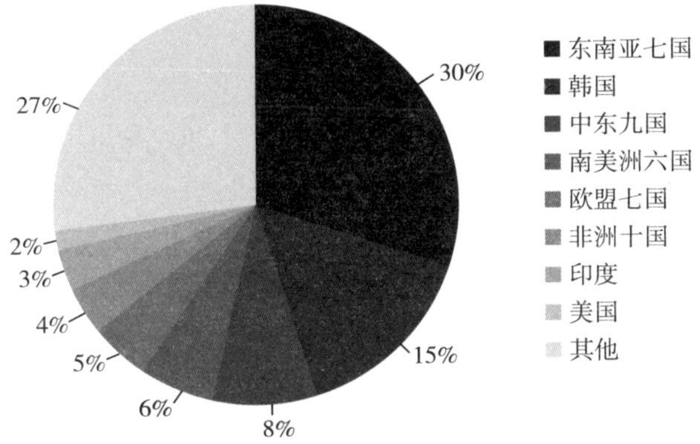

图 1－22　钢材进口分国别(地区)统计

资料来源：海关总署

(五)中国钢铁企业经营情况

从 2012 年开始，由于经济增速下滑，房地产和基建投资增速放缓，钢材需求回落，导致钢材价格一路下跌。其中，螺纹钢价格从 2012 年初的 4330 元/吨降至 2015 年底的 1700 元/吨。

2016 年，随着需求回暖、供给侧结构性改革发力以及成本的抬升，螺纹钢价格触底反弹，上升到 12 月的 3150 元/吨。2017 年，由于取缔地条钢以及去产能政策的影响，螺纹钢价格一路上扬，2017 年底为 4320 元/吨，恢复至价格下跌前的水平，年涨幅 37.1%。

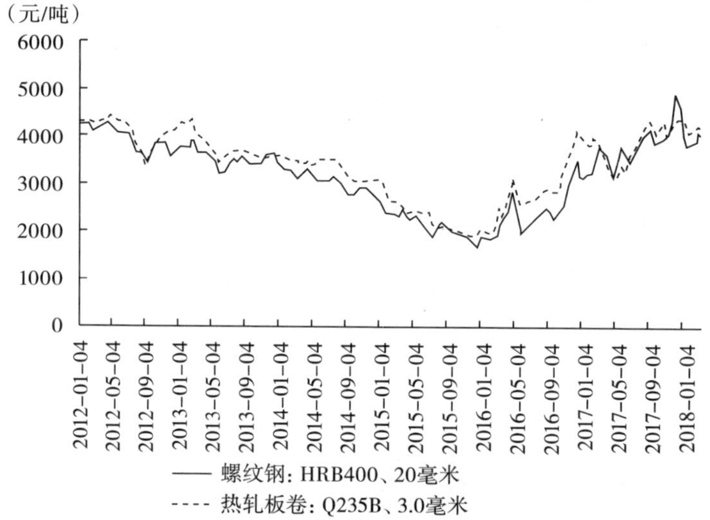

图 1－23　2012 年 1 月至 2018 年 1 月上海钢材（螺纹及热轧）价格

资料来源：Wind

同时由于中国汽车和家电产量增速放缓，热轧卷板价格从 2012 年初的 4320 元/吨降到 2015 年底的 1880 元/吨。2016 年，购置税优惠政策推动了汽车产量的大幅上涨，带动热轧板卷价格也开始上涨，至 2016 年末，已涨至 3980 元/吨。2017 年，涨势延续，截至年底已涨至 4310 元/吨，年涨幅 8.3%。

在高价的支撑下，钢厂盈利水平维持高位，2017 年黑色金属矿采选业利润总额 413 亿元，同比增加 43.8%，黑色金属冶炼及压延加工业利润总额 3419.4 亿元，同比增加 177.8%，结束了自 2012 年以来的利润持续下滑态势。

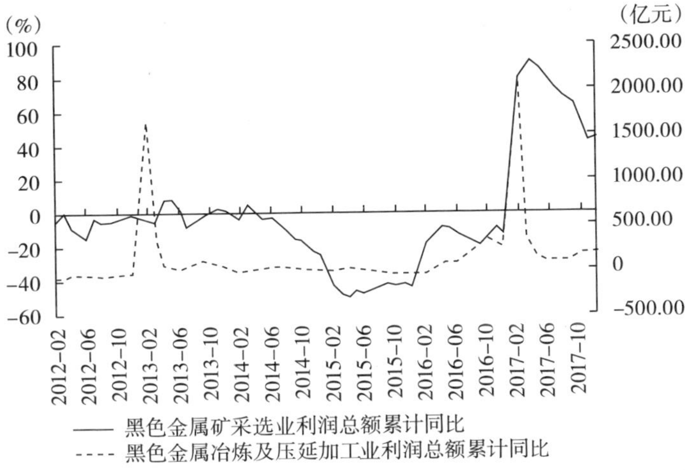

图1-24 2012—2017年黑色金属采矿及冶炼行业利润情况

资料来源:国家统计局

(六)2017年中国钢铁行业新特点

综合来看,2017年中国钢铁行业呈现产量增长、价格恢复到合理区间、效益明显好转的运行态势。钢铁产量保持增长,钢材需求量大,企业钢材销售旺盛。价格主要受"地条钢"清除以及环保政策影响,出现供应偏紧局面,钢材价格总体处于高位水平;高效益得益于国家宏观经济稳中向好,企业降本措施加大及管理水平的提高。

三、"一带一路"对钢铁产业的影响

在与"一带一路"沿线国家和地区合作、共同推进新型全球化进程中,中国钢铁行业面临较大的发展机遇。首先,"一带一路"必将带动基础设施建设和基础制造业发展,从而利好机械、钢铁等行业。其次,在全球产能合作过程中,中国钢铁工业可以积极进行全球布局,实现其全球市场产能结构的优化。从中国钢铁行业发展考虑,"一带一路"将会促进钢材需求的增加。

（一）沿线国家 GDP 现状与预测

1. 六大经济走廊的基础建设项目与进展

六大经济走廊项目的建设将在很大程度上影响“一带一路”沿线国家经济的发展。截至 2017 年，“一带一路”沿线国家基础建设项目共 30 项，其中 16 项正在建设。

表 1－4　六大经济走廊项目

经济走廊	国家	项目	进展	投资额
中蒙俄经济走廊	蒙古	中蒙二连浩特—扎门乌德跨境经济合作区	蒙古完成基础建设，中国基础建设期为 2016—2018 年	9 亿元
	蒙古	满洲里综合保税区	2016 年 12 月已运营	4.6 亿元
	蒙古	策克口岸跨境铁路	2016 年 5 月开工建设	
	蒙古	中蒙“两山”铁路	开工日期尚未确定	142 亿元
	俄罗斯	莫斯科—喀山高铁项目	2016 年完成勘探设计工作，2018 年完工	1084 亿元
	蒙古	乌力吉公路口岸建设项目	2016—2018 年实施 14 项乌力吉口岸建设	14.9 亿元
新亚欧大陆桥经济走廊	德国、西班牙	中欧班列	中国铁路已铺画了班列运行线路 39 条	
	哈萨克斯坦	中哈（连云港）物流合作	一期正式投产，二期稳步推进中	30 亿元
	哈萨克斯坦	中哈霍尔果斯边境合作	全部项目预计于 2019 年完工	中资 234.5 亿元
中国—中亚—西亚经济走廊	土库曼斯坦	中国—中亚天然气 D 管道	预计 D 线将于 2020 年底全线完工	67 亿美元
	乌兹别克斯坦	卡姆奇克隧道项目	2016 年 6 月已通车	14.6 亿美元
	乌兹别克斯坦	安格连火电厂项目	2016 年 8 月投产发电	
	土耳其	安伊高铁二期项目	2014 年运营通车	12.7 亿美元
	塔吉克斯坦	瓦赫达特—亚湾铁路项目	2016 年 3 月顺利通车	7200 万美元
	塔吉克斯坦	杜尚别 2 号热电厂	2016 年 11 月竣工	

续表

经济走廊	国家	项目	进展	投资额
中国—中南半岛经济走廊	印度尼西亚	雅万高铁建设项目	2016年8月获得建设许可证，按计划推进	51.35亿美元
	老挝	中老铁路建设项目	2016年12月开工，预计2020年建成	374亿元
	老挝	磨憨—磨丁跨境经济合作	2016年7月正式开工建设	5000万元
中巴经济走廊	巴基斯坦	卡西姆港燃煤电站项目	2017年实现首台机组发电	20.85亿美元
	巴基斯坦	萨希瓦尔燃煤电站项目	2015年7月启动，目前进展顺利	
	巴基斯坦	喀喇昆仑公路二期改扩建	2016年4月开工	13.15亿美元
	巴基斯坦	卡拉奇—拉合尔高速公路	2016年5月开工	28.9亿美元
	巴基斯坦	瓜达尔港建设与运营项目	2017年建成	16.2亿美元
	巴基斯坦	巴基斯坦ML-1号铁路干线升级与哈维连陆港建设	截至2016年11月，处于勘探与实验阶段	60亿美元
	巴基斯坦	卡洛特水电站	2016年开工建设	16.5亿美元
	巴基斯坦	拉合尔轨道交通橙线	截至2016年12月底，完成50%	16亿美元
	巴基斯坦	恰希玛核电项目	4号于2017年上半年并网发电	
	巴基斯坦	卡拉奇核电站	计划2020年发电	96亿美元
孟中印缅经济走廊	缅甸	中缅油气管道建设	2013年天然气管道投产，原油管道已经正式投产	
	缅甸	缅甸皎票工业园与深水港	2016年2月开始动工	

资料来源：汾渭能源整理

2. 沿线国家GDP现状与预测

2016年之后，世界经济温和复苏，“一带一路”沿线国家经济也呈现缓慢增长的态势。“一带一路”倡议的一个重要理念就是产能合作和经济共赢，而实现这一目标的关键举措就是加强公路、铁路、港口等基础设施建设。加强基础设施投资建设能直接刺激经济增长，并且，完备的道路管网有助于各国间实现更好的连通，降低经济往来成本，实现大经济区的优势互补。

事实上，中国从过去数十年的发展过程中总结出一个重要的经验，即打破贸易壁垒，利用大国优势，鼓励具备不同资源禀赋的各省充分发挥各自的比较优势，开展省间和省内贸易，共同服务于总体经济的增长。这一经验同样可应用于“一带一路”沿线各国。中亚、西亚、北非各国可以在充分利用自然资源的基础上，开拓新的服务业驱动型增长模式；东南亚各国可以发挥劳动力成本低廉的优势；中东欧各国可以巩固装备制造业的竞争优势；南亚各国可以在发展现代化农业基础上，积极探索出一条工业化道路。这样，在“一带一路”沿线各国开展产能合作并鼓励基础设施投资将成为各国经济发展的催化剂。

表 1-5　2015—2017 年“一带一路”沿线国家 GDP 情况

国家	国内生总值（千亿美元）			GDP 增速（%）		
	2015 年	2016 年	2017 年（E）	2015 年	2016 年	2017 年
奥地利	3726	3771	3827	-14.04	1.20	1.50
比利时	4587	4642	4707	-14.42	1.20	1.40
捷克	1825	1868	1921	-10.90	2.40	2.80
法国	24228	24591	24935	-14.80	1.50	1.40
德国	33581	34219	34732	-13.30	1.90	1.50
匈牙利	1185	1209	1250	-12.62	2.00	3.40
意大利	18190	18336	18519	-15.27	0.80	1.00
荷兰	7520	7655	7770	-14.71	1.80	1.50
波兰	4812	4957	5170	-12.49	3.00	4.30
斯洛伐克	862	890	920	-13.40	3.30	3.30
西班牙	11996	12332	12640	-13.20	2.80	2.50
英国	28493	29063	29557	-4.70	2.00	1.70
哈萨克斯坦	1950	1970	2013	-16.72	1.00	2.20
俄罗斯	13114	13048	13205	-35.15	-0.50	1.20
乌克兰	901	922	940	-32.13	2.30	1.90
加拿大	15728	15995	16363	-13.08	1.70	2.30
印度	20599	21959	23605	2.59	6.60	7.50

续表

国家	国内生总值(千亿美元)			GDP 增速(%)		
	2015 年	2016 年	2017 年(E)	2015 年	2016 年	2017 年
日本	41201	41901	42530	-9.60	1.70	1.50
韩国	13930	14320	14606	-2.37	2.80	2.00
蒙古	124	125	129	4.20	1.00	3.00
土库曼斯坦	444	471	502	6.70	6.20	6.50
乌兹别克斯坦	660	711	782	8.00	7.80	10.00
巴基斯坦	2710	2864	3070	4.70	5.70	7.20
缅甸	658	709	764	6.50	7.80	7.80
孟加拉国	2023	2167	2314	6.60	7.10	6.80
印度尼西亚	8618	9049	9528	4.79	5.00	5.30
塔吉克斯坦	80	86	90	6.00	6.90	5.00
阿塞拜疆	640	616	671	1.10	-3.80	9.00
阿曼	602	603	615	-14.10	0.20	2.00

数据来源：世界银行

注：E 为预测值

(二)“一带一路”发展对钢铁市场的需求

随着“一带一路”沿线国家基础设施建设项目的开展及经济的增长，对钢材的需求也逐渐增长。2015—2017 年，“一带一路”沿线国家粗钢需求量由 11.1 亿吨上涨至 12.3 亿吨，2017 年增量 8466 万吨；生铁需求量由 6.84 亿吨上涨至 7.98 亿吨，2017 年增量 5876 万吨。

表 1-6　“一带一路”国家粗钢需求　　单位：万吨

国家	2015 年	2016 年	2017 年	2017 年增量
奥地利	1565	1627	1691	65
比利时	1926	1975	2066	92
捷克	766	813	827	14
法国	10176	10451	10863	412
德国	14104	14679	15101	422
匈牙利	498	492	509	17

国家	2015 年	2016 年	2017 年	2017 年增量
加拿大	6606	6436	7066	630
印度	8652	9454	10951	1497
日本	17304	19867	20165	298
韩国	5850	5900	6492	592
蒙古	52	47	48	1
土库曼斯坦	157	154	244	91

续表

国家	2015年	2016年	2017年	2017年增量	国家	2015年	2016年	2017年	2017年增量
意大利	7640	7781	8118	338	乌兹别克斯坦	277	280	309	29
荷兰	3158	3234	3438	204	巴基斯坦	1138	1139	1221	82
波兰	2021	1963	2268	305	缅甸	276	294	332	38
斯洛伐克	362	379	404	25	孟加拉国	850	952	999	47
西班牙	5038	5259	5539	280	印度尼西亚	3619	3952	3992	39
英国	11967	11130	13576	2446	塔吉克斯坦	34	28	29	1
哈萨克斯坦	819	538	820	282	阿塞拜疆	269	168	183	15
俄罗斯	5508	5324	5499	174	阿曼	295	251	274	23
乌克兰	379	366	373	7	合计	111306	114931	123397	8466

数据来源：汾渭能源

表1-7 “一带一路”沿线国家生铁需求

单位：万吨

国家	2015年	2016年	2017年	2017年增量	国家	2015年	2016年	2017年	2017年增量
奥地利	1077	1130	1175	45	加拿大	2835	2886	3168	283
比利时	1022	1140	1193	53	印度	7786	8509	9856	1347
捷克	541	586	597	10	日本	12237	13958	14167	209
法国	6369	6373	6624	252	韩国	3652	3635	4000	365
德国	8491	8719	8970	251	蒙古	50	45	46	1
匈牙利	346	188	195	6	土库曼斯坦	149	146	232	86
意大利	1595	1845	1925	80	乌兹别克斯坦	263	266	293	27
荷兰	2523	2639	2806	167	巴基斯坦	1081	1082	1160	78
波兰	986	930	1075	145	缅甸	262	279	315	36
斯洛伐克	280	292	311	19	孟加拉国	807	905	949	44
西班牙	1391	1475	1553	78	印度尼西亚	3438	3755	3792	38
英国	5834	8381	10223	1842	塔吉克斯坦	32	26	28	1
哈萨克斯坦	737	484	738	254	阿塞拜疆	255	160	174	14
俄罗斯	3730	3571	3688	117	阿曼	280	238	260	22
乌克兰	329	329	335	6	合计	68380	73971	79848	5876

数据来源：汾渭能源

（三）中国对沿线国家钢材的出口增加

目前我国与“一带一路”沿线64个国家有钢铁贸易。2016年，在我国钢材出口总量同比下滑（降幅3.5%）的大背景下，对“一带一路”沿线国家的累计钢材出口量仍呈现上升的趋势，全年出口6394万吨，同比增长2.7%。2017年，外部经济转好，“一带一路”沿线国家对中国钢材需求旺盛，但内外价差的存在却使国内企业不愿将钢材出口到国外，导致2017年分国别出口量下降。

我国向“一带一路”沿线国家出口钢材占我国钢材出口总量的比例逐年上升，2017年该比例为64%，较2016年上升5%。

分国别来看，64个“一带一路”沿线国家中，2017年我国钢材出口最多的十个国家为越南、菲律宾、泰国、印度尼西亚、马来西亚、印度、沙特阿拉伯、新加坡、巴基斯坦、土耳其。

第三章　中国煤炭行业格局变化分析

一、去产能对炼焦煤格局的影响

（一）供给侧结构性改革继续推进，产能回落

2017 年 2 月，国务院发布《关于煤炭行业化解过剩产能实现脱困发展的意见》（以下简称《意见》），《意见》中明确：从 2016 年开始，用 3～5 年时间退出产能 5 亿吨左右，减量重组 5 亿吨左右，较大幅度压缩煤炭产能。这一目标在 2016 年 12 月公布的《煤炭工业发展“十三五”规划》中调整为：“十三五”期间化解淘汰过剩落后产能 8 亿吨/年左右，通过减量置换和优化布局增加先进产能 5 亿吨/年左右。去产能任务升级。

2016 年，各省和中央企业陆续出台去产能计划，去产能汇总量达到 8.03 亿吨，高于《意见》要求的 3～5 年内关闭退出 5 亿吨的目标。其中，2016—2017 年已去产能 4.87 亿吨，远高于发改委 2016 年 2.5 亿吨和 2017 年 1.5 亿吨的去产能目标。2018—2020 年仍有 3.16 亿吨的矿井有待关闭退出。

从各省（市、区）以及中央企业公布的 2017 年煤矿关闭退出情况来看，全国总计关闭退出煤矿 791 个，总产能 1.47 亿吨。其中动力煤退出产能 1.1 亿吨，占比 75.4%；炼焦煤退出产能 0.36 万吨，占比 24.6%。

截至 2017 年末，炼焦煤总产能 15 亿吨，产能亿吨以上的 6 省合计产能 11.39 亿吨，占比 76%。其中，山西省是炼焦煤主产地，产能 5.60 亿吨，占 37%；其后依次为山东省（1.46 亿吨，占 10%）、内蒙古自治区（1.16 亿吨，占 8%）、安徽省（1.10 亿吨，占 7%）、贵州省（1.06 亿吨，占 7%）、黑龙江省（1.01 亿吨，占 7%）。

表 1－8 2017 年中国炼焦煤产能

单位：万吨

序号	省份	炼焦煤产能
1	山西	56044
2	山东	14561
3	内蒙古	11550
4	安徽	11031
5	贵州	10584
6	黑龙江	10110
7	河南	6569
8	四川	5626
9	河北	4336
10	陕西	4292
11	云南	3969
12	新疆	3146
13	宁夏	2050
14	吉林	1499
15	江苏	1405
16	其他	3732
合计		150504

数据来源：汾渭能源

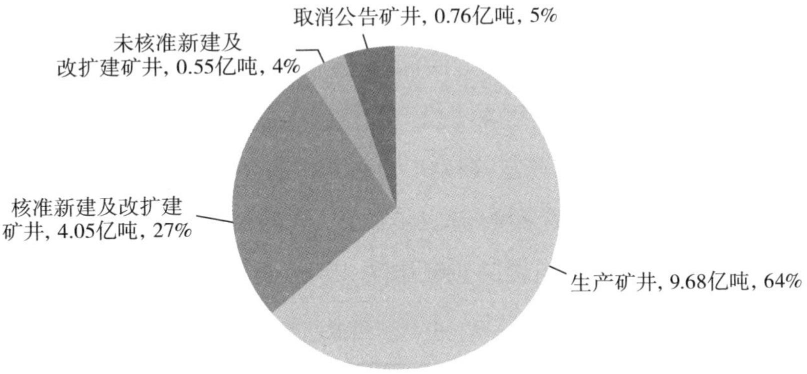

图 1－25 2017 年分状态炼焦煤矿井产能

资料来源：汾渭能源

分状态来看，截至2017年底，炼焦煤生产矿井产能9.68亿吨，占比64%；核准新建及改扩建矿井产能4.05亿吨，占比27%；未核准新建及改扩建矿井产能0.55亿吨，占比4%；取消公告矿井产能0.76亿吨，占比5%。

（二）供给侧结构性改革影响下炼焦煤供应发展趋势

1. 炼焦煤产量随置换进程加快将有所恢复

在《关于煤炭行业化解过剩产能实现脱困发展的意见》中同样提出了产能置换的任务，即自2016年开始，未来3～5年内减量重组5亿吨。但2016年的工作重心在去产能，产能置换工作在2016年7月《关于实施减量置换严控煤炭新增产能有关事项的通知》出台后展开；2017年4月，发改委又发布了《关于进一步加快建设煤矿产能置换工作的通知》，鼓励加快煤矿产能置换。

但在煤炭行业推进供给侧结构性改革以来，存在去产能加速而置换相对滞后情况。这是因为，置换进来的新矿虽经发改委放行，但矿井的建设与生产仍需地方国土、安监部门审批，同时，受建设周期影响，从批复到生产需要较长时间，造成了政策调控和效果显现存在一定的时滞。在此背景下，2018年2月9日，国家发改委、国家能源局、国家安监局、国家煤监局四部委联合发布《关于进一步完善煤炭产能置换政策加快优质产能释放，促进落后产能有序退出的通知》，进一步放宽产能置换标准，置换或将进一步提速。2017年批复的新矿也将在2018—2019年逐步投产放量，供应或将趋于宽松。

2017年中国炼焦原煤产量89600万吨，炼焦精煤产量44800万吨，同比增加0.8%。考虑到煤矿置换的进一步放松，国内炼焦煤供应或将有所回升，预计2018年国内炼焦精煤供应量增至45400万吨，同比增加1.3%。

表1－9　中国炼焦煤产量

单位：万吨

年份	2013	2014	2015	2016	2017	2018(E)
炼焦原煤产量	102900	103328	98633	88920	89600	90800
炼焦精煤产量	51450	51664	49317	44460	44800	45400

数据来源：汾渭能源

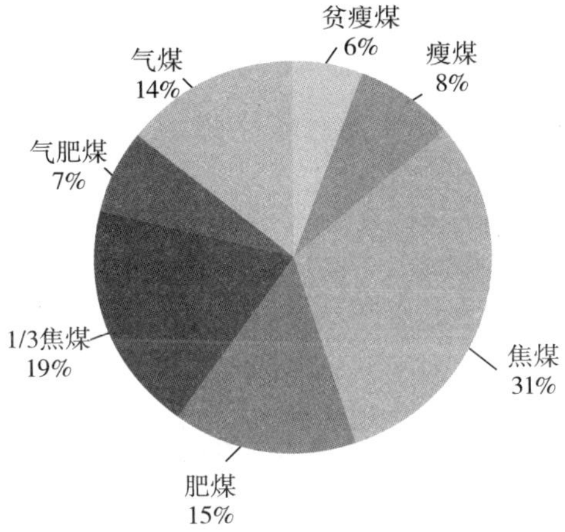

图 1－26 2017 年炼焦煤分煤种产量占比

资料来源：汾渭能源

2. 去产能将使得市场结构出现一定变化

从去产能区域情况来看，在初期西南和东北地区煤炭去产能力度较大，2016 年两个地区去产能量占去产能总量的 35%（西南 23%，东北 12%），“十三五”期间两地区产能退出总量占全国总计划量的 26%（西南 17%，东北 9%），而这两个地区产量占全国煤炭总产量的 12%（西南 9%，东北 3%）。虽然去掉的产能中多为无效产能，但也对产量造成了较大的影响，2017 年两地区产量同比下降 6%，而同期消费却出现增长，造成两地区增加了从晋陕蒙调入煤炭量。故此，非煤主产区的煤炭产能大幅削减将对传统贸易格局造成一定的影响，需要积极应对。

3. 行业集中度或将进一步提升

《煤炭工业发展“十三五”规划》明确：到 2020 年，实现煤炭生产结构优化，煤矿数量控制在 6000 处左右，120 万吨/年及以上大型煤矿产量占总产量的 80% 以上，30 万吨/年及以下小型煤矿产量占总产量的 10% 以下。煤炭生产开发进一步向大型煤炭基地集中，大型煤炭基地产量占总产量的 95% 以上。产业集中度进一步提高，煤炭企业数量控制在 3000 家以内，5000 万吨级以上大型企业产量占总产量的 60% 以上。

针对推进煤炭企业兼并重组的目标，不少省市区已经出台了相关规划。山西省作为炼焦煤供应、需求大省，颁布了《山西省“十三五”综合能源发展规划》。该规划提出，山西省将以大型煤炭企业为主体，按照“一个矿区原则上由一个主体开发，一个主体可以开发多个矿区”的原则，在企业自愿、市场主导的基础上，进一步加大资源整合、兼并重组力度。截至2017年，山西七大煤炭集团旗下13家上市公司股权已全部划转至山西省国有资本投资运营有限公司。

煤炭行业经过多年的整合兼并重组，行业集中度有所提升，2016年行业前十大煤企产量占总产量的45%。但全国煤矿数量仍有8000余处，除主产区山西、内蒙古和陕西外，小而散的情况仍然存在，仍需继续推行行业内和上下游企业的兼并重组。

二、国际炼焦煤发展现状

（一）国际炼焦煤供应情况

IEA最新统计数据显示，2016年全球炼焦精煤总产量10.74亿吨，产量排名前三的国家分别为中国（5.92亿吨）、澳大利亚（1.89亿吨）、俄罗斯（0.83亿吨）。中国炼焦精煤产量占世界总产量的55%，而世界第二大

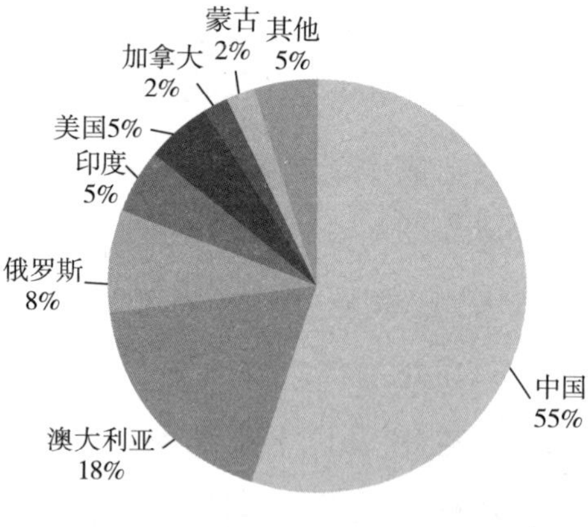

图1－27　2016年各国炼焦精煤产量占比

资料来源：国际能源署

炼焦精煤生产国澳大利亚的产量仅占世界总产量的18%。

表1-10　2016年主要生产国炼焦煤产量　　单位：万吨

国家	中国	澳大利亚	俄罗斯	印度	美国	加拿大	蒙古	波兰	哈萨克斯坦
产量	59200	18930	8345	5465	5065	2596	2284	1308	1050

资料来源：国际能源署

（二）中国炼焦煤进口情况

1.2017年炼焦煤进口量保持增长

2017年，中国炼焦煤进口量6990万吨，同比增加17.9%。自2016年后，受国内煤矿限产的影响，煤炭产量下降明显，炼焦煤供不应求，进口焦煤成了有效补充，进口量连续两年增加。同时，由于下游钢铁行业形势大好，钢厂利润高位，带动钢厂生产积极性，对原料需求也进一步提升。随着国内小高炉陆续退出市场，对低硫、高热强焦煤需求持续增加，国内低硫焦煤市场的供应少、价格高也助推了焦煤进口量明显增加。

另外，因美元大幅贬值，以及中国经济增长回稳速度超过预期，2017年人民币汇率大幅走高，人民币对美元汇率中间价从年初的6.94上涨至6.53，创2015年以来新高。这也为炼焦煤进口创造了有利条件。

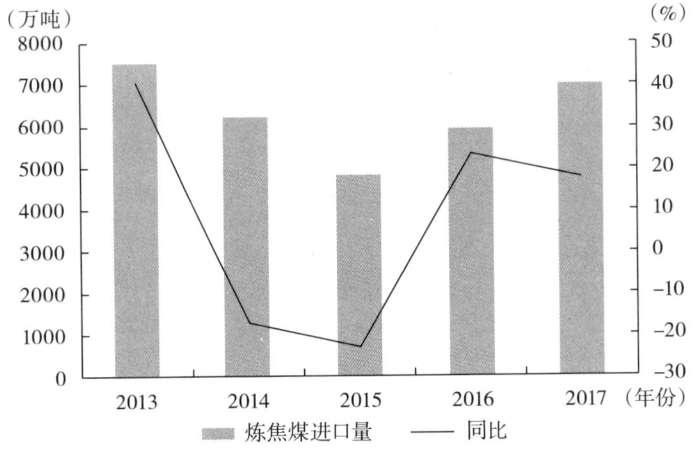

图1-28　中国炼焦煤进口量及同比增速

资料来源：海关总署

2. 炼焦煤分国别进口情况

澳大利亚和蒙古仍是我国最主要的炼焦煤进口国，2017 年从澳大利亚进口焦煤 3098 万吨，同比增长 15.5%，占进口总量的 44.3%。2017 年初，国际焦煤价格优势明显，进口量大幅增加；4 月，飓风黛比推高国际煤价；5 月，海运炼焦煤进口环比下降明显；6 月以后，炼焦煤进口逐渐恢复至正常水平；10 月开始，受北方港口柴油卡车疏港限制的影响，进口量环比又有所下降。

2017 年中国从蒙古进口焦煤 2627 万吨，同比增长 11.5%，占进口总量的 37%。蒙古中西部资源丰富，近年来由于炼焦煤开发力度加大，我国新疆维吾尔自治区、甘肃省、内蒙古自治区成为蒙古炼焦煤的主要出口目标市场。但蒙古煤进口受政治因素制约较大，2017 年 7 月，蒙古那达慕大会之后，蒙煤通关效率降低、报关时间延长，尤其是 8 月以后，入境煤车数量急剧下滑，由 7 月初单日进煤量的 10 万吨左右降至 4 万吨左右的水平，口岸蒙古煤供应量下滑明显，资源较为紧张；虽然年底进口局势有所改善，但通关效率依然偏低。

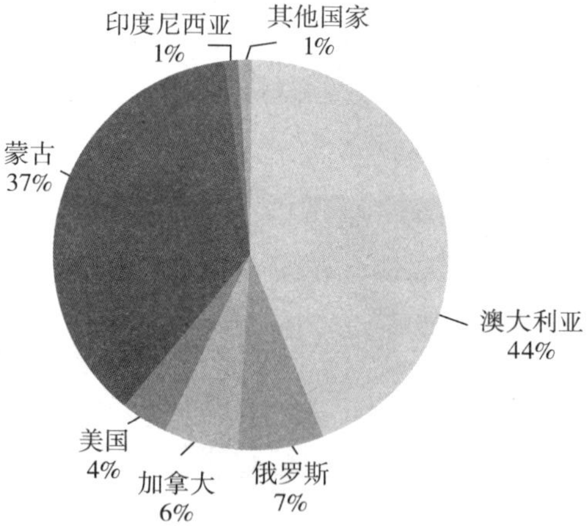

图 1－29　2017 年中国炼焦煤主要进口国进口量分布

资料来源：海关总署

另外值得一提的是，受国内需求回暖、价格上涨等因素影响，2017

年，从美国进口炼焦煤的业务再度恢复，进口量 281 万吨，而在 2016 年，美国煤进口量几乎为零。

3. 进口焦煤市场价格走势

受中国焦钢企业利润转好影响，对焦煤价格接受程度较高，2017 年进口煤平均价远高于 2016 年。据海关数据统计，2017 年进口焦煤总额 93.47 亿美元，进口焦煤年度平均价为 133.73 美元，较上年均价大幅增加，增幅为 70.9%。

2017 年，国际炼焦煤价格整体高位震荡。以进口澳大利亚煤为例，年初，随着国内“276 工作日”制度放松，国内炼焦煤供需缺口缩小，同时国际炼焦煤供应商加大生产，部分关闭矿井重启，供应短缺状况明显改善，国际炼焦煤价格自 2016 年 12 月开始迅速回落，澳大利亚峰景主焦煤中国北方港到岸价从 2016 年 12 月初的 306 美元/吨回落到 2017 年 2 月末的 172 美元/吨，下跌 43.8%；3 月末的飓风重创澳大利亚炼焦煤铁路运输系统，极大影响了炼焦煤出口，国际炼焦煤价格再次大幅上涨。澳大利亚峰景主焦煤中国北方港到岸价从 3 月底的 171 美元/吨快速上涨至 4 月中旬的 277.5 美元/吨，上涨 62.3%；截至 12 月底，峰景主焦煤到岸价仍为 231.5 美元/吨。

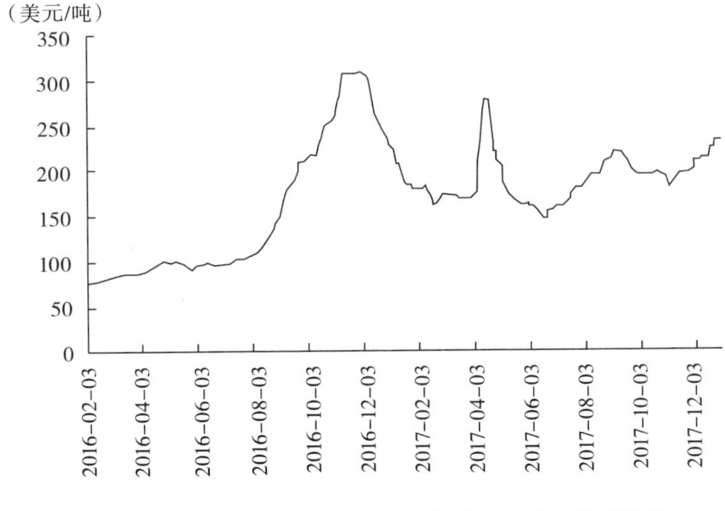

图 1－30　2016—2017 年峰景主焦煤中国北方港到岸价

资料来源：中国煤炭资源网

（三）未来中国进口炼焦煤趋势分析

澳大利亚和蒙古作为中国炼焦煤的主要进口国，进口量之和占总进口量的81%，所以这两个国家的情况对国内进口煤格局影响巨大。

1. 澳大利亚煤未来进口增量有限

澳大利亚是世界上最大的煤炭出口国，焦煤产量近年来保持在2亿吨左右，生产的焦煤几乎全部出口。亚洲市场一直以来都是澳大利亚焦煤资源销售的主要市场，销售量占澳大利亚全部出口量的80%以上。其中，中国、日本、印度、韩国是澳大利亚焦煤的主要出口目的国。

东南亚、印度等快速增长的经济体，其焦化及钢铁产能迅速扩张。其中，印度国内炼焦煤资源极度匮乏，主要依赖于从澳大利亚进口，已逐步取代中国成为澳大利亚炼焦煤进口第一大国。而中国在澳大利亚煤出口份额中呈逐年下降趋势。随着印度等新兴经济体钢铁业的进一步发展，其对澳大利亚煤等海运煤的刚性需求将推动澳大利亚焦煤价格在未来的上涨，从而压制中国从澳大利亚的进口量。另外，日韩等国因自身焦煤资源储备不足，对于澳大利亚煤等海运煤依赖度及价格接受度也较高。相比于亚洲其他国家，中国对价格的接受度并不具备优势，澳大利亚煤等海运煤必将优先保证有价格优势的国际市场。澳大利亚海关数据显示，2016年澳大利亚炼焦煤出口总量1.84亿吨，其中对印度出口量4315万

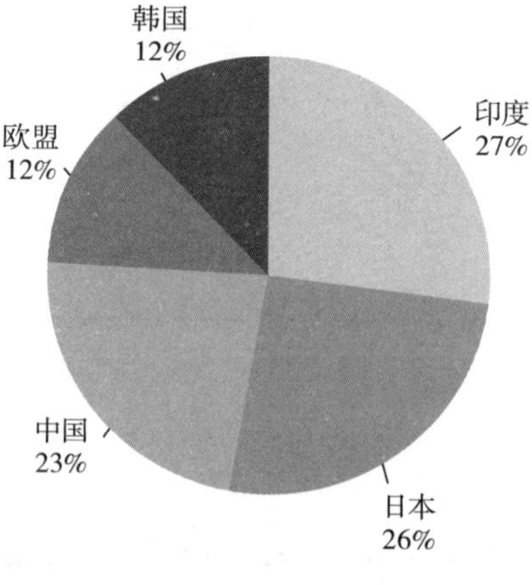

图1－31　2016年澳大利亚焦煤出口分国别(地区)占比

资料来源：中国煤炭资源网

吨,对日本出口量4241万吨,对中国出口量为3821万吨。

而2016年和2017年中国进口澳大利亚焦煤增幅明显,进口基数已经较大,受国外炼焦煤供给的限制,未来中国对澳大利亚煤等海运焦煤的进口量难有大幅增长。

2. 蒙古煤市场潜力较大

(1)中国是蒙古煤重要的出口市场

蒙古煤多为露天煤矿,开采成本较低,主焦煤煤质良好,洗选成本较低,国内自用较少,主要以出口为主。蒙古为内陆国家,与俄罗斯和中国接壤,主要运输方式是公路,运输成本较高。蒙古大部分已开发的煤炭资源分布在南部,靠近中国,这一地域分布特点使得中国成为蒙古炼焦煤的主要出口市场,而蒙古也以其低价优势逐渐成为中国最大的炼焦煤进口地之一。

虽然通往俄罗斯的铁路通道的建成使蒙古煤炭借道俄罗斯港口出口到日本等国,但是相比于澳大利亚海运煤低廉的运输成本,蒙古焦煤显然不具备优势。随着中国边境口岸与内陆及沿海地区公路、铁路通道的加快建设以及国内对优质能源矿产需求的不断升温,特殊的地理位置和国情决定了"中国是蒙古煤最大买家"的局面在长时间内不会有改变。

(2)政策不确定性影响蒙古煤出口量

目前真正影响蒙古煤出口量的主要因素在于其政策的不稳定性、口岸通关能力等。首先,对于蒙古煤出口量影响最大的就是蒙古政府的不稳定性。蒙古政权每四年更迭一次,2012—2015年蒙古向我国输出的炼焦煤数量明显缩减,这与2012年蒙古政权更迭后(非亲中派)新政府上台是有直接关系的。2016年大选,(亲中派)人民党重新上台,蒙古煤对中国出口重新恢复。但是2017年7月以后,随着蒙古那达慕大会的结束,蒙古煤通关效率降低、报关时间延长,入境煤车数量急剧下滑。特别是2017年底,中蒙口岸贸易局势一度恶化,虽然后期有所改善,但通关效率依然偏低。

(3)蒙古煤将成中国进口焦煤的主要增量来源

受特殊的地域特点限制,中国是蒙古焦煤最重要的出口国,这一局面长期内不会发生改变。随着国内高炉大型化，对低硫主焦煤需求增加，但是国内内蒙古等地焦煤硫分、灰分普遍偏高，而蒙古焦煤普遍具有硫分、灰分低的特点，对于当地煤种是很好的补充。目前蒙古焦煤已成为内蒙古、西北等地焦企、钢厂的主力煤种。

随着公路、铁路通道的加快建设、运输体系的逐步完善，物流环节的费用调控、压缩的空间很大，这必将进一步加大蒙古焦煤的竞争优势。中蒙两方正在努力改善当前的贸易局面，相信在未来中蒙贸易局势趋好的前提下，蒙古煤将成为中国未来炼焦煤进口增量的主要来源，蒙古也很可能在未来几年取代澳大利亚，成为中国焦煤进口的第一大国。

三、炼焦煤供应格局对焦化产业格局的影响

（一）国内供应格局对焦化产业格局的影响

随着去产能进程的推进，国内炼焦煤格局发生改变，表现出来的特点是：西南、东北、华东地区的煤矿大量退出，供应能力继续向山西等主产区集中；同时，中小产能加快退出，资源整合、兼并重组力度加大，以山西为代表的炼焦煤大省产能权重进一步扩大，煤矿成本优势逐步体现。

（二）资源禀赋对焦化格局的影响

由于近几十年来的大规模开采，我国华东、东北等地区的浅部煤炭资源已近枯竭，煤炭开采逐渐向深部延伸，许多大型矿区的开采或开拓延伸的深度目前均已超过 800 米，部分矿井甚至超过 1000 米。随着开采的深入，部分产地焦煤资源已经濒临枯竭。以华中某大型煤企为例，其销售区域主要为中南部地区的焦化、钢厂。因资源量减少，目前其主焦煤资源只能勉强满足重点长协客户，自有焦化需要增加一部分外采自山西地区的焦煤，以满足生产。而河南、安徽等区域进口煤到厂成本较高，随着当地资源量减少，焦企的成本优势将逐步减弱。

（三）进口煤对中国炼焦煤供应的补充作用将长期存在

随着中蒙运输体系的完善，蒙古煤成本优势将逐步扩大，这也使得蒙

古在近几年很可能取代澳大利亚成为中国炼焦煤的最大进口国。但是受运距过长所限，蒙古煤在中国的用户具有明显的地域局限，西到酒泉，东到唐山、曹妃甸，南到太原、石家庄，北到包头，当前的主要用户为包钢、酒钢、八一钢铁等内蒙古往西的钢厂及内蒙古地区的焦化厂等。这也使蒙古煤的主要进口地——内蒙古等地区的焦企成本优势逐渐体现。

此外，新建钢厂逐步向沿海地区集中，且多有自备焦化厂，对于此部分焦钢企业来讲，海运煤仍有较大的成本优势。尽管国内限制进口措施逐步趋严，但优质进口炼焦煤作为国内炼焦煤供应的补充将长期存在。

第四章 中国环境政策对焦化行业的影响

一、中国启动了全球最严的焦化环保法律

随着中国环保压力不断加大，环保标准也在逐步提高。目前焦化行业执行的是2012年环境保护部和国家质量监督检验检疫总局发布的《炼焦化学工业污染物排放标准》，该标准明确规定了包括颗粒物、二氧化硫、氮氧化物在内的大气污染的排放量。

（一）《炼焦化学工业污染物排放标准》的新特点

与原标准相比，2012年版标准对污染物设置更加科学、全面，增加了多环芳烃（PAHs）等特征污染物指标；提高了污染物项目的控制要求，对焦化行业产生的苯、氰化氢、酚类以及多环芳烃等对人体健康危害严重的有毒有害物质进行了严格的控制；同时明确了分布实施的管理要求，考虑了技术进步和产业优化升级。

新标准的实施将进一步加快淘汰落后产能和企业间兼并重组的步伐，促使一批生产装备落后、资源能源消耗高、环境污染严重、小而弱的企业被尽快淘汰出局。

（二）《炼焦化学工业污染物排放标准》分析

《炼焦化学工业污染物排放标准》中，2015年后现有企业和新建企业大气污染物排放浓度限值如表1－11所示。

表1-11　2015年后现有企业和新建企业大气污染物排放浓度限值

单位:毫克/立方米

序号	污染物排放环节	颗粒物	二氧化硫	苯并[a]芘	氰化氢	苯[a]	酚类	非甲烷总烃	氮氧化物	氨	硫化氢	监控位置
1	精煤破碎、焦炭破碎、筛分及转运	30	—	0	—	—	—	—	—	—	—	
2	装煤	50	100	0.3微克/立方米	—	—	—	—	—	—	—	
3	推焦	50	50	—	—	—	—	—	—	—	—	
4	焦炉烟囱	30	50[a] 100[b]	—	—	—	—	—	500[a] 200[b]	—	—	
5	干法熄焦	50	100	—	—	—	—	—	—	—	—	车间或生产设施排气筒
6	粗苯管式炉、半焦烘干和氨分解炉等燃用焦炉煤气的设施	30	50	—	—	—	—	—	200	—	—	
7	冷鼓、库区焦油各类贮槽	—	—	0.3微克/立方米	1	—	80	80	—	30	3.0	
8	苯贮槽	—	—	—	—	6	—	80	—	—	—	
9	脱硫再生塔	—	—	—	—	—	—	—	—	30	3.0	
10	硫铵结晶干燥	80	—	—	—	—	—	—	—	30	—	

注:a.机焦、半焦炉;b.热回收焦炉

资料来源:《炼焦化学工业污染物排放标准》

根据国家环境保护工作的要求,在国土开发密度较高、环境承载能力开始减弱,或大气环境容量较小、生态环境脆弱、容易发生严重大气环境污染问题而需要采取特别保护措施的地区,应严格控制企业的污染物排放行为,在上述地区的企业须执行表1-12中规定的大气污染物特别排放浓度限值,其中对颗粒物、二氧化硫、氮氧化物和挥发性物质提出了更高的要求。

执行大气污染物特别排放限值的地域范围、时间,由国务院环境保护行政主管部门或省级人民政府规定。

2016年1月16日,环境保护部发布《关于京津冀大气污染传输通道城市执行大气污染物特别排放限值的公告》，该公告规定京津冀大气污染传输通道城市包括：北京，天津，河北石家庄、唐山、廊坊、保定、沧州、衡水、邢台、邯郸，山西太原、阳泉、长治、晋城，山东济南、淄博、济宁、德州、聊城、滨州、菏泽，河南郑州、开封、安阳、鹤壁、新乡、焦作、濮阳，即“2＋26”城市；含河北雄安新区、辛集、定州，河南巩义、兰考、滑县、长垣、郑州航空港区的新建焦化项目，自2018年3月1日起新受理环评的建设项目执行大气污染物特别排放限值；现有焦化企业，自2019年10月1日起，执行二氧化硫、氮氧化物、颗粒物和挥发性有机物特别排放限值。

表1－12　大气污染物特别排放浓度限值　　单位：毫克/立方米

序号	污染物排放环节	颗粒物	二氧化硫	苯并[a]芘	氰化氢	苯[a]	酚类	非甲烷总烃	氮氧化物	氨	硫化氢	监控位置
1	精煤破碎、焦炭破碎、筛分及转运	15	—	0	—	—	—	—	—	—	—	车间或生产设施排气筒
2	装煤	30	70	0.3	—	—	—	—	—	—	—	
3	推焦	30	30	—	—	—	—	—	—	—	—	
4	焦炉烟囱	15	30	—	—	—	—	—	150	—	—	
5	干法熄焦	30	80	—	—	—	—	—	—	—	—	
6	粗苯管式炉、半焦烘干和氨分解炉等燃用焦炉煤气的设施	15	30	—	—	—	—	—	150	—	—	气筒
7	冷鼓、库区焦油各类贮槽	—	-	0.3	1	—	50	50	—	10	1	
8	苯贮槽	—	—	—	—	6	—	80	—	—	—	
9	脱硫再生塔	—	—	—	—	—	—	—	—	10	1	
10	硫铵结晶干燥	50	—	—	—	—	—	—	—	10	—	

注：a.待国家污染物监测方法标准发布后实施

资料来源：《炼焦化学工业污染物排放标准》

现有和新建焦炉炉顶及企业边界大气污染物排放浓度限值如表1－13所示。

表 1－13　现有和新建焦炉炉顶及企业边界大气污染物排放浓度限值

单位:毫克/立方米

污染物项目	颗粒物	二氧化硫	苯并[a]芘	氰化氢	苯	酚类	硫化氢	氨	苯可溶物	氮氧化物	监控位置
浓度限值	2.5	—	2.5 微克/立方米	—	—	—	0.1	2.0	0.6	—	焦炉炉顶
	1.0	0.50	0.01 微克/立方米	0.024	0.4	0.02	0.01	0.2	—	0.25	厂界

资料来源:《炼焦化学工业污染物排放标准》

当前除了个别热回收焦炉不投资环保设备即可达标外,大部分焦化企业均需另外投资环保设备才能满足排放标准要求。

(三)焦炭主产省份的环保政策实施情况

2017 年各地针对焦化企业均开展了严格的环保检查,采取安装在线监测装置、无人机监拍(航拍及夜间红外技术)等高科技手段,焦化企业正面临前所未有的环保压力。

1. 山西省关于焦化环保的相关政策

山西省于 2017 年 6 月印发了《山西省焦化产业 2017 年行动计划》,提出扎实推进环保提标改造,以焦炉烟道气脱硫脱硝、废水深度无害化处理、焦炉无组织排放治理和煤场封闭改造等为重点,推进焦化企业清洁生产,持续降低污染物排放水平;积极主动配合环保部门做好焦化行业环保提标改造工作,督促不达标企业加快改造进度,尽早实现达标排放;大力培育绿色焦化企业,建设绿色工厂,发展绿色园区,促进焦化产业绿色发展。

山西省人民政府办公厅于 2017 年 6 月 8 日下发《山西省推行环境污染第三方治理实施方案》,要求将焦化等重污染行业或工业园区中,因污染物超过排放标准或总量控制要求被环境保护主管部门责令限制生产、停产整治,却拒不自行治理污染的企业列入清单并向社会公布。完善环境污染治理修复行政代执行操作规程,督促不达标排放企业在限期内委托环境服务公司进行污染治理。

作为全国焦化行业排污许可证申请与核发的试点省份，山西省受中国环保部委托，组织编制了《排污许可证申请与核发技术规范炼焦化学工业》（HJ 854—2017），用于指导全国焦化行业排污许可证的申请与核发工作。山西省焦化企业2017年10月底前需完成许可证核发，到2020年全省基本完成排污许可证核发。11月1日起未持证的焦化行业企业，一律视为无证排污单位，依法予以处罚，直至责令停业、关闭。各市（县）环保主管部门在首次核发排污许可证后，应及时开展执法检查，对无证排污和不按证排污的企业进行依法查处。

2. 河北省关于焦化环保的相关政策

河北省2016年印发《河北省焦化行业污染整治专项行动方案》，严格控制焦炭产能，提出到2018年底将全省焦炭产能控制在1亿吨以内，并在全省焦化企业开展强制性清洁生产审核，将其全部列入环保部门污染物排放在线监控企业。

河北省政府在大气污染治理方面开展了焦化企业提标改造达标排放、矿山污染治理、散煤污染治理和道路扬尘污染治理四个专项行动。自2017年1月1日起不能实现污染物（除氮氧化物外）达标排放的焦炭生产企业，自2018年1月1日起不能实现氮氧化物达标排放的焦炭生产企业，一律由当地政府依法责令停产治理。

3. 其他省份对焦化环保政策的执行情况

江苏徐州地区要求当地焦企2017年10月至12月底延长结焦时间至48个小时。2018年1月的环保“回头看”，规定当地10家企业必须按照清洁生产的要求开展干熄焦改造，在2018年底前必须完成改造，在干熄焦工艺建成前必须限产70%，不得恢复正常生产。另外，3家焦企被责令停产，并推空焦炉。

焦化行业的污染问题正日益暴露，其环境污染物主要有：粉尘、颗粒物，以及污水中的NH_3-N和COD。对其进行有效的防治和改善是焦化工作者肩负的重要使命。

二、2017 年环保政策对焦化行业的影响

2017 年 2 月 27 日，环保部、发改委等四部委和六省市联合发布《京津冀及周边地区 2017 年大气污染防治工作方案》，要求 9 月底前，"2 + 26"城市行政区域内所有钢铁、燃煤锅炉排放的二氧化硫、氮氧化物和颗粒物大气污染物执行特别排放限值；重点排污单位全面安装大气污染源自动监控设施，并与环保部门联网，实时监控污染物排放情况；依法查处超标排放行为；要求工业企业实施采暖季错峰生产，水泥、铸造、砖瓦窑等行业全部错峰生产，石家庄、唐山、邯郸、安阳等重点城市采暖季钢铁产能限产 50%，以高炉生产能力计，采用企业实际用电量核实；焦炭产能限产 30% 左右，电解铝、氧化铝企业限产 30% 左右，碳素企业限产 50% 以上。

据汾渭能源测算，上述省市焦化企业限产 30% 将会影响焦炭月度产量约 268 万吨，影响炼焦煤需求量约 350 万吨；整个供暖季将减少焦炭产量 1300 万吨，影响炼焦煤需求量 1800 万吨。

（一）加快市场淘汰步伐

国家和各级地方政府加大产业政策和环境保护等法律法规的实施力度，一大批既无稳定市场，又无焦化产品回收和煤气回收利用，严重污染环境、浪费资源的小焦化厂必将被淘汰。产能过剩重压和环保高压之下，2017 年成为焦化行业大洗牌的关键期，环保关无疑成为焦化企业的"鬼门关"，必将加快淘汰落后产能的步伐。

据汾渭能源不完全数据统计，以 2017 年山西省为例，长治市因为环保设备不达标被责令关停的企业有 4 家，临汾市有 3 家。未来，落后产能退出步伐可能会继续加快。

（二）加快焦企兼并重组

节能减排做得好的焦化企业经济效益普遍较好，逐渐发展成为焦化企业中的优势企业。这些企业将从配煤、炼焦、煤气回收净化到化工产品加工精制的整个过程从资源消耗型向资源节约型转变，因而在其生产过

程中，能源利用效率达到同行业先进水平，盈利能力不断增强。

而一些企业规模小，布局分散，生产管理粗放，生产过程产生的余热、煤气、焦油不能有效回收，综合利用水平低，资源、能源浪费严重，污水处理、脱硫等设施达不到环保要求的焦企则可能被收购，以继续生产活动，这必将加快焦企兼并重组的步伐。通过战略重组，企业竞争力和行业集中度得到提高，产业规模不断扩大，装备水平稳步提升，产业总体保持平稳发展，焦企整体盈利水平也会得到提升。

（三）有利于市场的健康发展

由于近几年市场低迷以及焦化行业产能严重过剩，从 2014 年开始，焦炭价格大幅下跌，形成了多数焦企亏损，仅少数焦企盈利的局面，焦企长期陷入“夹缝中求生存”的不利局面。环保政策通过加快落后产能的退出步伐，大力淘汰落后产能，建设能耗低、污染少的大焦炉，延长产业链，进行化产深加工，不仅使焦化企业实现了从全面亏损到逐步盈利的转变，吨焦能耗和污染物排放水平也明显降低。中国焦化行业在经过残酷的市场竞争和艰苦的结构调整后，将逐步步入平稳健康的可持续发展之路。

三、2017 年环保投资与效果评价

（一）焦化厂污染源

目前我国炼焦工艺的污染源主要分为两大类型：一是面污染源；二是点污染源。其中，面污染源主要包括备煤系统（如煤场等）、焦炉以及相关的净化煤气的系统；点污染源主要包括锅炉烟囱、焦炉烟囱及熄焦塔等设备。

1. 备煤车间和筛焦车间的污染情况

用以备煤的系统主要包括配煤室、粉碎机、煤坑、煤焦制样室和带式输送机、转运站等。首先，带式输送机将原料洗精煤从洗煤厂直接运送到备煤车间。其次，经过煤的选配，再由破碎机粉碎成直径小于 3 毫米的微

粒。最后，被带式输送机运送到塔顶，进入焦炉中以供施工。在这个过程当中，主要排放出来的大气污染物为煤粉、煤尘。

2. 炼焦车间的污染情况

洗精煤从备煤工段输送出来以后，被输煤栈桥输送到煤塔中，再通过给料器装入装煤推焦机的煤箱，最后由推焦机从机侧输送到碳化室。在碳化室内经过高温作用一段时间，被干馏形成焦炭还有荒煤气。在此工序中，由于装煤而产生的烟尘被炉顶的除尘车吸出，经过燃耗和洗涤后形成废气排放。而碳化室中的焦炭经过高温作用后，被推焦机推出，进入熄焦车，再由电机车拉至熄焦塔内喷水，冷却以后再输送到筛焦段。

在整个过程中，主要存在以下几种形式的污染：在装煤过程中产生的烟气，即在炼焦炉内装煤过程中由于设备不够严密泄漏出的荒煤气，荒煤气的主要成分是焦尘，为大气污染物；由于密封不严造成焦炉炉体中的废气泄漏，这可能是由于炉盖和盖座之间存在微小间隙或炉体的其他位置存在不同程度的裂缝；对于湿地熄焦，煤矿企业一般不在熄焦塔顶安装捕尘器，造成废气排放、颗粒物排放的速率、浓度过大，从而产生熄焦烟气；在推焦操作过程中产生周期性排放的废气，如荒煤气和推焦煤气等。

3. 煤气净化车间的污染情况

煤气净化车间主要组成工段有冷凝鼓风工段、硫铵工段、粗苯工段、油库工段以及生化工段等。在这些工段中，如果焦炉加热时所采用的为净化不完全的焦炉煤气，燃烧后所产生的废气将产生焦炉烟气，由烟囱排放到大气中；而粗苯管式炉如果燃用净化不完全的焦炉煤气，废气将形成管式炉烟气，经过 15 米高的排气筒被排放；蒸汽锅炉燃料如果采用净化不完全的焦炉煤气，将产生锅炉烟气，并经过 25 米高的排气筒排放。因此，煤气净化车间排放的大气污染物主要为二氧化硫、硫化氢、一氧化碳、氨气以及烃类化合物，主要来源是储槽容器中的发散气体以及设备当中泄漏的气体。要处理煤气净化车间的污染物，需安装烟气脱硫脱硝装置，投资为 100 ~ 140 元/吨，一座 120 万吨的焦化厂，需新投资环保设备 1.3 亿元。

（二）焦化环保投资情况

以100万吨焦化装置为例，针对粉尘污染，主要的防治措施是建立储煤棚，大概需要耗资7000万元；针对烟气污染，主要措施是安装脱硫脱硝装置，需投资1亿~1.4亿元。这无疑会增加企业的设备及资金投入。

从焦化环保带来的产业机会来看，解决焦炭企业污染情况的产业机会主要集中在干熄焦、焦化煤气衍生品、除尘、化产深加工四大领域。值得注意的是，一些地区强制企业上干熄焦设备，或将进一步挤出一部分中小焦化企业产能。干熄焦项目的主要优势是可以与发电相配套，组成干熄焦余热发电项目，成为自备电厂，可并入国家电网，也可独立实施，组成干熄焦—蒸汽项目，利用余热可产生蒸汽。干熄焦可减少焦化行业水污染和污染物溢散，但投入较高，资金投入一般都高于1亿元，进入门槛高，会将一些小企业排除在外，得到中大型企业的青睐。

第五章　2017年中国焦化市场评析

一、焦炭需求分析

2017年中国焦炭消费量43627万吨，同比增加2.9%。其中，钢铁行业焦炭消费量37244万吨，占焦炭总消费量的86%；化工行业焦炭消费量3586万吨，占焦炭总消费量的8%；金属铸造业焦炭消费量970万吨，占焦炭总消费量的2%；电石等非金属矿物制造业焦炭消费量861万吨，占焦炭总消费量的2%；有色金属冶炼业焦炭消费量532万吨，占焦炭总消费量的1%，其他行业焦炭消费量434万吨，占焦炭总消费量的1%。

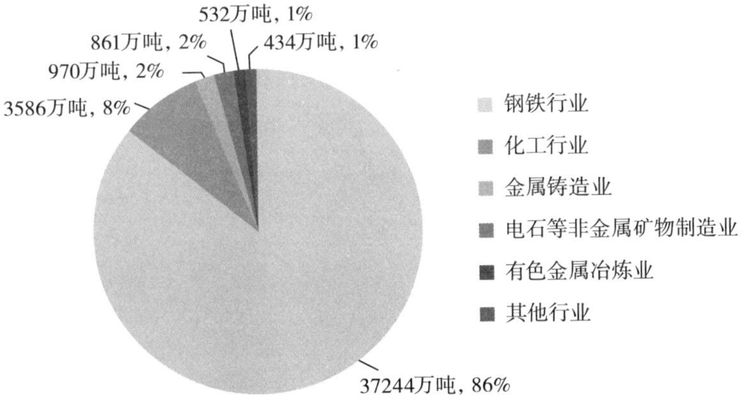

图1-32　2017年各行业焦炭消费量及其占比

资料来源：汾渭能源

（一）钢铁行业

2017年中国钢铁行业焦炭消费量37244万吨，同比减少2.9%，在粗钢和生铁产量增加的背景下，钢铁行业焦炭消费量出现了回落，主要原因在于2017年钢材价格高位，且环保检查抑制了高炉的开工率，钢厂为提高高炉利用系数，多采用高品矿及优质焦炭等高品炉料，以及转炉废钢消耗量明显增加，使得焦铁比出现一定程度的回落，抑制了焦炭的消费量。

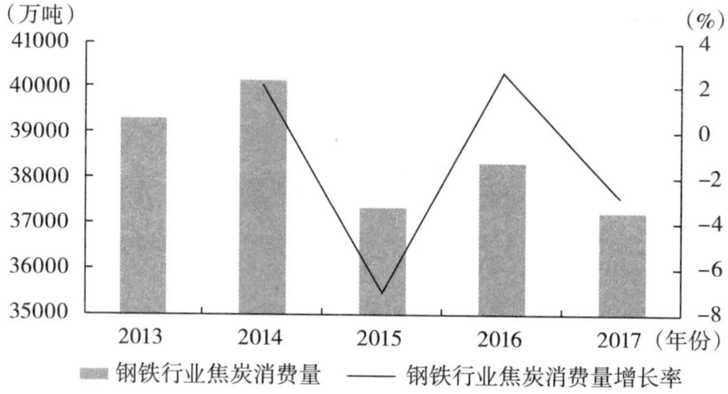

图 1－33　2017 年钢铁焦炭消费量及增速

资料来源：国家统计局，汾渭能源

（二）化工行业

2017 年，化工行业受到国内粮食播种面积下降 0.7% 及出口减少 6.8% 的影响，合成氨的需求出现回落，在此影响下，中国合成氨产量 5226 万吨，同比减少 2.8%。甲醇受到化工品下游需求旺盛的带动，2017 年产量达到 4487 万吨，同比增加 4%。

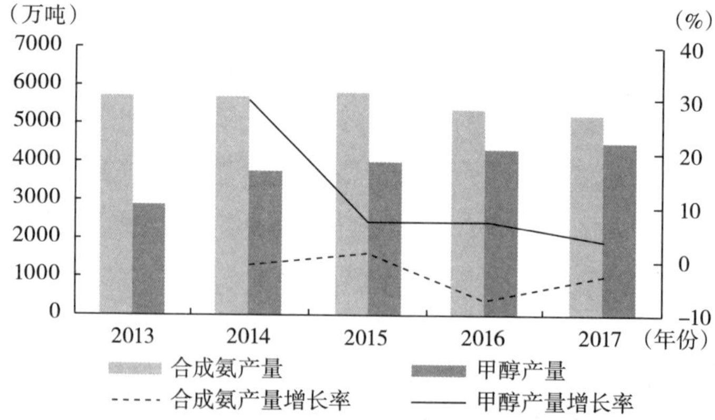

图 1－34　2017 年合成氨和甲醇产量及增长率

资料来源：国家统计局

在合成氨和甲醇的生产中,有一部分等外焦和兰炭可作为原料使用。2017 年,化工行业焦炭总消费量 3586 万吨,同比减少 3.0%。

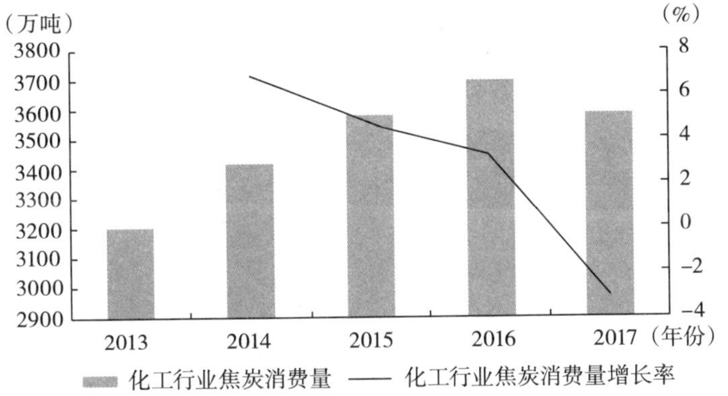

图 1－35　2017 年化工行业焦炭消费量及增速

资料来源:汾渭能源

(三)金属铸造业

近年来,国内制造业稳步发展,特别是以汽车、高铁为代表的高端制造业发展迅猛,带动了铸件的用量稳定增长。但国内铸件生产存在散、乱、差的企业在 2017 年的环保督察中已被陆续关停,同时环保要求的错峰生产也抑制了铸件产量的增长。2017 年中国铸件产量 4740 万吨,同

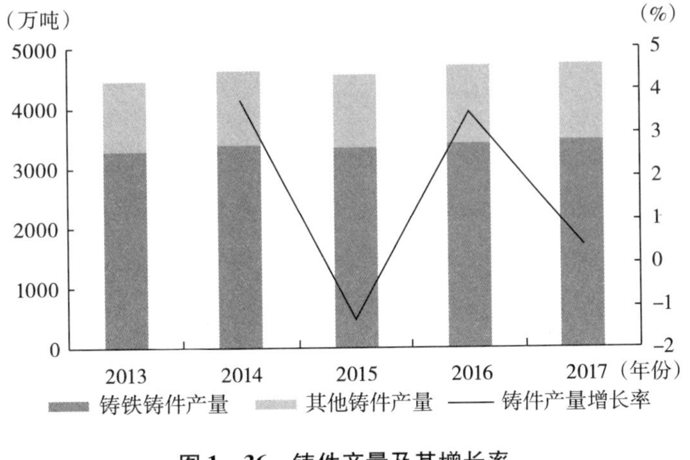

图 1－36　铸件产量及其增长率

资料来源:国家统计局

比增长 0.4%，其中铸铁铸件产量 3470 万吨，同比增长 1.6%。

2017 年金属铸造业焦炭消费量 970 万吨，同比增长 1.5%。

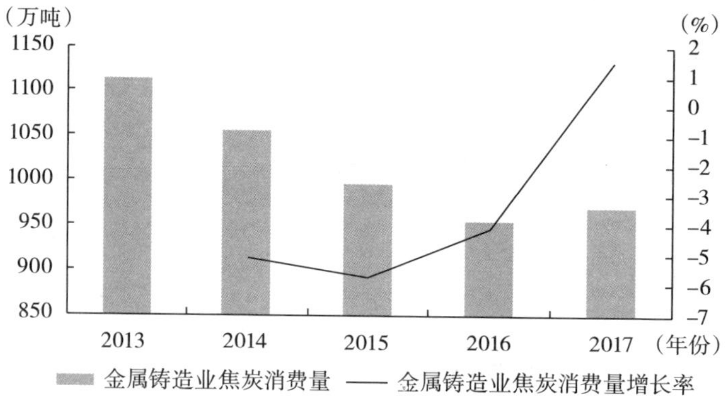

图 1－37　金属铸造业焦炭消费量

资料来源：国家统计局

（四）电石等非金属矿物制造业

从 2013 年开始，国内展开淘汰电石落后产能的专项行动；到 2016 年，电石产能首次出现零增长；2017 年，在环保严查的压力下，电石产量出现负增长。2017 年电石产量 2476 万吨，同比下降 4.3%。

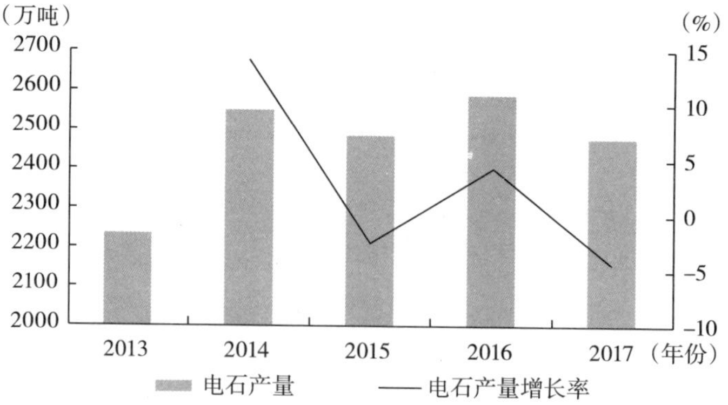

图 1－38　电石产量及其增长率

资料来源：国家统计局

电石产量的缩减使得电石等非金属矿物制造业焦炭消费量出现下降,2017 年电石等非金属矿物制造业焦炭消费量 861 万吨,同比下降 2.3%。

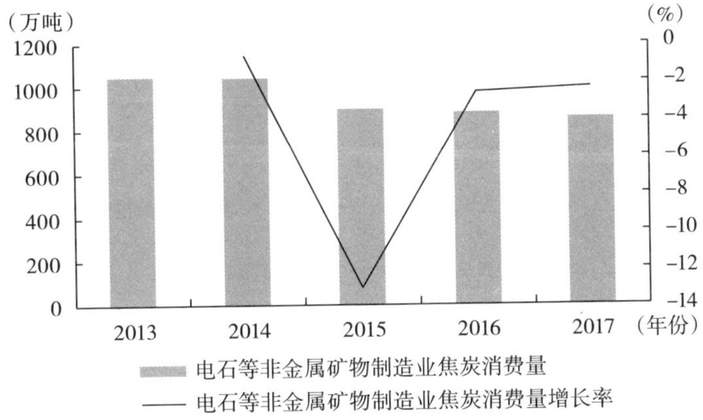

图 1－39　电石等非金属矿物焦炭消费量

资料来源:国家统计局,汾渭能源

(五)有色金属冶炼业

2017 年十种有色金属产量 5378 万吨,同比增加 1.8%。

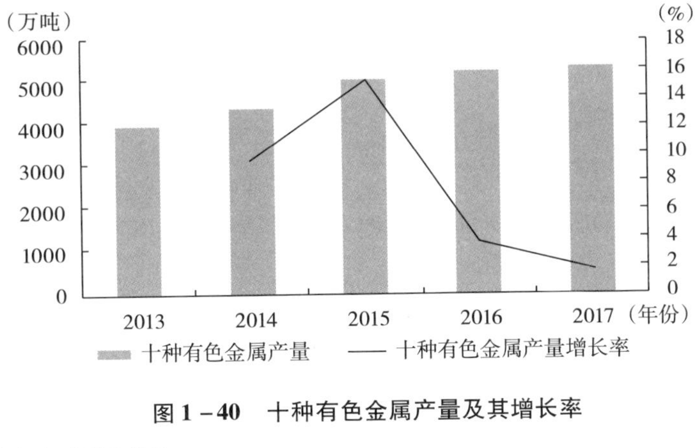

图 1－40　十种有色金属产量及其增长率

资料来源:国家统计局

2017 年有色金属冶炼业焦炭消费量 532 万吨,同比增加 0.8%。

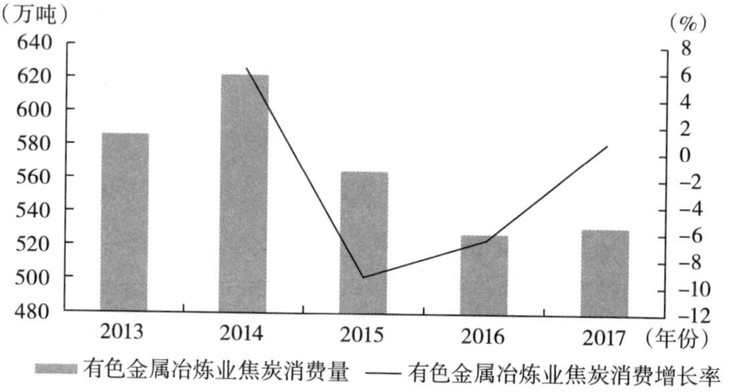

图 1-41　有色金属冶炼业焦炭消费量及其增长率

资料来源：国家统计局，汾渭能源

（六）其他行业

另有一部分焦炭用于生活消费等其他行业，而 2017 年环保要求清理散煤，对此部分的消费量也产生一定的抑制作用。全年其他行业焦炭消费量 434 万吨，同比减少 75 万吨，降幅 14.8%。

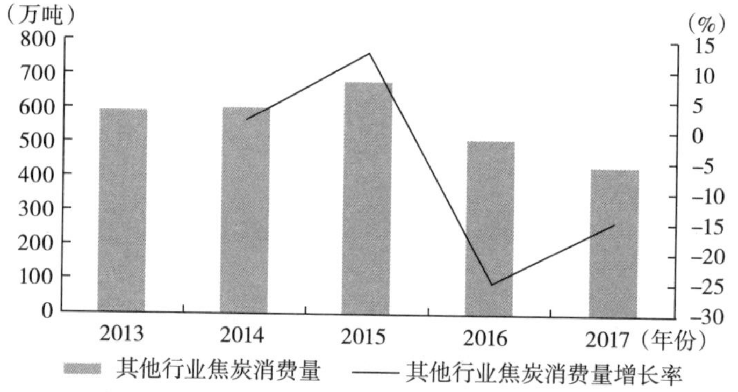

图 1-42　其他行业焦炭消费量及其增长率

资料来源：国家统计局，汾渭能源

二、焦炭供应分析

（一）2017 年焦化行业生产影响因素分析

1. 环保限产

环保部、京津冀及周边地区大气污染防治协作小组于 2017 年 2 月发布《京津冀及周边地区 2017 年大气污染防治工作方案》（以下简称《方案》），实施范围为“2 + 26”个城市，即京津冀大气污染传输通道，包括北京，天津，河北石家庄、唐山、廊坊、保定、沧州、衡水、邢台、邯郸，山西太原、阳泉、长治、晋城，山东济南、淄博、济宁、德州、聊城、滨州、菏泽，河南郑州、开封、安阳、鹤壁、新乡、焦作、濮阳。2017 年是首次执行采暖季连续限产，之前河北、山东、山西执行的都是基于具体天气状况的临时限产方案。

《方案》对焦化、钢铁企业分别作出限产要求。焦化企业方面，要求在 2017 年 11 月 15 日前，河北缩减产能 720 万吨，河南 55 万吨；在 2017 年 10 月 1 日至 2018 年 3 月 31 日期间，企业出焦时间均延长至 36 小时以上，位于城市建成区的焦化企业要延长至 48 小时以上。钢铁企业方面，要求在 2017 年 11 月 15 日前，河北缩减炼钢产能 1562 万吨、炼铁产能 1624 万吨；山东缩减炼钢产能 183 万吨；另外，石家庄、唐山、邯郸、安阳等重点城市钢铁产能，采暖季限产 50%，以高炉生产能力，采用企业实际用电量核实。

《方案》出台后，“2 + 26”范围内各地市纷纷出台“秋冬季大气污染治理攻坚方案”，明确了所辖范围内钢焦企业限产时间及限产力度。若按照 22 ~ 24 小时为正常出焦时间进行计算，“2 + 26”范围内城市的焦化企业限产力度在 30% ~ 40%。

另外，在 10 月前后，山西、江苏等省份对非“2 + 26”范围内城市的钢焦企业，如山西临汾、江苏徐州，也作出限产要求，明确规定焦化企业延长结焦时间至 36 ~ 48 小时。推算临汾市焦企限产力度在 54% 左右，而徐州市焦企限产力度在 35% 左右。

表 1-14　2017 年取暖季焦化企业限产文件

文件名称	地区	执行时间	内容
《京津冀及周边地区2017—2018年秋冬季大气污染综合治理攻坚行动方案》	“2+26”	2017年10月1日至2018年3月29日	2017年11月15日前，河北缩减产能720万吨，河南55万吨 2017年10月1日至2018年3月31日，焦化企业出焦时间均延长至36小时以上，位于城市建成区的焦化企业要延长至48小时以上
《关于做好2017—2018年采暖季错峰生产工作的通知》	河北省	2017年10月1（15）日至2018年3月31（15）日	10月1日至3月31日，位于城建区的4.3米以下高炉，结焦时间延长至48小时，其他企业结焦时间延长至36小时，全省焦化企业限产30%以上
《河南省2017—2018年秋冬季工业企业错峰生产实施方案》	河南省	2017年10月1（15）日至2018年3月31（15）日	2017年10月1日至2018年3月31日，全省23家焦化企业中，位于各省辖市、直管县（市）城市建成区的13家焦化企业出焦时间延长至48小时以上，其余10家焦化企业出焦时间延长至36小时以上，采用企业实际出焦量核实
《徐州市2017—2018年秋冬季大气污染防治强化管控方案》	江苏省徐州市	2017年9月15日至2018年3月31日	采暖季，全市所有焦化企业出焦时间延长至36小时以上。当出现重污染橙色及以上预警或静稳天气时，焦化企业出焦时间延长至48小时以上
《唐山市关于启动应急减排措施应对重污染天气过程的通知》	河北省唐山市	2017年9月25日0时起	焦化企业出焦时间一律延长至36小时以上
《关于做好邢台市2017—2018采暖季错峰生产攻坚行动的紧急通知》	河北省邢台市	采暖季	2017年10月1日至2018年3月31日，河北中煤旭阳焦化有限公司、建涛（河北）焦化有限公司、临城三阳焦化有限公司出焦时间分别延长至36小时以上，邢台钢铁有限责任公司出焦时间延长至48小时以上。承担居民供暖任务的企业严格实施“以热定产”措施，2017年9月底前报市大气办备案
《临汾市采暖季工业企业停限产及错峰生产管控方案》	山西省临汾市	采暖季	10月1日至3月31日，尧都区、襄汾县、洪洞县结焦时间延长至48小时，其他企业延长至36小时，清洁热回收限产50%

续表

文件名称	地区	执行时间	内容
《长治市采暖季工业企业停限产及错峰生产管控方案》	山西省长治市	2017 年 10 月 1 日至 3 月 31 日	焦化企业延长结焦时间至 72 小时
《临淄区 2017 年度工业企业冬季错峰生产调控措施实施方案》	山东省淄博市	焦化行业停限产时间为 2017 年 10 月 1 日至 2018 年 3 月 31 日，共 6 个月	自 2017 年 10 月 1 日至 2017 年 11 月 14 日，出焦时间延长至 48 小时以上，自 2017 年 11 月 15 日至 2018 年 3 月 31 日停产

资料来源：汾渭能源整理

2017 年山西、河北以及山东地区空气明显改善，环保治理初见成效。但是在实际生产中，主产地实际限产情况有所差别。焦化行业中以独立焦化厂为主，民营企业产能占焦炭总产能比例达 80% 及以上。因此，在焦炭仍有利润的情况下，存在部分企业为了增加利润而减少实际限产幅度的情况。另外，焦化厂限产多通过闷炉操作进行，具体结焦时间长短除非是通过人工 24 小时看守，否则难以准确核定限产比例。而在结焦时间长达 48 小时、焦化地域又极为分散的客观条件下，人工持续看守监察较

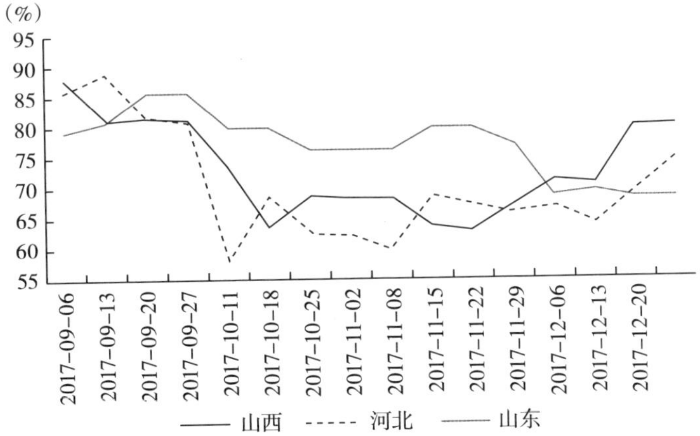

图 1-43　2017 年 9—12 月北方主产地部分焦化企业焦炉开工率

资料来源：汾渭信息技术有限公司

难实现。据中国煤炭资源网跟踪显示，进入取暖季以来，监测点焦化企业开工率出现明显降低，但总体开工水平仍在55%及以上，略高于环保文件要求。

2. 保障供暖

2017年9月，山西、河北等省份相继出台环保政策，为了改善全省环境空气质量，减少重污染天气，多措并举强化冬季大气污染防治。一是优化调整产业结构，加大化解过剩产能力度。二是全面推进冬季清洁取暖，部分城市要按照各省环保厅关于燃煤控制的有关要求划定“禁煤区”，除煤电、集中供热和原料用煤企业（包括洁净型煤加工企业用煤）外，其余均要完成燃料煤炭“清零”任务。将供暖由燃煤改为燃气、用电等方式。但是部分地区在2017年入冬以后仍未全部改造完成，因此发生部分居民区出现较为严重的供暖缺口。

与此同时，在2017年12月21日，国内液化天然气（LNG）价格实现11日连涨，终端接货价最高逼近1.3万元/吨。液化天然气价格过高，不仅使运输车辆停运率升高，也影响到山西、河北等省份的“煤改气”进程。

因此，在“保障民生供暖”的政策前提下，2017年12月，山西、河北等省份相继出台有关“保障供暖”的政策，即允许一部分环保设施齐全、验收合格的焦化企业提高生产幅度，甚至满负荷生产，以供应焦炉煤气，从而满足城市用气需求。2017年12月，山西、河北地区焦企开工水平出现明显的增长，焦炭供应有所释放。

3. 全国淘汰、新增炼焦产能

据中国煤炭资源网不完全统计，2017年全国共淘汰关停约18家企业，涉及焦炭产能约1682万吨，被淘汰企业以小型企业以及证照不全企业为主。其中，河北省推动大气污染治理工作，通过关停、并转、搬迁、治理等措施，压减焦化行业产能规模，减少污染排放，2017年计划压减炼焦产能1029万吨，力争打造环首都张家口、廊坊、保定和衡水市四个无焦市。

2017年，全国新增炼焦年产能510万吨左右，其中部分装置为前期先批未建或产能置换的装置，在行业景气度改善的情况下重新启动建设并陆续投产。

4. 焦企盈利好转

2017 年，受下游钢材价格长期高位震荡的影响，钢铁企业对焦炭需求量保持较高水平，加之部分钢企的自有焦化厂受冬季环保限产政策的影响，也出现焦炭供应不足而需要外购焦炭的情况，焦炭需求量较往年有明显增长。同时，2017 年的焦化产品需求旺盛，使得焦化企业在 2017 年的盈利水平好转。

中国煤炭资源网调查显示，在 2017 年 9 月焦炭价格达到全年较高点（日照港准一级冶金焦平仓价 2410 元/吨）时，主产地焦企平均利润高达 350 元/吨以上。而在 2017 年 11 月焦炭价格下行（日照港准一级冶金焦平仓价跌至 1760 元/吨）时，主产地焦企平均亏损仅为 34 元/吨左右，此时内蒙古多数焦企、山西部分焦企出现主动限产的情况，而其他地区焦企开工率未受盈利水平影响。

从全年水平看，焦企多处于盈利状态，而为保证盈利，在环保政策要求下，只能尽可能增加开工水平，由此导致环保限产幅度总体不及预期。

（二）2017 年焦炭产量分析

1. 2017 年焦炭生产情况

2017 年，受供给侧结构性改革、取暖季环保限产等政策影响，全年焦炭产量 43143 万吨，同比下降 3.3%。

分月看，山西、河北等省份在 2017 年 5～7 月及取暖季环保监察较为密集，使焦炭产量自 6 月开始逐月下滑。12 月，依据“保障供暖”政策，允许山西、河北地区部分环保达标的焦化企业提产，增加焦炉煤气的产量以保证企业周边地区居民的冬季取暖需要，这在一定程度上增加了焦炭的供应，使 12 月焦炭产量小幅回升 1.8%，达到 3509.1 万吨。

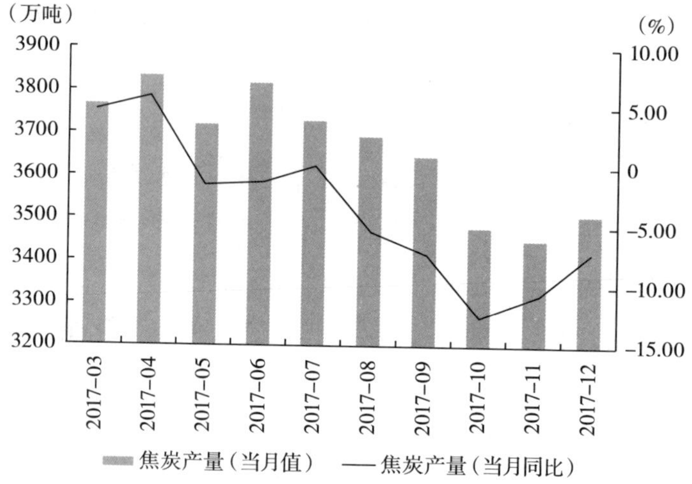

图 1-44　2017 年中国焦炭分月产量

资料来源：国家统计局，汾渭能源

2.2017 年焦炭生产分布格局

分省份看，焦炭产量排名前五位的是山西省、河北省、陕西省、山东省和内蒙古自治区，五省区焦炭总产量 24227 万吨，占全国总产量的56.2%。2017 年共有 14 个省份焦炭产量出现下降，降幅较大的省份中天津、河南、江苏、山东、河北均是环保力度较强且淘汰落后产能较严格的省份。

表 1-15　2017 年中国分省份焦炭产量　　单位：万吨

序号	省份	2016 年	2017 年	同比变化(%)
1	山西	8186	8383	2.4
2	河北	5312	4814	-9.4
3	山东	4420	3934	-11.0
4	陕西	3921	4050	3.3
5	河南	2920	2291	-21.5
6	内蒙古	2817	3046	8.2
7	江苏	2528	2060	-18.5
8	辽宁	2132	2216	3.9
9	新疆	1574	1591	1.0
10	四川	1275	1072	-15.9

续表

序号	省份	2016 年	2017 年	同比变化(%)
11	云南	1090	964	-11.6
12	安徽	973	1058	8.7
13	湖北	892	885	-0.7
14	宁夏	768	755	-1.8
15	江西	749	594	-20.8
16	广西	678	704	3.7
17	黑龙江	675	761	12.9
18	湖南	667	654	-1.9
19	贵州	659	510	-22.5
20	上海	543	557	2.6
21	甘肃	509	472	-7.3
22	广东	483	591	22.2
23	吉林	315	314	-0.3
24	浙江	228	229	0.4
25	天津	205	158	-23.0
26	青海	134	151	12.7
27	重庆	134	174	29.9
28	福建	127	158	23.9
合计		44912	43143	3.3

数据来源:国家统计局

分区域看,七大区域中,华北地区焦炭产量居于首位,为 16401 万吨,同比下降 0.7%。其次为华东地区,焦炭产量 8589 万吨,同比下降 10.2%。华东地区产量下降幅度较大主要与山东、江苏的环保限产有关,上述两地区焦化企业产能占华东地区焦化企业总产能的 62% 左右。在 2017 年的取暖季,受环保政策影响,山东焦化企业自 2017 年 9 月开始陆续限产,限产幅度在 30% 左右,其中淄博地区焦化企业限产在 50% 左右;而江苏徐州焦化企业自 11 月中旬开始至 12 月底持续限产 70%,使焦炭供应大幅减少。西北地区焦炭产量 7019 万吨,同比增加 1.6%。华中地区焦炭产量 3830 万吨,同比下降 14.5%。东北地区焦炭产量 3291 万吨,同比增加 5.4%。西南地区焦炭产量

2720万吨，同比增加13.9%。华南地区焦炭产量1294万吨，同比增加11.4%。环保督察较严的华北、华东和华中地区均出现较大幅度的产量下滑。

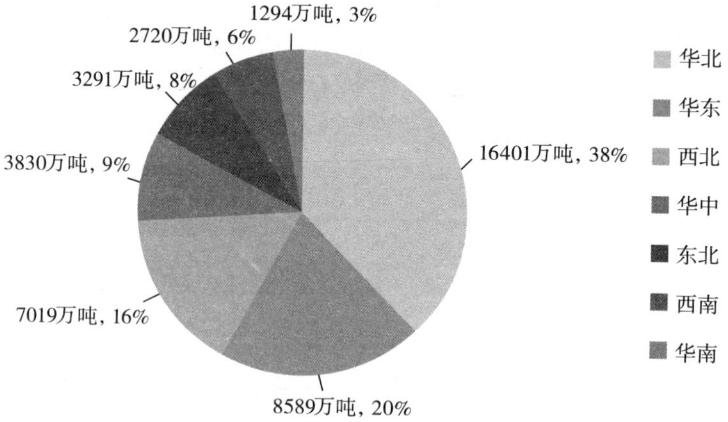

图1-45　2017年中国焦炭分区域产量占比

资料来源：国家统计局

3. 2017年分生产企业结构焦炭生产情况

从生产企业的结构看，钢厂配套焦化企业生产焦炭14344万吨，占比33.2%；独立焦化企业生产焦炭28799万吨，占比66.8%。随着沿海钢厂配套焦化厂的投产，独立焦化厂产量占比有所回落。

4. 2017年分产品品种结构焦炭生产情况

从焦炭产品的品种结构看，2017年冶金焦产量为38153万吨，占比88.4%；铸造焦产量约970万吨，占比2.2%；半焦产量约4020万吨，占比9.3%。环保限产不同程度地抑制了各品种焦炭的产量。

三、进出口分析

（一）进出口关税变化

1. 出口退税取消

2003年，中国开始实施削减出口退税政策，处于“两高一资”范畴的焦炭成为国家重点调控目标。2004年1月1日，国家首先将焦炭的出口退税由15%下调到5%，2004年5月24日起取消焦炭的出口退税。

2. 出口关税持续增长

2006年11月1日，国家开始对焦炭出口征收5%的关税；2007年6月1日，焦炭及半焦出口暂定税率由5%调整到15%；2008年1月1日，焦炭出口关税上调至25%；同年8月20日，焦炭的出口暂定税率由25%上调至40%。

3. WTO要求中国降低焦炭出口关税

2012年1月30日，世界贸易组织（WTO）有关机构发布了“关于美国、欧盟、墨西哥起诉中国原材料出口限制”一案的裁决报告，称中国“不公平地”限制了广泛用于钢铁、铝和化工产业的9种原材料（含焦炭）的出口，并要求中国降低出口关税，解除出口限额。

4. 出口关税与配额均取消

中国国家商务部和海关总署公布的《2013年出口许可证管理货物目录》中将焦炭从“实行出口配额许可证管理的货物”中去除，转而出现在“实行出口许可证管理的货物”中，即2013年1月1日起，我国正式取消对焦炭出口长达10年的配额制，转由出口许可证替代。2012年12月17日，国务院关税税则委员会发布了《关于2013年关税实施方案的通知》，新方案从2013年1月1日起实施。焦炭并未出现在《出口商品税率表》中，这意味着自2008年8月20日开始征收的40%的焦炭出口关税也被取消。

目前，中国进出口焦炭均无关税。

表1-16　近十年中国焦炭关税调整情况

税种	趋势	焦炭出口关税调整
退税	下调	自2004年1月1日起，焦炭半焦的出口退税率由15%下调到5%
	取消	2004年5月24日取消焦炭的出口退税
关税	开始征收	自2006年11月1日起，对焦炭出口征收5%的关税
	上调	2008年1月1日，焦炭出口关税上调至25%
		2008年8月20日，焦炭的出口暂定税率由25%上调至40%
	取消	2013年1月1日，取消焦炭40%的出口关税及配额

资料来源：商务部，海关总署

（二）焦炭出口阶段分析

中国焦炭出口大致可以分为三个阶段：

2008 年以前，中国的焦炭出口政策较为宽松，焦炭年出口量持续高位，均在 1200 万吨以上。2008 年，焦炭出口关税连续 3 次上调，至 40%，同时，2008 年 8 月爆发的经济危机使外部需求回落，导致 2008 年焦炭出口量下滑。2009 年焦炭出口再次大幅下降，出口量几乎为十年来最低水平，同比下降 95%，此后 2008—2012 年中国焦炭出口量均保持低位。2013 年，焦炭出口关税取消，出口量虽没有达到预期的增幅，但全年出口量达 467 万吨，同比增长 358%。2014—2016 年，焦炭出口量进一步提升，但增幅逐年缩小。

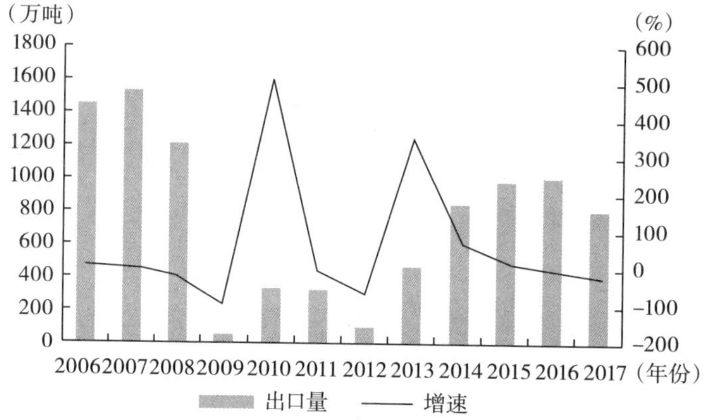

图 1-46　中国焦炭出口量及增速

资料来源：海关总署

（三）2017 年中国焦炭出口情况

2017 年，国内焦炭产量受到环保政策趋紧的影响而出现下滑，在供应相对偏紧的背景下，焦炭价格大幅上升，抑制了焦炭出口，全年焦炭出口量仅 809 万吨，同比下降 20.1%。从分月份的出口走势来看，焦炭出口呈现前后高中间低的态势。

焦炭出口量减少主要与以下几点因素有关：

第一，国内钢铁以及化工行业消耗量增加，同时国内焦炭供应受环保、去产能等政策性因素影响出现收缩,焦炭在短时间内出现供应紧缺的情况,主要流向国内企业,因而出口量降低。

第二,受国内焦炭价格上涨的影响,焦炭出口价格也随之水涨船高,部分国家考虑焦炭价格到本国已出现倒挂,所以减少中国焦炭的进口量。

第三,部分北方地区的港口如天津港受环保影响禁止汽运集港,而传统的出口中,通过天津港出口焦炭数量最大,禁汽运使天津港的出口业务一度停滞。贸易商纷纷转向日照港、董家口港等港口,但上述港口容量较小,且贸易商在港口的业务也需要一段时间才能恢复,这也在一定程度上使焦炭出口下滑。

第四,印度对中国采取"反倾销"政策,进口中国焦炭成本大幅增加,印度钢铁企业因此减少中国焦炭的采购。

第五,随着部分钢铁增产国家和地区新建焦炉的陆续投产以及部分国家焦炉生产的恢复,全球焦炭产量保持增长,焦炭市场趋于饱和。

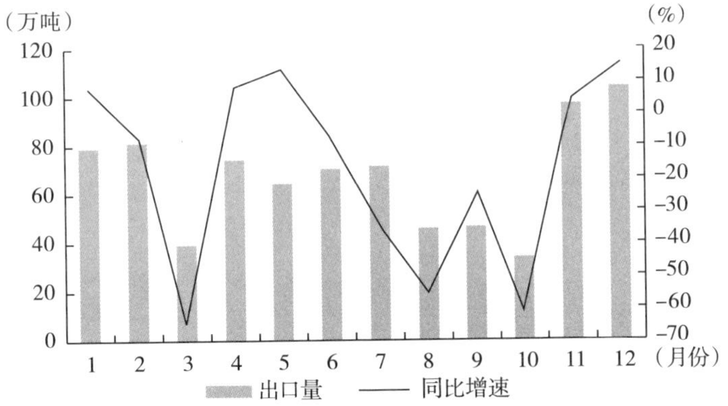

图 1-47 2017 年分月份焦炭产量及增速

资料来源:汾渭能源

中国出口焦炭的主要货源地是山西省。2017 年,山西出口焦炭 534.4 万吨,占全国出口总量的 66.0%。出口量排前 5 位的省份还有山东、河北、陕西、云南,5 个省出口量合计 731.5 万吨,占比 91%。

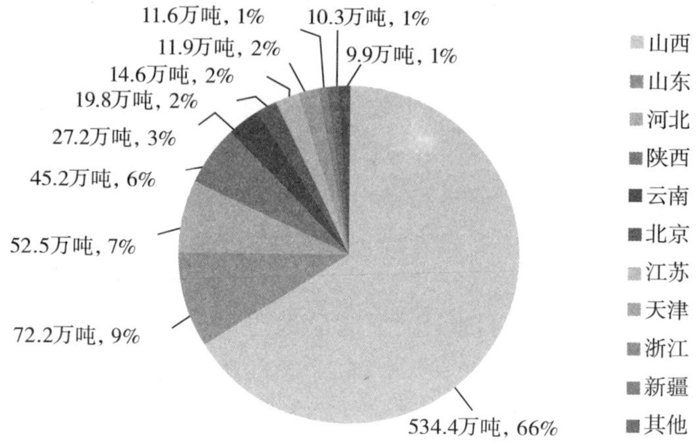

图 1－48　2017 年分省份焦炭出口量

资料来源：汾渭能源

焦炭出口主要流向印度、日本、马来西亚、越南、南非等国家，对上述 5 国的焦炭出口量总计 461 万吨，占中国焦炭出口总量的 57.0%。

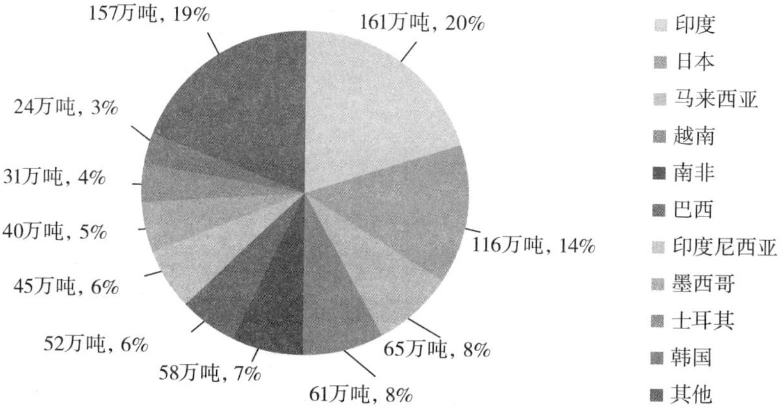

图 1－49　2017 年中国焦炭主要出口国

资料来源：海关总署

（四）2017 年中国焦炭进口情况

中国是传统焦炭出口大国，进口量却始终维持低位，2017 年中国焦炭进口量仅 0.97 万吨。

中国进口焦炭，主要是下游个别企业在厂内焦炭库存低水平时，暂时性补充场内焦炭空缺而进行的采购，主要为沿海地区企业。2017 年，天津市焦炭进口量 0.93 万吨，占全国焦炭进口量的 95.9%。

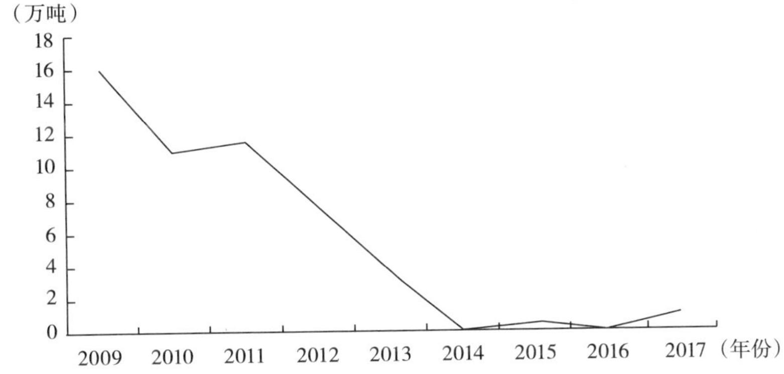

图 1-50　2009—2017 年中国焦炭进口量

资料来源：海关总署

四、价格形成机制与定价依据

（一）国内现行定价模式及其问题

目前的中国焦炭市场主要有以下几种定价方式：

1. 战略合作与长协机制

具备一定规模的焦化企业与钢铁企业尤其是国有钢铁企业拥有长期的供应关系，价格较为稳定，在市场供求变动较为频繁时，也可以保证短时期内（如一周）价格不会出现多次变化。目前，焦炭主产地山西、河北、山东、内蒙古的部分大中型企业，因其供应量稳定，与下游的采用战略合作与长协机制。

2. 参照大企业

部分为钢企生产定制焦炭的中小企业，由于与下游企业拥有十分稳定的供求关系，受市场变动影响较小，因此可以使用月度定价方式，参考当月某焦炭焦化企业变动幅度，由供求双方协商决定。如山东、安徽部分焦企，对其下游钢企采取月度结算的定价方式。

3. 一单一议

港口焦炭贸易企业和部分华北、华东地区的中小型焦企，多与焦炭贸易企业合作，定价较为灵活，采用一单一议的方式，因此价格变动十分频繁。

4. 铸造焦及半焦的定价方式

铸造焦以及半焦生产企业在我国数量相对于冶金焦少，加之下游企业规模相对于钢铁企业小，对铸造焦和半焦的使用量小，因此其定价方式多以参考冶金焦市场价格为主。

由于铸造焦本身的品质相对于冶金焦要高，因此其价格要高于冶金焦价格。对于铸造焦生产企业来说，在考虑本市场的供求缺口情况下，其定价往往会跟随冶金焦的价格进行调整，但时间会滞后 1 ~ 2 周，价格的变动幅度相对于冶金焦要大。中国煤炭资源网调查显示，铸造焦价格的一次变动调整一般为 150 ~ 200 元/吨。

2017 年中国焦炭市场明显表现出市场化。受供求关系的影响，焦炭定价权会在焦化企业以及下游企业间轮换。同时，对于同一使用行业，品质有差别的焦炭，往往在定价时因话语权的转换受到进一步挤压。在这一体系下，焦化企业通常处于被动地位，风险增加。

（二）国际通用的大宗能源产品定价模式

目前国际市场普遍采用的定价方式为指数定价法。

1. 石油

现阶段在现货市场与期货市场主导的定价体系之下，国际石油市场普遍采用公式定价法，即以基准的期货价格为定价中心，以不同地区、不同品级的石油价格为基准价格，再加上一定的升贴水。

目前全球范围主要的石油现货市场有西北欧市场、地中海市场、加勒比海市场、新加坡市场和美国市场，而对全球石油价格影响巨大的分别是欧洲市场、亚洲市场以及北美市场。西北欧市场主要以阿姆斯特丹、鹿特丹、安特卫普为中心，为英、法、德、荷等国服务；新加坡市场因地理位置优越，成为东亚与南亚的定价中心；而美国由于是全球最大的石油消费国，因此墨西哥湾港口地区与东海岸纽约港地区也成为一个重要的石油现货市场。由于运输和储存的特性，现货市场上的石油即时交割并不经常发生，一般会有 10～25 天的估价期，因此，现货市场上的价格一般反映的是 10～25 天之后的远期价格，市场上的交易会选择相近月份的期货合约报价，再加上距离与品质的升贴水来确定价格。

此外，大量分布于全球各地的石油交易所交易着不同品级的石油期货，但最有影响力的当属在 ICE 交易的北海布伦特（Brent）原油与在 NYMEX 交易的西得克萨斯轻质原油（WTI）。因而 Brent 原油期货价格与 WTI 原油期货价格逐渐演变成为全球石油贸易中的基准油价。

2. 煤炭

国际煤炭定价主要包括固定价格长协定价方式以及指数化长协定价方式两种。两种定价方式相同之处为合同时间长，一般为一季度或者一年的贸易量；但价格制定方式有各自的特点。在贸易过程中，长协合同双方一经议定，不管市场价格如何波动，都会严格执行合同。

固定价格长协定价方式中最具代表性的为动力煤日澳长协。日澳长协合同由于形成历史悠久、长期持续稳定且合同数量较大，一直以来都作为主要的国际价格参考依据，受到全球煤炭市场的广泛关注。其合同价格由供需双方协商制定。

2014 年在全球煤炭需求萎缩、价格持续下滑的情况下，7 月日澳双方长协谈判以澳方的让步结束，日澳长协的合同价格首次参照指数浮动定价，以 Global Coal 发布的价格指数为基准，升水 2.2 美元/吨。之后动力煤长协合同也开始更多采用指数浮动定价的方式。目前，该种定价方式已较为普遍。目前国际煤炭价格指数多以港口价格标定，主要以澳大利亚、南非的离岸价格及欧洲的到岸价格为基准，之后又出现了印度尼西亚的离岸价格、中国的到岸价格等国际进出口煤炭价格指数系列。目前在澳大利亚出口市场上影响力比较大的是 API5 指数，该指数由阿格斯与 IHS McCloskey 在 2012 年共同编制推出，反映 5500 大卡澳大利亚煤 FOB

纽卡斯尔港的现货交易价格。2015 年开始，反映印度尼西亚煤炭出口现货市场价格的 IHS McCloskey 印度尼西亚次烟煤价格也逐渐为行业客户所接受。而在欧洲与南非市场，也形成了反映西北欧到岸动力煤现货价格的 API2 指数和反映 FOB 南非理查德兹湾现货价格的 API4 指数。

3. 焦炭

国际焦炭定价方式主要采用参考指数定价以及市场定价两种方式。由于焦炭相对于煤炭及石油产品等大宗商品来说交易量较小，其定价方式较为灵活，主要为供需双方自主协商定价，定价基准一般参考每日焦炭指数价格。以亚洲为例，目前在焦炭国际市场的交易中，主要以普氏冶金焦指数（如华北 FOB，CSR65% ~ 66%、62%；印度 CFR，CSR62%）作为价格基准。

（三）国内新型定价模式的形成

近年来，国内煤焦产品的定价模式也开始了一些新的尝试和变化，从 2017 年开始，动力煤的市场交易已普遍采用中国煤炭资源网发布的 CCI5500 等系列指数来定价和结算，部分炼焦煤也开始使用 CCI 低硫等指数。

中国煤炭资源网研发的 CCI 焦炭指数系列也已正式发布，这对中国焦化行业的健康发展和规范交易具有重要的战略意义。

1. 指数信息的采集

指定专业采价员进行一手的价格采集。在采集中尽可能扩大信息来源，尽可能多地接触市场参与者，以确保指数能准确反映市场价值。市场参与者可以是下游用户、贸易商、生产商、经纪公司或其他活跃的现货市场买卖方。指数的信息来源由多种渠道构成，但只有可追溯的信息才会被予以考虑。

2. 指数计算

指数优先采纳已确认和可证实的、符合指数编辑准则的交易；如果没有成交，将会考虑实盘询价和报价。当天有三笔以上符合指数计算规则的成交时，指数的制定将根据成交价格来确定，每一笔成交价格都会根据汾渭的升贴水标准换算成标准指标下的价格。汾渭会每天从合理的报盘和还盘中按固定比例选取价格纳入指数计算范围。汾渭将计算价格最低的30%作为报盘的平均价,将计算价格最高的30%作为还盘的平均价。

焦炭价格指数计算公式:足够成交量下,指数价格 = 贴水换算后成交价的平均值。即

$$TN = TC + NA + NS + NC$$

其中,IM = TN,TN = 计入指数计算的成交价,IM = 焦炭指数价格;TC = 合同成交价;NA = 灰分升贴水;NS = 硫分升贴水;NC = 其他合同条款升贴水。

成交量不足时,汾渭将会考虑实盘询价和报价来计算指数。即

$$BN = BC + NA + NS + NC$$

$$ON = OC + NA + NS + NC$$

$$TN = TC + NA + NS + NC$$

$$IP = 25\% BN + 25\% ON + 50\% TN$$

TC = 合同成交价;NA = 灰分升贴水;NS = 硫分升贴水;NCV = 发热量升贴水;NC = 其他合同条款升贴水;BC = 市场报盘;BN = 计入指数计算的报盘;OC = 市场还盘;ON = 计入指数计算的还盘;TN = 计入指数计算的成交价。

3. 指数审核

汾渭有专门的审核部门来验证采价员及分析师对于汾渭方法论的坚持情况。汾渭将保留所有的价格采集记录达2年以上,以便于随时对信息的真实性进行审核。

4. 焦炭指数的主要标的物介绍

(1)CCI 日照港准一级冶金焦指数

由汾渭信息技术有限公司于2017年10月26日正式发布。以日照港准一级冶金焦平仓价为标的物,记录3~30天内发运的交易,每日发布。

价格基准:单位为人民币元/吨,六个月承兑含17%增值税的价格。

焦炭指标:准一级冶金焦的指标规格为:灰分(Ad)为12.5%,硫含量(St.d)

为0.7%，热态强度（CSR）为60，全水分（Mt）为8%，粒度为30～80毫米。

（2）CCI唐山准一级冶金焦指数

由汾渭信息技术有限公司于2017年10月26日正式发布。以唐山地区准一级冶金焦车板含税价为标的物，记录3～30天内发运的交易，每日发布。

价格基准：单位为人民币元/吨，六个月承兑含17%增值税的价格。

焦炭指标：准一级冶金焦的指标规格为：灰分（Ad）为12.5%，硫含量（St.d）为0.7%，热态强度（CSR）为60，全水分（Mt）为8%，粒度为30～80毫米。

（3）CCI吕梁准一级冶金焦指数

由汾渭信息技术有限公司于2017年10月26日正式发布。以山西省吕梁地区准一级冶金焦含税出厂价为标的物，记录3～30天内发运的交易，每日发布。

价格基准：单位为人民币元/吨，六个月承兑含17%增值税的价格。

焦炭指标：准一级冶金焦的指标规格为：灰分（Ad）为12.5%，硫含量（St.d）为0.7%，热态强度（CSR）为60，全水分（Mt）为8%，粒度为30～80毫米。

五、供求对比与价格

（一）2017年中国焦炭市场供求对比

2017年，中国焦炭产量43143万吨，同比下降3.9%；焦炭需求总量为43627万吨，同比下降2.9%；焦炭净出口806万吨，同比减少19.8%；焦炭供应缺口1290万吨，呈现扩大的趋势。

表1－17　2017年焦炭市场供需对比　　单位：万吨

年份	2013	2014	2015	2016	2017
焦炭产量	48179	47980	44778	44912	43143
焦炭需求量	45852	46885	44059	44910	43627
净出口	450	845	973	1004	806
焦炭库存增加	1877	250	－254	－1002	－1290

资料来源：中国煤炭资源网

(二)2017 年中国焦炭市场价格变动

截至 2017 年 12 月 29 日,国内日照港焦炭价格为 2300 元/吨,较年初 2050 元/吨小幅上涨 12.2%。价格最高点在 9 月下旬,为 2410 元/吨,价格最低点在 6 月下旬,为 1680 元/吨。

钢企焦炭库存全年均值在 99.6 万吨左右,其中 10 月初达到年内最高点 135.33 万吨,8 月下旬为年内最低水平 69.23 万吨。

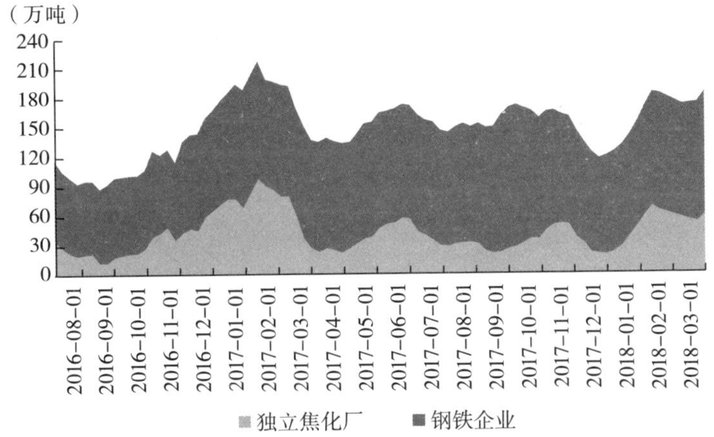

图 1-51　2017 年中国钢铁及独立焦化企业焦炭库存变化趋势

资料来源:中国煤炭资源网

而对于独立焦化企业来说,钢铁企业、焦炭贸易企业的采购,环保限产等因素均对厂内焦炭库存产生影响。全年看,独立焦化企业厂内焦炭库存均值为 37.17 万吨,2 月初达到年内最高水平 90.88 万吨,在 9 月底焦炭库存达到年内最低水平 10.86 万吨。

分阶段看,2017 年焦炭价格共有三次上涨,均是由阶段性补库存造成的快速拉升。

第一次上涨(3 月 1 日至 4 月 25 日),钢企焦炭库存处于较低水平,在国家供给侧结构性改革持续进行阶段,钢材市场出现供应缺口,钢企纷纷提高高炉生产水平。为保证高炉生产所需的焦炭量,钢企开始出现一波集中补库存行动,焦炭价格上涨。期间港口准一级冶金焦价格由 1740

元/吨上涨至2100元/吨。

第二次上涨(6月27日至9月22日)，港口准一级冶金焦价格由1750元/吨上涨至2410元/吨，此阶段钢厂焦炭库存处于正常偏低水平，部分山西焦化企业受环保影响开工减少，焦炭市场处于紧平衡状态。但此期间由于期货焦炭价格低，部分金融企业为套利开始采购焦炭，加之焦炭出口在6月和7月订单增加，对焦炭需求形成一定支撑，而钢企为了保证足够的焦炭库存，也开始新一轮的备库，综合影响使焦炭价格开始上涨。

第三次上涨(11月17日至12月26日)，港口准一级冶金焦价格由1765元/吨上涨至2380元/吨，主要是因为冬季环保政策要求焦化企业限产所致。焦化企业限产，焦炭供应明显减少，此时钢企有冬季补库备库的需求，焦炭价格逐步上涨。同时，受冬季保障电煤因素影响，运力吃紧，铁路方面焦化企业车皮难申请，公路方面受环保错峰运输、LNG价格高涨使部分加气车停运、雪天运输困难等因素影响，运力也无法完全释放，在一定程度上也助推了焦炭价格的上涨。

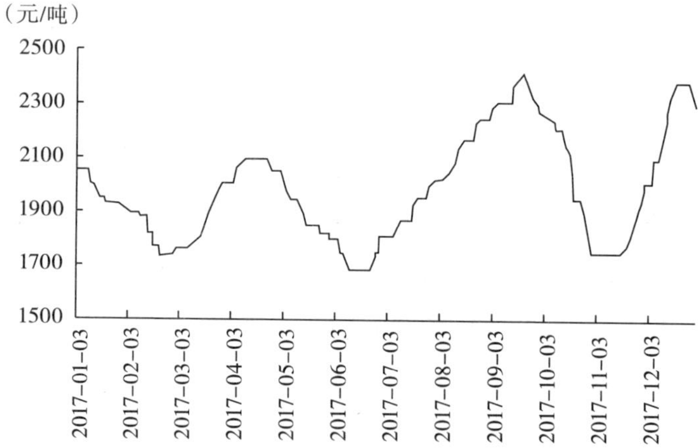

图1-52　2017年中国日照港准一级冶金焦价格变动趋势

资料来源：中国煤炭资源网

第六章 2018 年焦化行业发展预测

一、钢铁行业发展趋势

(一)供需同比回落

粗钢表观消费量在 2013 年达到 76235 万吨的峰值后历经 2014—2015 年两年的回落,2016 年出现回升,至 2017 年已恢复至 76635 万吨,超过 2013 年的峰值。

我们认为中国钢铁消费虽然已达峰值,但中国经济预期中高速增长、产业转型升级以及“一带一路”倡议将带来稳定的钢铁需求,钢铁消费短期内不会快速下降。预计 2018 年中国粗钢消费量同比回落 0.9% 至 75958 万吨。

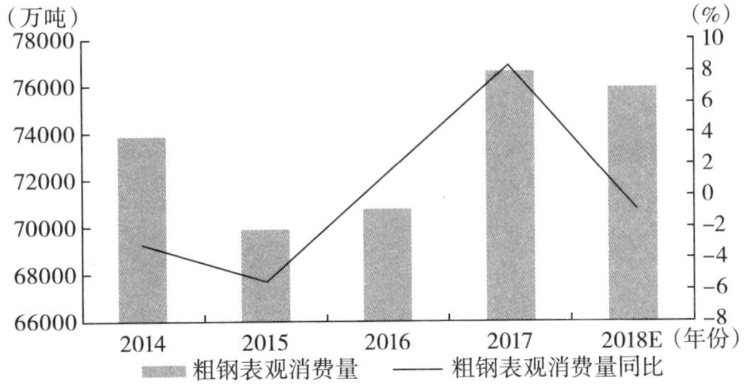

图 1-53 粗钢表观消费量及预测

资料来源:国家统计局,汾渭能源

2016 年中国粗钢产量小幅反弹至 80837 万吨。2017 年粗钢产量增长强劲,尽管受到“2+26”城市供暖季钢铁限产的影响,但全年产量仍增长2.9%至83173万吨，已超出2014年82231万吨的历史峰值。

我们判断，中国粗钢产量在未来将呈现稳中略降的态势，预计2018年中国粗钢产量小幅回落0.4%至82800万吨。

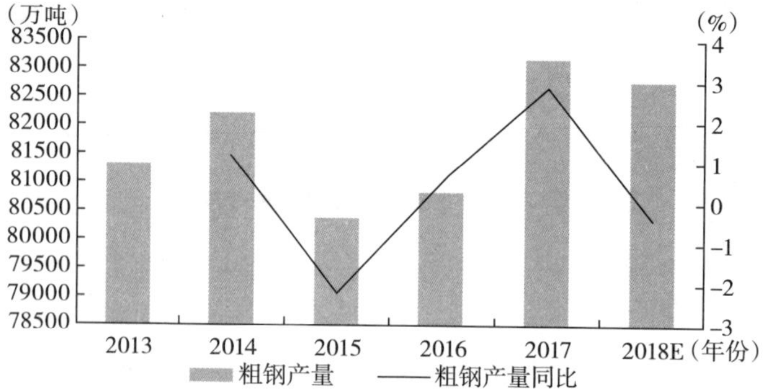

图1－54 粗钢产量及预测

资料来源：国家统计局，汾渭能源

废钢产业“十三五”规划提出，2020年炼钢废钢比要达到20%以上，远高于“十二五”期间平均11.4%的水平，其中转炉废钢比达到15%以上。到2020年，中国废钢积蓄量预计达100亿吨。在2017年清理“地条钢”的背景下，废钢使用量受到抑制，但高炉受到炉料价格高位的影响，钢企为了降低成本，大幅提高转炉的废钢投入比例。随着废钢的大量使用，铁钢比将继续呈现下降趋势。

2017年，电炉钢整体复产但产量不及市场预期，主要原因是炉钢政策一直未明确，合规电炉产能的置换也是在2017年12月后才开始项目公示。2018年，电炉钢产量在电炉钢产能置换逐渐落地情况下将转为大概率事件，电弧炉增产将会在一定程度上挤压长流程炼钢和生铁产量。另外，2017年“2＋26”环保新规的执行取得了显著成效，在2018年，随着国家对环保治理的重视，钢铁行业或继续在供暖期进行烧结、高炉工序的限产，使焦炭需求出现阶段性下降。

据此判断，2018年中国生铁产量将回落至70711万吨，同比下降0.5%。

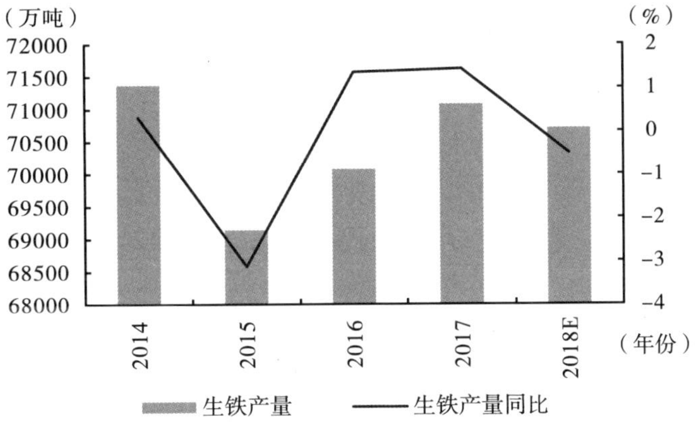

图 1－55　生铁产量及预测

资料来源：国家统计局，汾渭能源

（二）钢材出口有望回升，进口保持稳定

中国钢材出口在 2015 年达到 11242 万吨的高位后，2016 年随着国内钢材市场回暖、需求回升，出口量回落到 10899 万吨，下降 3.4%。2017 年，受国内清理"地条钢"影响，国内钢材供应收缩，同时价格大幅上涨也抑制了出口，全年出口量 7541 万吨，同比降幅 30.8%。

随着"一带一路"倡议的提出，未来五年是项目建设实施阶段，"一带一路"沿线国家基建、高铁、能源等项目的建设需求将会带动中国钢材出口需求。同时中国钢材产品在国际市场，特别是东南亚市场能够保持一定竞争力，中国钢材出口或将缓慢回升。

同时，中国政府鼓励中国钢材出口。2017 年 12 月 15 日，国务院关税税则委员会发布《2018 年关税调整方案》，取消棒材、螺纹钢和线材的出口暂定关税，降低 200 系热轧不锈钢卷、钢锭、钢坯及部分铁合金等产品出口暂定关税。

预计 2018 年中国钢材出口恢复至 7800 万吨，同比增加 3.4%。

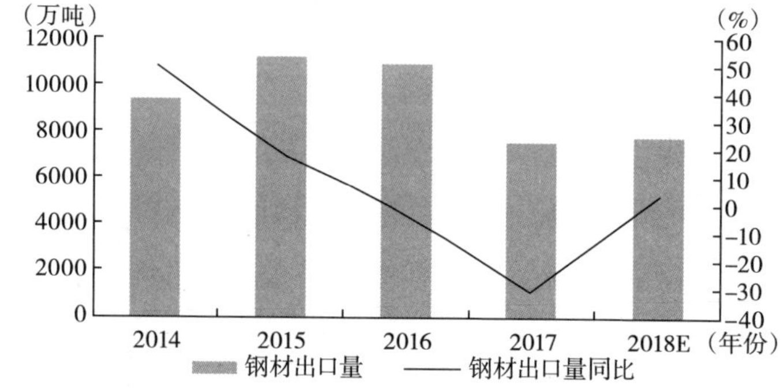

图 1－56　钢材出口量及预测

资料来源：国家统计局，汾渭能源

钢材进口继续围绕高端装备用钢和特殊钢材需求进行，2017 年中国进口钢材 1330 万吨，同比增加 0.7%。随着中国高端钢材的生产能力增强，预计 2018 年中国钢材进口量 1300 万吨，同比下降 2.3%。

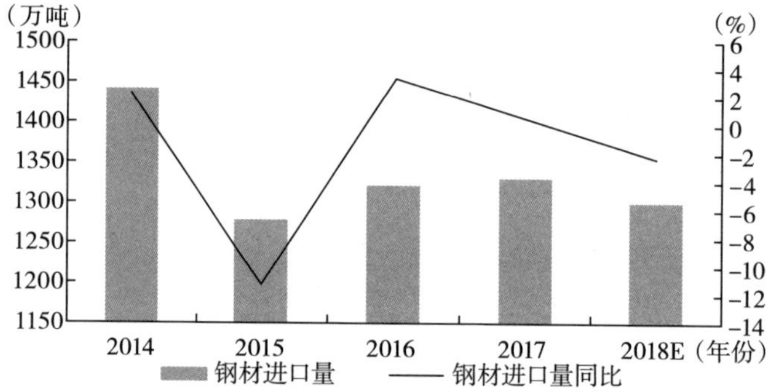

图 1－57　钢材进口量及预测

资料来源：国家统计局，汾渭能源

二、2018 年焦炭需求预测

（一）国内需求或将下降

影响焦炭需求的主要因素包括钢铁产量和综合焦比。

前文对中国钢铁产量做了分析预测，通过生铁产量和综合焦比则可以预测钢铁行业焦炭需求量，而根据钢铁行业焦炭需求总量约占国内焦炭需求量的 85%,得出国内焦炭需求量。

综合焦比预测:随着技术进步、设备大型化、淘汰落后产能,以及节能技术和装备的普及应用,我国钢铁工业能耗指标不断优化,同时焦炭质量的提高也会使得我国的综合焦比逐步降低。

根据预测,中国国内焦炭需求量与钢铁产量变化趋势一致,也呈稳中略降趋势,从 2017 年的 43627 万吨下降到 2018 年的 42955 万吨,同比下降 1.5%。

(二)出口或有恢复

随着全球经济复苏和"一带一路"建设的推进,全球钢材和焦炭需求小幅增长。"一带一路"沿线东南亚和中亚国家的基建、高铁、能源等项目建设拉动钢材需求增加,而这些国家焦化产能低、工艺落后,需要从中国进口焦炭。预计 2018 年中国焦炭出口保持增长趋势,全年出口量或将增至 1050 万吨,同比增加 29.8%。出口目的国仍以亚洲的日本、印度、韩国以及欧洲国家为主。

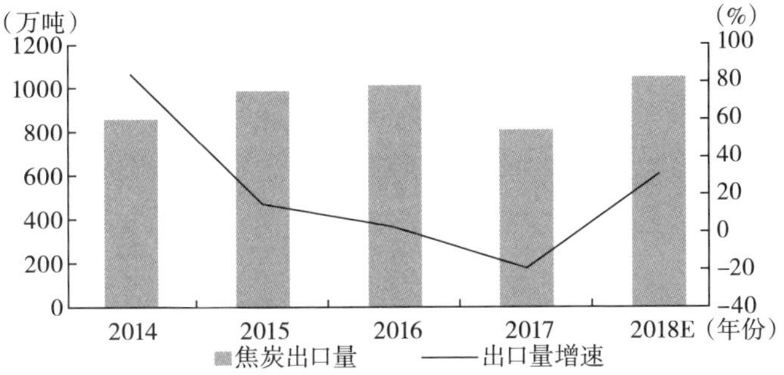

图 1-58 2018 年焦炭出口及增速

资料来源:海关总署,汾渭能源

表 1-18 2018 年中国焦炭需求量预测 单位:万吨

指标	2017 年	2018 年	同比变化(%)
生铁产量	71076	70711	-0.5
综合焦比(千克/吨)	524	520	-0.8
钢铁行业焦炭需求量	37244	36770	-1.3

续表

指标	2017 年	2018 年	同比变化(%)
钢铁行业需求占比	85%	86%	0.3
国内焦炭总需求量	43627	42955	-1.5
焦炭净出口	806	1050	30.4
焦炭总需求	44432	44005	-1.0

数据来源：国家统计局，汾渭能源

据此预测，2018 年中国焦炭总需求量（国内消费 + 净出口量）44005 万吨，同比下降 1%，表现出国内需求量回落而出口回升的特点。

三、焦炭供应预测

（一）影响焦炭供应的政策分析

1. 淘汰落后产能

焦化行业“十三五”规划纲要提出，“十三五”时期，要压减过剩产能 5000 万吨，产能满足准入标准的比例达到 70% 以上。

据中国煤炭资源网不完全统计，2017 年我国共淘汰焦炭产能 1682 万吨左右。从地区分布来看，河北地区淘汰产能 688 万吨，山东 488 万吨，河南 324 万吨，辽宁 110 万吨，山西 80 万吨。截至 2017 年末，全国共有焦炭产能 56270 万吨。

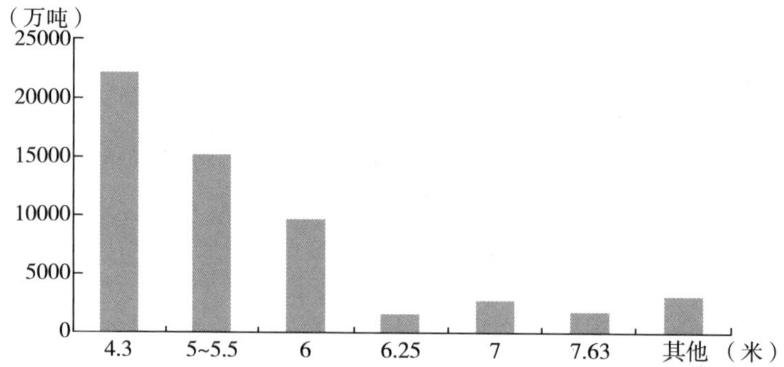

图 1－59 焦炭分炭化室高度产能统计

资料来源：汾渭能源

落后产能主要集中在4.3米以下的焦炉和半焦上。我国炭化室高度低于4.3米的落后产能约有3072万吨(包含半焦),落后的半焦产能主要分布在陕西、新疆和内蒙古等地,大多位于偏远地区。

《山西省焦化行业“十三五”规划》提出,到“十三五”末,全省化解冶金焦过剩产能2000万吨。《山东省制造业“十三五”规划》提出,要严控直接大量耗煤的煤化工项目和初级产品规模,有效压减焦炭等传统产品产能。

2. 产业优化与重组

严格控制新增产能,坚持减量置换:未来不再批准新增产能焦化项目,主要通过兼并重组和减量置换实现产业升级、产能优化的目标。《山西省焦化行业“十三五”规划》提出,要严格控制焦炭总产能,优化调整产品结构,发展化工焦,培育洁净焦,压缩冶金焦,巩固铸造焦,进一步提高产能利用率,转移化解过剩产能;着力推进焦化化产延伸,培育壮大化产品深加工产业;继续坚持产能置换,稳步推进节能环保高效现代化大机焦建设,不断提升技术装备水平。《河北省节能“十三五”规划》提出,到2020年,全省焦炭产能控制在6000万吨以内,对新增耗煤建设项目,严格执行减量替代,严控煤炭消费总量。“十三五”时期主要任务是化解过剩产能和通过兼并重组、产能减量置换实现产业升级。

焦炉大型化:《山西省焦化行业“十三五”规划》提出,到“十三五”末,全省焦化工业装备水平进一步提高,化产深加工优势进一步增强,焦炭产品市场进一步拓展,行业转型升级初步实现。全省炭化室6米(含5.5米捣固)以上节能环保高效现代化大机焦能力达到5000万吨以上。

3. 资源与环境对焦化格局的影响

中国优质主焦煤资源主要集中在山西省,而近年来随着焦化企业的生产利用,优质主焦煤资源日益稀缺。优质炼焦煤资源的日益减少,或将逐步改变焦化企业生产配煤以及生产工艺。为了保证焦炭产品的质量稳定,焦化企业或将多使用高硫主焦煤资源,同时配入适量的低硫配煤资源。而在焦炉生产工艺方面,捣固或将成为主要工艺。

另外,我国焦化产业主要集中在山西、河北、山东以及内蒙古等省份,不少省份属于水资源稀少地区。传统的湿熄焦方式浪费水资源，也污染环境；而干熄焦则无上述污染问题。因此，在我国持续进行的环保治理要求下，焦化企业为了节约水资源，熄焦方式或将逐步由湿熄焦改为干熄焦。目前，江苏徐州市焦化企业已逐步计划改造熄焦方式，由传统的湿熄焦改为同等规模的干熄焦。

未来焦化厂将会受到愈来愈严格的环保约束。目前已经开始要求焦化厂加装烟气脱硫脱硝设施，申请核准排污许可证，并且使环保检查常态化。在大气污染防治重点的北京、天津、河北、山东、河南、山西等地，尤其在冬季供暖季，焦化产业会更多地受到环保限产的限制。2017 年，“2 + 26”城市采暖季钢铁产能限产 50%，焦炭产能限产 30%，焦炭供需双向受限。到 2020 年以前，这项政策可能每年冬季供暖季都要执行。

4. 其他影响供应的因素

重大活动：每年 3 月的北京“两会”期间、G20 峰会、“一带一路”峰会、大阅兵、重度雾霾天等都将不同程度地限制焦炭的生产。

物流运输：焦炭主产区的外运公路需穿过县城，但部分区域禁止卡车白天穿过县城进行运输；产焦区的外运公路路况受天气影响较大，如夏天的洪水和冬天的降雪都会对焦炭供应造成影响。

（二）产能预测

全国：“十三五”期间需压减过剩产能 5000 万吨，2016 年去产能 900 万吨，2017 年去产能 1682 万吨，未来三年仍有 2418 万吨的去产能任务需完成。

分省份来看：

山西省：计划“十三五”化解焦炭过剩产能 2000 万吨，同时在建产能约 2900 万吨，预计 2020 年山西焦炭产能将净增加，达到 16307 万吨。

河北省：2020 年焦炭产能控制在 6000 万吨以内，估计完全实现目标较困难，预计降到 7000 万吨左右。

山东省：“十三五”期间有效压减焦炭产能，2020 年压减至 4500 万吨以内，汾渭能源预计可降到 5500 万吨。

内蒙古:“十三五”期间坚决控制焦炭产能向自治区转移。

除去几个焦炭大省外,目前其他省份焦炭产量基本满足当地需求,未来可能略有下降;除了目前已经开始建设的项目,未来不再批准新增产能焦化项目,主要通过兼并重组和减量置换实现产业升级、产能优化的目标。

预计 2018 年中国仍有 1000 万吨的焦化产能会被去掉,到 2018 年底中国焦炭产能或将降至 55270 万吨。

表 1-19 2018 年中国焦炭产能预测 单位:万吨

序号	省份	2017 年焦炭产能	2018 年焦炭产能预测
1	山西	13524	13224
2	河北	8407	8107
3	山东	6187	5987
4	内蒙古	3862	3862
5	河南	2870	2870
6	江苏	2691	2691
7	辽宁	2324	2324
8	新疆	1990	1990
9	陕西	1720	1720
10	云南	1453	1453
11	其他	11242	11042
	合计	56270	55270

数据来源:汾渭能源

(三)产量预测

根据以上预测,到 2018 年,我国的粗钢产量将降至 82800 万吨,同时铁钢比继续下降。在此背景下,预计 2018 年中国的生铁产量降至 70711 万吨,焦炭(不含半焦)需求量降至 42955 亿吨。

同时随着国际经济复苏和“一带一路”建设的推进,国际生铁和焦炭需求回升,带动中国焦炭出口的增加,未来我国的焦炭出口量将延续小幅上涨的趋势。

2017 年焦化企业的年均产能利用率平均 77%,随着淘汰落后产能力度加大,预计 2018 年产能利用率或将提升至 78% 左右。

表 1－20　2018 年“2＋26”城市焦炭产能预测　　单位：万吨

所属省份	“2＋26”城市	产能
河北省	保定市	470
	沧州市	220
	邯郸市	2681
	石家庄市	306
	唐山市	3290
	邢台市	850
河南省	安阳市	1250
山东省	滨州市	970
	德州市	230
	菏泽市	640
	济南市	120
	济宁市	845
	聊城市	60
	淄博市	535
山西省	晋城市	149
	太原市	1322
	阳泉市	120
	长治市	2599
天津市	天津市	100
合计	—	16757

数据来源：汾渭能源

其中，“2＋26”城市供暖季继续执行限产措施，按照取暖季限产要求，“2＋26”城市结焦时间延长至 36～48 小时，即要求限产幅度在 33%～50%，但从 2017 年冬季执行情况来看，限产力度不及预期。预计 2018 年全年“2＋26”城市产能利用率为 75% 左右。从 2017 年环保限产执行情况来看，部分非“2＋26”城市受地方环保政策要求影响，限产力度并不弱于“2＋26”城市，如山西的临汾、晋中等焦炭主产区。可见，在环保形势严峻的当下，即便非“2＋26”城市，也仍面临环保限产的影响，预计 2018 年非“2＋26”城市焦炉产能利用率为 79% 左右。

表 1－21　2018 年焦炭产能及产能利用率产量预测　　单位：万吨

	"2＋26"城市	其他	合计
2018 年产能	16757	38513	55270
2018 年产能利用率（%）	75	79	78
2018 年产量	12568	30478	43045

数据来源：汾渭能源

根据以上分析，受政策影响，环保限产仍将抑制焦炉开工率。预计 2018 年中国焦炭产量呈下降趋势或将回落至 43045 万吨，同比下降 0.2%。半焦产量或受榆林市打造"榆林兰炭"洁净煤品牌影响，形成兰炭产能 5000 万吨的计划，产量将得到推升，预计 2018 年半焦产量 4100 万吨，同比增加 2.0%。

四、2018 年焦化市场总体分析

综上分析，2018 年焦炭市场将延续 2017 年的供需双降的局面，预计焦炭产量 43045 万吨，同比下降 0.2%；焦炭需求量 42955 万吨，同比下降 1.5%；出口量 1050 万吨，同比增加 29.8%；焦炭全年仍将有 960 万吨的供应缺口，尽管较 2017 年有所缩小，但仍支撑价格维持高位。

表 1－22　2018 年焦炭供需对比　　单位：万吨

年份	2014	2015	2016	2017	2018E
焦炭产量	47980	44778	44912	43143	43045
焦炭需求量	46885	44059	44910	43627	42955
净出口	845	973	1004	806	1050
供需缺口（供应－需求）	250	－254	－1002	－1290	－960

数据来源：国家统计局，汾渭能源

五、2018 年焦炭价格预测

（一）汾渭焦炭价格预测模型

汾渭通过建立大数据焦炭价格预测模型，使用焦炭大数据对山东日照准一级冶金焦的价格进行预测，以期为企业创造更大的价值。

1. 数据筛选：对基础数据进行收集，并分析筛选

（1）价格预测模型数据构成

汾渭整理分析了包括焦化产地、港口、进出口、运价、下游、国际数据等的煤炭行业系列数据共500余组。数据来源包括：汾渭自有、海关总署、统计局、各大港口等。

图1－60　价格预测模型数据构成

资料来源：汾渭能源

（2）数据筛选依据

模型所用数据的筛选依据包括历史可追溯性强、有效性高及与价格的相关性强，在此基础上最终选择出多组相关性强、有效性高、具备建立模型条件的基础数据进行建模，其中汾渭自由数据占85%。

2. 数据建模：各种不同的建模方法试验，模型评价、寻找最优

采用相关性分析，运用Z标准化进行无量纲化处理，遵循数据降维的思路，提取主成分因子，采取回归分析等方法对基础数据进行模拟，建立多元回归模型，进行市场预测。

数据标准化：运用Z标准化进行无量纲化处理，处理后各组数据服从标准正态分布，减弱数据间因量化单位不同而带来的差异。

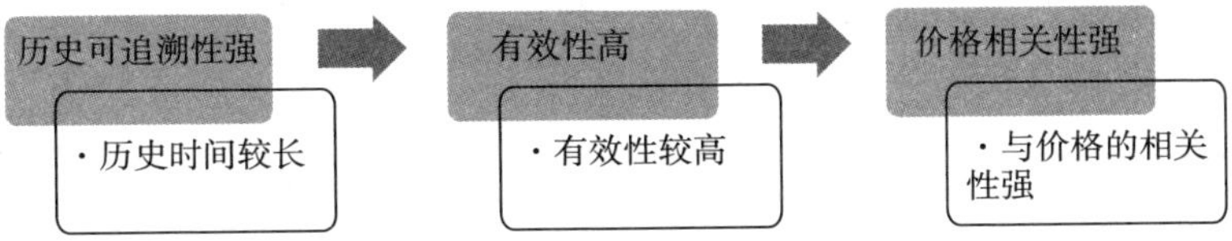

图 1-61 价格预测模型数据筛选依据

资料来源:汾渭能源

数据降维:因建模基础数据组较多,且有大量的同类别数据,数据组之间的核算范围也多有重叠,因而对数据组进行降维处理,同时剔除数据中的多重共线性。

提取主成分因子:提取数据占到基本数据的近 90%,即基本保留原来的指标信息。

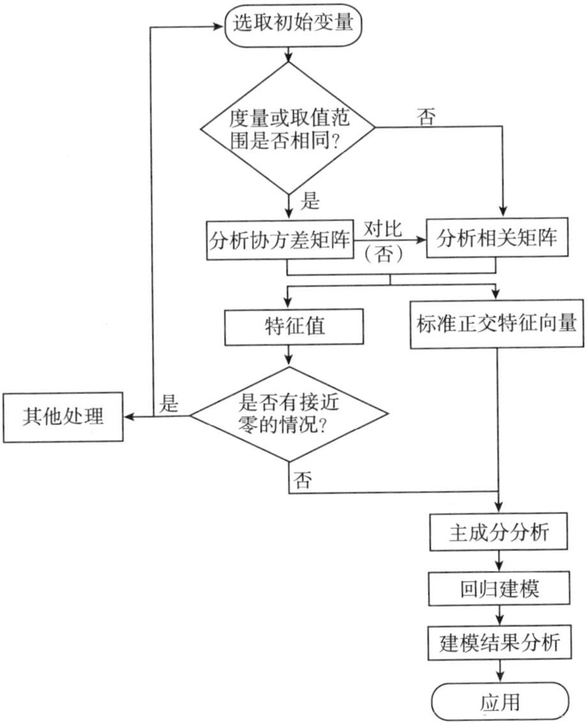

图 1-62 价格预测模型数据筛选流程

资料来源:汾渭能源

3. 模型验证：内部测试，并对模型持续优化

汾渭分别对预测未来 7 天、14 天、28 天、42 天进行拟合建模，使用周度数据预测趋势准确率并预测变化量与实际变化量的平均误差比值作为判断依据，延期 42 天的焦炭价格变化量的回归模型预测趋势准确率最高，达 100%，预测变化量与实际变化量的平均误差比值最小，为 16.8%。

表 1-23 预测趋势准确率及误差比值

周度数据预测周期(天)	预测趋势准确率(%)	误差比值(%)
7	90.6	33.9
14	96.8	21.4
28	93.1	17.8
42	100.0	16.8

数据来源：汾渭能源

(二)汾渭焦炭模型预测第一季度焦炭价格趋势性回落

汾渭焦炭价格预测模型可预测未来 42 天价格，根据以上预测，2018 年 3 月价格将呈现回落的态势。

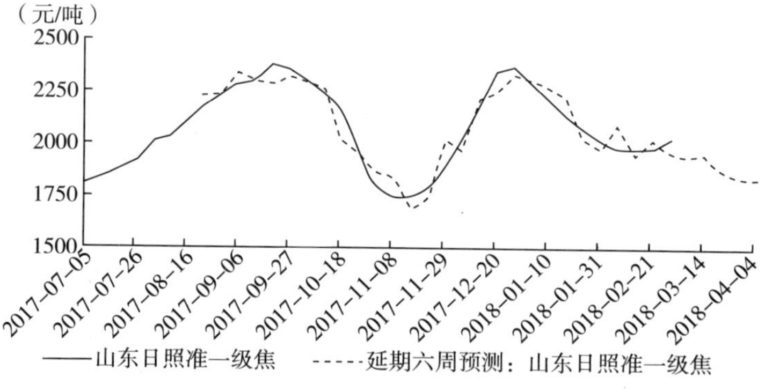

图 1-63 2018 年第一季度焦炭价格预测

资料来源：汾渭能源

(三)2018 年度焦炭价格预测

焦炭产能近年来处于下降的态势，环保日渐趋严，对焦炭产能的压制日甚。同时，焦化行业民营企业较多，话语权较弱且调价灵活，价格难改

暴涨暴跌的特性。在供应仍然偏紧的状态下，价格或随高炉开工情况呈季节性波动，预计第一季度高炉仍在限产季，需求难以对价格形成支撑，价格或在 4 月限产季结束后有所升高。5 ~ 7 月，随着天气转暖，焦炭行业环保压力减轻，供应增加，可能处于过剩状态，焦炭价格或将有回落态势。9 ~ 10 月为“金九银十”阶段，由于钢铁行业的需求旺盛，对焦炭需求有所增长，钢企采购心态转变为积极，或将拉动焦炭价格上涨。进入 11 月，实行取暖季错峰生产，钢企、焦化企业均有不同程度限产，若焦化企业环保设施合格率增加，焦炭供应降幅或将低于生铁产量的降幅，焦炭市场供应略微宽松，焦炭价格以稳为主，仅出现小幅波动。预计天津港准一级焦全年均价在 1900 元/吨左右，较 2017 年略有回落，但仍保持高位。

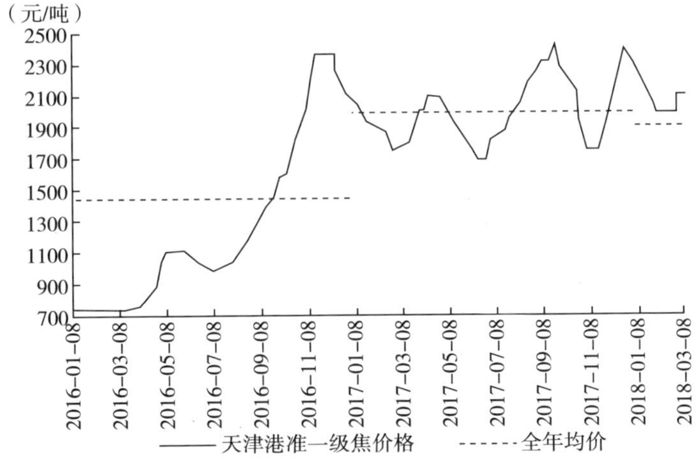

图 1 - 64 2018 年焦炭价格预测

资料来源：汾渭能源

第二篇

技术发展研究报告

第一章　焦化装备与工艺水平国内外对比

一、焦炉大型化发展情况及国内外对比

（一）大型化是焦炉发展的必然趋势

面对钢铁工业的迅猛发展以及国家产业政策的调整、环保政策的严格、优质炼焦煤资源日益紧缺等压力，焦化工业面临着前所未有的发展机遇与挑战。新型焦化厂不仅要实现焦炭产品制造、能源转化、大宗废弃物的处理和消纳，而且在流程高效运行、资源有效利用、环境友好等方面要更具优势。焦炉的大型化成为实现炼焦行业协调、健康、可持续发展的一条重要途径。

与常规中小型焦炉相比，大型焦炉的优点显而易见。

1. 有利于采用各种节能措施，降低炼焦工序能耗

大型焦炉吨焦炉体表面积小，散热损失小，有利于提高焦炉热效率。在相同生产规模条件下，6 米焦炉吨焦表面积比 4.3 米焦炉减少 5.3%。生产规模相同时，大型焦炉炉孔数少，其散热量较大的炉门框、装煤孔、装煤孔盖和座、燃烧室顶、碳化室顶就少，相应散热量也大幅度减少。

大型化焦炉的蓄热室长向分格，装备计算机加热自动控制系统等，综合起来可节省 3%~4% 炼焦耗热量。按此计算，每生产 1 吨焦炭可节约 COG 约 6 立方米，同时明显减少 CO_2的排放。

2. 劳动生产率显著提高

同样推一孔炭化室焦炭，4.3 米顶装焦炉每炉每孔推焦 13.4 吨，6 米顶装焦炉 21.4 吨，7.63 米顶装焦炉 43.8 吨。大型焦炉的劳动生产率远远高于中小型焦炉，7.63 米焦炉生产率是 4.3 米焦炉的 2.84 倍。

3. 提高装炉煤密度，改善焦炭质量

4.3 米顶装焦炉的装炉煤堆比重（按干煤计）为0.75 吨/立方米，6 米顶装焦炉为0.76 吨/立方米，7.63 米顶装焦炉为0.77 吨/立方米。装炉煤堆比重的提高，有利于改善焦炭质量，而优质焦炭可使高炉节能降耗。

表 2-1 不同炉型热强度指标对比

项目	M40（%）	M10（%）	CRI（%）	CSR（%）
7.63 米焦炉	89.1	5.9	21.2	72.3
5 米焦炉	86.2	6.5	21.9	70.6
差距	2.9	-0.6	-0.7	1.7

4. 大大减少出炉次数，减少装煤和推焦阵发性污染

焦炉越大，每天推焦孔数（次数）越少，对环境的污染越小。对 200 万吨/年焦化厂而言，采用7.63 米焦炉每天的推焦次数仅为4.3 米焦炉的31.7%，其阵发性污染大大减少。

表 2-2 200 万吨/年焦化厂采用不同炉型每天推焦次数对比

炉型	4.3 米	6 米	7.63 米
每天推焦次数	357 次	255 次	113 次

5. 环保措施完善，泄漏点少，非阵发性污染减少

非阵发性污染是指炉门、上升管和装煤孔等泄漏散发的有害气体。不同规格焦炉，由于每天打开各泄漏口次数不同，密封面长度不同，所以排放的粉尘量和有害气体量也不同。以年产量 300 万吨的焦炉规模为例，炭化室高度7 米焦炉泄漏口数量比6 米焦炉减少20%，密封面长度减少12.3%，每天打开各泄漏口次数减少30.9%，从而大大减少有害气体的排放。

（二）发达国家早已实施焦炉大型化集成

国际上生产焦炭的国家主要有日本、俄罗斯、德国、韩国、法国、比利时和英国等，这些国家早在 20 世纪 70—80 年代就实施了焦炉大型化集

成，建设了许多高度7米以上的焦炉，为我国提供了参考和借鉴。

表2-3 世界大型焦炉表

国名	厂名	孔数	高度(毫米)	容积(立方米)	投产时间
法国	Sollac. FOS	108	7590	50	1974年
澳大利亚	BHP. Port Kembla	50	7100	50	1987年
比利时	Sidmaer Zelzate	100	6700	49.45	1972年
瑞典	SSAB. Lulea	54	7130	47.46	1975年
加拿大	Stelco Nanticoke	45	6700	46.2	1981年
韩国	光阳	396	6700	43.05	1987年/1988年/1991年
	光阳	120	7630	76.25	2011年
	浦项	446	6700	38.8	1978—1983年/2007年
芬兰	Pautaruuki Raahensalo	35	7000	76.25	2010年
印度	Sail Bhilai	67	7000	41.6	1987年
日本	新日铁大分(SCOPE21)	64	6700		2008年
	JFE东日本	198	7550	装煤38.5吨	—
	JFE东日本	采用CSOPE21			2010年12月
	住友金属鹿岛	333	7125	装煤35.7吨	
	三井矿山			装煤31.0吨	
	三菱化学坂出	223	6915	装煤32.3吨	

20余年来，德国焦炉大型化的进程代表了国际炼焦技术的发展趋势。1984年，德国在Mannesmann钢铁厂建设投产了当时世界最大的、炭化室高度为7.85米的大容积顶装焦炉；在萨尔Dillingen建设投产了当时世界最大的、炭化室高度为6.25米的捣固焦炉。1985年，在Prosper焦化厂建设投产了当时世界炭化室最宽(600毫米)的7米焦炉。1992年在Kaiserstuhl焦化厂建设投产了炭化室高7.63米的大容积焦炉。2003年3月，炭化室高8.43米的世界最大焦炉在德国Schwelgan钢铁厂建设投产。

表 2-4 德国现有 6 家焦化厂代表性焦炉情况

厂名	投产年份	炭化室尺寸			炉孔数
		高(米)	宽(米)	容积(立方米)	
Thyssen	1971	6	0.4	35	104
Salzgitter	1985	6.2	0.47	43	108
Prosper	1985	7	0.6	61	146
HKM	1984	7.85	0.56	71	70
HKM	2010	7.63	0.62	79	60
Kaiserstuhl	1992	7.63	0.62	79	120
TKS Schwelgen	2003	8.43	0.6	93	140

(三)中国加快焦炉大型化步伐

21 世纪,中国钢铁工业迅猛发展,尤其是特大型高炉日渐增多,促进了中国建设大型焦炉的热潮。

2006 年,我国首座 7.63 米大容积焦炉在兖矿集团投产,2007 年,太钢引进德国焦炉技术建设的 2×70 孔 7.63 米大容积新焦炉投产,在中国掀起了建设 7.63 米大型焦炉的热潮。至 2017 年,我国已建设投产 7.63 米焦炉 16 座,年焦炭产能达到 1740 万吨,为 4000~5000 立方米的大容积高炉产出优质焦炭。现在我国 7.63 米大型焦炉的座数和产能均位居世界第一。

表 2-5 中国 7.63 米焦炉投产厂家

厂名	孔数	产能(万吨/年)	投产年份	备注
兖矿集团	2×60	200	2006	独立焦化厂
太钢	2×70	220	2007	>4000 立方米高炉
马钢	2×70	220	2008	>4000 立方米高炉
武钢	2×70	220	2008	>4000 立方米高炉
首钢京唐	4×70	380~440	2009—2010	5500 立方米高炉
沙钢	2×70	220	2009—2010	5800 立方米高炉
平煤首山	2×70	220	2010	独立焦化厂
总计	16	1740	—	

2010 年之后，中国在总结国内 JN 系列焦炉及 8 米实验炉经验的基础上，借鉴国外大型先进焦炉的长处，自主开发了 7 米多段加热顶装焦炉。为 3000 立方米和 4038 立方米大型高炉产出优质焦炭，现已投产 20 余座。同时还新建了许多 6 米顶装焦炉，使其总数达到近 150 座，产能超过 8000 万吨，进而使我国≥6 米顶装焦炉的产能超过了 1 亿吨，位居世界第一。

建设大型化焦炉大大提高了我国焦化行业的技术装备水平，现在我国一些大型钢铁企业焦化厂技术装备和生产管理水平已位居世界前列。

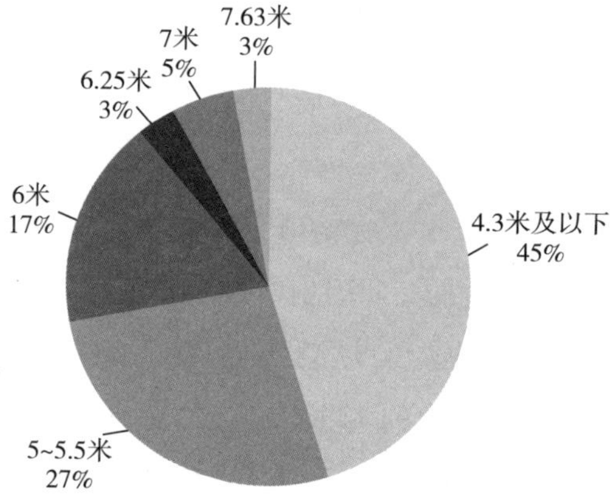

图 2－1　中国焦炭不同炭化室高度产能分布

资料来源：国家统计局

二、配套工艺与装备的国内外发展情况对比

随着筑炉材料、机械制造、环保要求及炼焦煤资源的发展与变化，焦炉经历了大型化、自动化发展过程，同时不断增加减少污染的设计和处理污染的技术，如应用和推广干法熄焦、煤调湿技术等。节约优质炼焦煤，扩大炼焦煤资源使用效率，促进了煤预处理技术及装备的发展。在 20 世纪末，各种技术的综合运用更是促使炼焦技术发生革命性的变革，德国、日本、美国等处于这场变革的最前列，中国配套工艺与技术装备也随之

更新。

(一)干法熄焦技术

干法熄焦简称干熄焦(CDQ),是相对于湿熄焦而言的、采用惰性气体熄灭赤热焦炭的一种熄焦方法。

1. 干熄焦技术特点

与常规湿法熄焦相比,干熄焦主要有以下三方面特点:

(1)回收红焦显热

出炉红焦显热约占焦炉能耗的35%~40%,干熄焦可回收80%的红焦显热,平均每熄1吨焦炭可回收3.9~4.0兆帕、450℃蒸汽0.45~0.55吨。

(2)改善焦炭质量

干熄焦与湿熄焦相比,避免了湿熄焦急剧冷却对焦炭结构的不利影响,其机械强度、耐磨性、真密度都有所提高。M40提高3%~6%,M10降低0.3%~0.8%,反应性指数CRI明显降低。

表2-6　干熄焦工艺和湿熄焦工艺焦炭质量对比

焦炭质量指标	湿熄焦	干熄焦
水分(%)	2~5	0.1~0.3
灰分(干基)(%)	10.5	10.4
挥发分(%)	0.5	0.41
M40	干熄焦比湿熄焦提高3%~6%	
M10	干熄焦比湿熄焦降低0.3%~0.8%	
筛分组成:>80mm(%)	11.8	8.5
60~80mm(%)	36	34.9
40~60mm(%)	41.1	44.8
25~40mm(%)	8.7	9.5
<25mm(%)	2.4	2.3
平均粒度(mm)	65	55
CSR	干熄焦比湿熄焦提高4%左右	
真密度(g/cm^3)	1.897	1.908

（3）减少环境污染

以规模为年产焦炭100万吨焦化厂为例，采用常规的湿熄焦，酚、氰化物、硫化氢、氨等有毒气体的排放量超过600吨，严重污染大气和周边环境。干熄焦则由于采用惰性气体在密闭的干熄槽内冷却红焦，并配备良好有效的除尘设施，基本上不污染环境。

表2-7　干熄焦工艺与湿熄焦工艺污染对比　　单位：千克/时

生产方式	酚	氰化物	硫化物	氨	焦尘	一氧化碳
湿熄焦	33	4.2	7.0	14.0	13.4	21.0
干熄焦	无	无	无	无	7.0	22.3

2. 国外干熄焦技术的发展情况

国外干熄焦技术以日本、德国的水平最高。以日本为例，20世纪80年代中期以来，日本相继开发设计并建成了单槽处理能力分别为110吨/时、150吨/时、180吨/时、200吨/时以上的大型干熄焦装置。建成投产了单槽处理能力为56～200吨/时的多种规模的干熄焦装置39套，干熄焦率约占日本高炉焦用量的80%，其中单套处理能力在100吨/时以上的装置有17套，日本新日铁和NKK等公司建成的干熄焦单套处理量可达到200吨/时以上。

除苏联组成国、日本、德国拥有干熄焦装置外，印度、韩国、波兰、罗马尼亚、巴西、土耳其、尼日利亚和我国都相继建成了干熄焦装置。

表2-8　世界各国和地区干熄焦装置建设情况表

序号	设计者	建设国家或地区	数量（套）
1	新日铁	日本	16
		韩国	3
		中国	9
		德国	1
2	NKK	日本	11
3	石川岛播磨	日本	12
		韩国	2

续表

序号	设计者	建设国家或地区	数量
4	蒂森斯蒂尔奥托	德 国	3
		韩 国	2
		中国台湾	1
5	乌克兰	苏联组成国	27
		中 国	6
		印 度	12
		罗马尼亚	5
		波 兰	6
		芬 兰	2
6	鞍山焦耐院	中 国	4
7	意大利	巴 西	5
8	罗德洛基	芬兰	1
合计	—	—	128

3. 国内干熄焦技术的发展情况

2000年以前，中国以引进方式为主建设了10多套干熄焦装置，如1985年海宝钢一期工程引进日本4×75吨/时干熄焦装置，1994年上海浦东煤气厂引进苏联2×70吨/时干熄焦装置，1999年济钢采用乌克兰技术建成2×70吨/时干熄焦装置，等等。

之后，随着“干熄焦引进技术消化吸收一条龙开发和应用”项目的研发和推广，我国成功攻克了干熄焦大型化需要重点解决的多项难题，可自行设计建设50~200吨/时各种规格的干熄焦装置，并实现了大型化、系列化。

随着干熄焦技术的成熟与发展，中国钢铁企业配套焦化厂80%以上配备了干熄焦技术，其中我国自主研发的干熄焦技术市场占有率达到65%以上。

由于自2015年1月1日起，中国实施了历史上最为严格的《环保法》，倒逼冶金企业实施环保改造，干熄焦工程进一步推进。中国炼焦行业协会数据显示，中国焦炭6.7亿吨的产能中，有3亿吨以上已配备干熄焦装置，其中首钢京唐钢铁公司260吨/时干熄焦装置是世界最大、最先进的干熄焦装置之一；剩余的产能采用传统甚至落后的熄焦技术，这部分产能将面临新一轮的环保升级改造。

另外，鉴于国内钢铁企业产能过剩的现实，干熄焦工程的发展也随着中国海外拓展的步伐更多地瞄准了海外市场，如俄罗斯、印度、韩国、日本、越南、土耳其等国的多家钢铁企业。

（二）煤调湿技术

1. 煤调湿技术特点

煤调湿技术是炼焦用煤的预处理技术，使水分稳定在相对低的水平（约6%），然后装炉出焦。煤调湿工艺的特点如下：

1）降低炼焦总能耗：入炉煤水分每降低1%，炼焦耗热量就减少62兆焦/吨（干煤）。

2）提高焦炭产量：入炉煤水分从10%下降至6% ±0.5%，焦炭产量增加7%～11%。

3）改善焦炭质量：由于入炉煤堆密度的增加，焦炭质量指标M40提高1%～1.5%，M10提高0.5%～0.8%，反应后强度提高1%～3%。

4）弱粘煤配入比例增加：在保证焦炭质量不变的情况下，可最多增加弱粘煤配入量8%～10%。

5）减少炼焦废水：煤料带入的水分可减少8%～10%。

2. 国外煤调湿技术的发展情况

苏联、美国、日本等在煤调湿工艺技术方面都进行了不同形式的实验与生产。日本由于空气湿度大，煤的黏度较大，同时由于工业技术的快速发展，使得该技术首先在日本取得了重要突破。1982年新日铁开发的第一代导热油煤调湿装置用于工业生产；1991年又开发出第二代蒸汽回转式干燥机煤调湿装置；1996年投产了第三代烟道气流化床煤调湿装置。日本现有16家焦化厂的51组焦炉中，共有36组焦炉配置了煤调湿装置，占焦炉总数的85%，成为世界上煤调湿技术应用最为广泛的国家。

3. 国内煤调湿技术的发展情况

目前，日本煤调湿技术已得到了大力推广和应用。中国第一套煤调湿装置于1996年在重钢建成，该装置采用的是日本无偿赠送的第一代导热油煤调湿装置。2000年以后，我国煤调湿技术的开发与应用进入了一个快速发展阶段，在引进吸收国外先进技术的基础上，开发出了具有自主知识产权的煤调湿技术，济钢、宝钢、太钢、攀钢、马钢、柳钢等钢铁企业先后建成投产了一批煤调湿装置，并在实践生产中积累了丰富的经验。

表2-9　中国建成投产的主要煤调湿装置概况

煤调湿技术类型	钢铁企业	煤调湿技术名称	煤调湿装置处理能力（吨/时）	建成时间
以蒸汽为热源的多管回转干燥机形式	宝钢一期	蒸汽多管回转干燥煤调湿技术	330	2008年4月
	太钢	蒸汽多管回转干燥煤调湿技术	400	2008年12月
	攀钢	蒸汽多管回转干燥煤调湿技术	380	2009年7月
	宝钢四期	焦炉烟道气为载气的蒸汽多管回转干燥煤调湿技术（SITD）	330	2012年10月
以烟道气为热源的流化床形式	济钢	风选分级震动流化床煤调湿技术	300	2007年10月
	昆钢	风选分级震动流化床煤调湿技术	180	2009年11月
	马钢	日本第三代流化床煤调湿技术	125	2011年9月
	邯钢	全沸腾旋流流化床煤调湿技术	209	2013年9月
	柳钢	梯级筛分内置热流化床技术	230	2013年12月

我国自主研发的以烟道气为热源的第三代流化床煤调湿装置更具有创新性和实用性，其借鉴了日本第三代煤调湿技术与俄罗斯的煤风选技术，在调整配合煤水分的同时实现了风选分级，还采用了区别于传统固定流化床的结构和煤料运动方式的全沸腾旋流流化床煤调湿工艺。

（三）脱硫技术

1. 国外脱硫技术的发展情况

近年来，世界各发达国家在烟气脱硫方面均取得了很大进展，美国、德国、日本等发达工业国家在2000年前已基本完成烟气脱硫。目前，国外常用烟气脱硫技术有很多，按照脱硫方式和产物形态的不同，可分为湿法、半干法、干法三大类。

（1）湿法烟气脱硫工艺

湿法脱除 SO_x 的工艺有多种，大部分在 20 世纪 70 年代初期由美国和日本开发，多用于处理锅炉和焦化厂的烟气。湿法烟气脱硫技术的最大优点是脱硫率高达 95%，装置运行可靠性高，操作简单，SO_2 吨处理成本低。在世界各国现有的烟气脱硫技术中，湿法烟气脱硫占 85% 左右，以湿法烟气脱硫为主的国家有日本（占 98%）、美国（占 92%）和德国（占 90%）。

在诸多烟气脱硫工艺中，针对炼焦厂催化裂化装置的湿法烟气脱硫的技术主要有 EDV 技术、WGS 技术、动力波逆喷塔技术、Labsorb 技术、Cansolv 技术等。

表 2－10　几种主要的湿法烟气脱硫技术对比

项目	EDV 技术	WGS 技术	动力波逆喷塔技术	Labsorb 技术	Cansolv 技术
技术成熟性	成熟可靠	成熟可靠	成熟可靠	成熟可靠	成熟可靠
吸收剂	氢氧化钠	氢氧化钠	氢氧化钠	磷酸二氢钠	有机二胺溶剂
脱硫原理	臭氧氧化—碱中和	液相氧化—碱中和	液相氧化—碱中和	液相氧化—碱中和	液相氧化—碱中和
脱硫率	≥95%	≥95%	≥90%	≥90%	≥90%
颗粒物脱除率	满足要求	满足要求	满足要求	满足要求	满足要求
副产物及其处理方式烟气压降（千帕）	可溶性废液需要氧化处理≤3.5	可溶性废液需要氧化处理	可溶性废液需要氧化处理	≥90% 纯度的二氧化硫溶液送硫磺回收装置≤1.8	≥90% 纯度的二氧化硫溶液送硫磺回收装置≤5.5

1）非再生湿法脱硫工艺。

非再生湿法脱硫工艺主要是以 NaOH、MgOH、Na_2CO_3、石灰等水溶液作为吸收剂，对催化烟气进行洗涤，吸收脱除烟气中的 SO_2，与 SO_2 反应生成亚硫酸盐、硫酸盐，吸收剂不进行再生。此类工艺具有流程简单、占地面积小、投资少、公用工程消耗少、可靠性高等优点，脱硫效率在95%以上；缺点是吸收剂不可再生，化学药剂消耗量较大，有二次废弃物产生，并需进一步处理。在催化裂化烟气脱硫应用上，最具代表性的是贝尔格(Belco)公司的非再生湿气洗涤工艺(EDV)、Exxon公司的湿法洗涤工艺(WGS)和美国孟莫克公司的动力波工艺。

2)可再生湿法脱硫工艺。

可再生湿法脱硫工艺的原理是采用可再生的吸收剂溶液对烟气进行洗涤，将烟气中的SO_2吸收，生成不稳定性的盐类富吸收溶液，再进一步对盐类富吸收溶液进行加热再生，再生后的吸收剂循环使用。再生释放出的SO_2纯度大于99%，既可作为炼油厂内硫黄回收装置的原料生产硫黄，也可压缩后直接制成液体SO_2产品。该类工艺净化度高，脱硫效率可以达到96%以上，以美国贝尔格公司的Labsorb可再生湿气洗涤工艺和加拿大Cansolv公司的Cansolv可再生湿法脱硫工艺最具代表性。

(2)半干法脱硫工艺

半干法脱硫工艺的优点是不降低排气温度，扩散效果好，没有水污染处理问题。缺点是其吸附反应仅在固体表面进行，而内部反应时间长，要求物料进行循环吸收，需要设置布袋(或电)除尘器，反应钙硫比较高。代表性半干法脱硫工艺主要有烟气循环流化床脱硫工艺和旋转喷雾干燥法(SDA)脱硫工艺。

(3)干法脱硫工艺

干法烟气脱硫是指应用粉状或粒状吸收剂、吸附剂或催化剂来脱除烟气中的SO_2。其优点是工艺过程简单，无污水、污酸处理问题，能耗低，特别是净化后烟气温度较高，有利于烟囱排气扩散，不会产生“白烟”现象，净化后的烟气不需要二次加热，腐蚀性小；其缺点是脱硫效率较低，设备庞大，投资大，占地面积大，操作技术要求高。代表性干法脱硫工艺主要有炉内喷钙加尾部增湿活化器脱硫工艺和NID干法烟气脱硫工艺。

从以上各种烟气脱硫技术主要特点和应用情况看，湿法烟气脱硫技术是烟气脱硫技术的主要发展方向。在生产运行方面，可再生的 Cansolv 工艺及 Labsorb 工艺有显著优势，但从投资来看，非再生钠碱法工艺投资最低，再生工艺的投资是非再生工艺投资的 1.5 ~2 倍。非再生钠碱法工艺及 Labsorb 工艺具有烟气压降小、不出现堵塞、操作弹性大等显著优势，从投资、流程简化、操作方便、技术成熟可靠程度等方面比较，可选择非再生湿法脱硫工艺。

2. 国内脱硫技术的发展情况

我国脱硫技术起步较晚，目前很大程度依赖国外的核心技术，但由于近几年国家环保要求愈加严格，脱硫工程是所有新建焦化厂必须建设的，因此与国外进行技术合作的同时，我国也在努力地研制适合自己的脱硫技术。

国内进行过深入研究的传统脱硫技术工艺包括：①石灰石（石灰）—石膏湿法脱硫工艺；②喷雾干燥法脱硫工艺；③炉内喷钙加尾部烟气增湿活化脱硫工艺；④电子束法脱硫工艺；⑤ 海水脱硫工艺；⑥烟气循环流化床脱硫工艺等；⑦氨水洗涤法脱硫工艺。

三、焦炉余热回收技术水平国内外对比

（一）热回收焦炉技术特点

热回收焦炉是不回收化产品、余热用于发电的焦炉，该技术工艺特点极为突出。

1. 工艺流程短且操作方便

焦化副产品完全燃烧，生产工艺大大简化，省去复杂的煤气净化及化产回收工序，只有焦炭和电两种产品，生产过程控制点少，操作方便。

2. 适合生产大块焦

炭化室宽，容积大；可配入高变质程度煤，减少了炼焦的收缩裂纹；较低温度下操作，降低炼焦的温度和结焦的速率，减少炼焦煤在结焦过程中产生的热应力。

3. 污染物排放量少，危害轻

负压操作，无化产回收。从生产过程本身解决了回收型炼焦操作中存在的荒煤气无组织逸散问题，废气集中引出并充分燃烧又可有效去除煤热解过程中生成的苯并芘等有机物。

4. 不产生易燃易爆危险品，降低安全生产等级和隐患

该炉型在美国被认为是最健康安全的焦炉，以 SunCoke 能源公司为代表的热回收焦炉得以迅速发展。

（二）国外热回收焦炉发展情况

19 世纪 50 年代以后，石油工业开始蓬勃发展，石油化学公司较大的生产能力和较高的产品质量，使得炼焦化产品的产值在炼焦中的比例逐渐下降。而日益增加的对焦化厂工人健康与安全关注，也使得在美国有人主张建设不回收副产品的焦炉，因此热回收焦炉在美国得到发展。

美国热回收焦炉以 SunCoke 为代表。SunCoke 能源公司是美国最大的焦炭生产商，其拥有 50 年向钢铁行业供应焦炭的经验。1990 年的“美国空气清洁法案”以 SunCoke 的清洁型热回收焦炉为基础，制定新建焦化企业的标准。SunCoke 被美国环境保护署（EPA）命名为 MACT（the Maximum Achievable Control Technology）。SunCoke 能源的清洁型热回收焦炉全部达到或优于美国 EPA 的 BACT（Best Available Control Technology）标准，或者低于 LAER（Lowest Achievable Emission Rate）标准。

SunCoke 是美国近 25 年来唯一进行新建的焦化企业，1998—2013 年，产能迅速由 200 万吨扩张至 630 万吨，其中美国本土产能为 420 万吨。这些焦化厂分布在伊利诺伊、印第安纳、俄亥俄、弗吉尼亚，巴西和印度尼西亚各有一个分厂。因美国只批准新建热回收焦炉，SunCoke 的优势逐步得到发挥。从产量上分析，自 2009 年后，SunCoke 焦炭产量反超了除 SunCoke 外的美国其他企业焦炭产量。

（三）国内热回收焦炉发展情况

中国首座热回收焦炉于 2000 年在临汾侯马寰达焦化建成，2003 年

开始迅速推广。但是，与世界各国百年以来对传统机焦结焦过程和机理的广泛研究不同，该工艺自研发成功后，尚未进行深入的理论研究与相应的应用技术攻关，导致该工艺在不同企业应用效果差异较大，未能发挥真正的优势与价值，因此在国内推广点有限。针对这种局面，沈为清先生带领汾渭能源的热回收焦炉服务团队进行了为期数年的理论研究、配煤生产试验与推广宣传，使得国内外对该焦炉的工艺性能、特点及效果有了更深入的认识。目前全国清洁型热回收焦炉企业约50家，设计生产能力约2000万吨，其中山西建成并通过行业准入的有28家。近年来，该焦炉也开始在印度、越南、巴西等世界各地广泛推广。

（四）国内热回收焦炉技术与国外技术对比

从原理上来讲，中国的热回收炼焦工艺与太阳焦化的炼焦工艺基本相同，但中国热回收焦炉在此基础上进行了许多关键性的创新，具体如下：

1. 增加炉外捣固工艺，极大地扩充了配煤范围，改善了焦炭质量

国外热回收焦炉大多使用散装煤，不进行捣固。由于炉顶空间大，煤在塑性阶段能自由膨胀，抵消了煤膨胀压力的作用，使炉子上部的焦炭结构疏松，质量差，从而使炼焦必须使用粘结性好的煤。这也使得该种焦炉无法适应炼焦煤日益紧缺的当前形势。

我国的热回收焦炉借鉴了捣固炼焦的技术，使热回收焦炉由散装煤改为捣固装煤，增加了装炉煤的堆比重，不仅使常规的配煤方案能生产出强度合格的焦炭，而且为配入大量无烟煤和贫煤创造了条件。

2. 从传统推焦工艺到平接焦工艺

传统推焦工艺因为焦饼和接焦车存在落差，必然使推接焦过程中产生焦饼破裂而带来粉尘污染。采取平接焦工艺，可使整块焦饼被水平推入接焦车，托入熄焦塔进行熄焦，从而减少了出焦过程中的污染。

同时，由于炽热的焦炭在通往熄焦塔的过程中保持了整块状态，大大减少了焦炭与空气的接触面积，避免了传统工艺在该阶段的化焦现象。

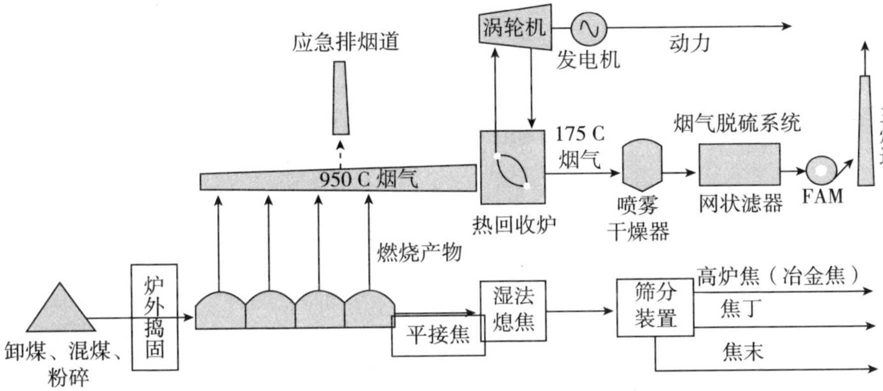

图 2－2　中国热回收焦炉对 SunCoke 焦炉工艺的优化

第二章　炼焦煤基础理论研究水平国内外对比

一、对炼焦煤结焦性与粘结性研究的对比

炼焦煤的焦化特性可从胶质体的原生粘结性、膨胀程度引起的黏着性和焦炭残留物强度这 3 个方面来评价，正确评价炼焦煤指标是炼焦配煤的先决条件和关键因素。表 2－11 是国内外表征炼焦煤焦化特性的工艺指标。

表 2－11　国内外表征炼焦煤焦化特性的工艺指标对比

工艺指标	应用	国内使用情况	国外使用情况
奥亚膨胀度(b)	膨胀程度引起的黏着性	应用较少	应用较多
胶质层指数(Y_{max})		应用广泛	应用较少
基氏流动度(α_{max})		部分焦化企业使用	应用广泛
罗加指数(R.I)	胶质体的原生粘结性	应用较少	应用广泛
粘结指数(G)		应用广泛	应用较少
坩埚自由膨胀序数(CSN)	焦炭残留物强度	应用较少	应用较多
葛金指数/葛金焦型(G－K)		应用较少	应用较多

奥亚膨胀度(b 值,%)与 Y 值并列作为我国煤炭现行分类中区分肥煤的指标。b 值与 Y 值相关性较好,但 b 值更灵敏,能够区分 Y 值接近的强粘结性煤,如 Y 值同为 25 的冷泉肥煤和美国肥煤,但 b 值分别为 100% 和 150%。国内焦化企业应用该指标较少,宝钢利用 b 值指导配煤和预测焦炭强度;武钢使用 b 值鉴定具有高膨胀、低流动特殊性质的印度尼西亚、莫桑比克等进口煤的煤质,避免不合理使用对焦炭质量造成不利影响。

基氏流动度可以反映煤在干馏时形成的胶质体黏稠、流动、透气等性

能，由于测定基氏流动度的设备较贵，我国引入较晚，因此国内对其认识不够。据报道，该指标在煤炭科学研究总院及其下属3个分院、首钢、宝钢等少数单位的研究院和本钢、湘钢、韶钢等焦化厂应用较多，用于炼焦煤的煤质鉴定。

我国主要通过粘结指数指标，反映胶质体的原生粘结性。由于受外加惰性物特定条件的限制，并不能全面反映煤样粘结惰性物质的能力。粘结指标主要表征的是炼焦煤胶质体的数量，对于气肥煤、肥煤、焦煤、1/3焦煤、气煤、瘦煤等炼焦大类煤种，煤种所含胶质体的数量与其G值大小相对应。国外主要通过罗加指数来评价炼焦煤的胶质体的原生粘结性特征。

葛金焦型和坩埚自由膨胀序数用于测定煤粘结性和表征煤膨胀性。这两种方法快速简便，测定结果能在一定程度上说明煤的粘结性，但由于测定结果是根据外形比较确定的，因焦型不规则而使判断易带主观性。坩埚自由膨胀序数在国际煤分类方案中被选为分类指标之一，在利用坩埚膨胀序数确定膨胀序数5以上的煤时分辨能力较差。这两种评价方法在我国应用较少。

国内外炼焦煤工艺指标研究对比表明，近年来我国在炼焦煤工艺性能指标上的认识和研究越来越深入，与国外的研究水平的差距越来越小。

二、对成焦机理研究水平的对比

比较有影响的成焦机理有溶剂抽提理论、物理粘结理论、塑性成焦机理、中间相成焦机理和传氢机理，每个理论都有其合理性和局限性。

早期以溶剂抽提理论和物理粘结理论为主，现在多是几个理论相结合解释炼焦理论。溶剂抽提理论认为，抽提后的不同组分的成焦作用不同，低分子量组分含有较多的移动氢，从而影响煤的热塑性；重组分的影响则无共论，有学者认为重组分影响煤的热塑性，也有人认为重组分影响煤的软化，并不影响煤的热塑性。物理粘结理论将煤的有机质分为活性组分（粘结组分）和非活性组分（惰性组分）。

中间相成焦机理认为：烟煤在350℃时氧桥键断裂形成自由基，自由基进一步缩聚并形成塑性状态；400℃时，缩聚的芳香稠环依靠物理吸附作用，按一定的规则和取向排列，平行叠砌，形成球形的可塑性物质，即小球体，小球体通过吸收周围的母体长大、变形、固化，形成光学各向异性的焦炭。

煤的塑性成焦机理非常复杂，目前主要有两种体现化学结构的塑性机理：①γ组分理论，γ组分（吡啶或喹啉的小分子量的可溶物）含量高，煤成焦性强；②氢传递理论，流动氢可使自由基稳定。

三、对配煤理论与方法研究的对比

炼焦配煤技术归纳起来可分为3类，即传统配煤、煤岩学配煤和配入添加物配煤。

（一）传统配煤技术

传统配煤技术，即是通过煤质指标来指导配煤。常用的评价炼焦用煤的技术指标主要有：挥发分（V）、灰分（A）、全硫（S）、粘结指数（G值）、胶质层最大厚度（Y）值等。

煤的挥发分是表征煤的变质程度的指标。同一种煤中的镜质组、丝质组和稳定组具有不同产率的挥发分。稳定组含量高的煤，用挥发分表征煤的变质程度会比实际偏低；反之，丝质组含量低，煤的变质程度会比实际偏高。其他指标还有粘结性指数（G）、胶质层最大厚度（Y）和亚阿膨胀度（b）。其中，胶质层厚度值不能准确地表示煤的炼焦特性，在同一大类中，煤的结焦性质差异很大。

各类煤的炼焦实验表明，除肥煤的焦炭质量差异不大外，其余均有不同程度的差异，如焦煤的M40相差可高达18，M10达4.4。而配煤却以此作为主要指标之一，也自然难以找出Y值与焦炭质量的相关性。

为全面反映煤的粘结特性，还经常使用奥亚膨胀度和基氏流动度指标。但总体来说，对于焦炭质量的影响应是综合作用，而不是由单一因素来决定。

因此，根据传统配煤技术，大多数焦化企业都是通过煤质指标的互补性、加和性来指导生产。在煤种相对稳定的情况下，焦炭质量也相对稳定；在煤种发生变化时，焦炭质量也波动剧烈，难以控制。此配煤方法国内外研究水平相当，中国现场工程师可能具有更深刻的理解和体会。

（二）煤岩学配煤技术

煤岩学配煤的基本原理主要是：第一，煤是不均一物质，由各种工艺性质不同的显微煤岩组分混合而成，它们在配煤中的作用不同。第二，煤中的活性组分质量不同，差别很大。即使同一种煤中所含的活性组分，质量也有明显区别。第三，惰性组分是配煤中不可缺少的部分，在配煤中，其含量不足或过剩都会导致焦炭质量下降。第四，煤的粘结发生在煤颗粒的界面上，通过界面反应形成交联键而结合起来，界面结合的好坏对焦炭质量有重要影响。第五，煤岩指标相同的煤种可互相替代，即煤的变质程度、显微煤岩组成、反射率分布图、还原程度均相同的煤可以互相替换。

相比传统配煤技术，煤岩学配煤更进一步，研究得也更微观，但却局限于煤岩分析指标与焦炭质量关系的建立，对于煤质指标有所忽略。如阿莫索夫和施皮罗法、美国伯利恒钢铁公司法 、日本宫津隆法、荷兰文克列威伦法、周师庸法等。虽然各种方法都是基于煤岩配煤的基本原理，但由于条件、运用手段和方法的不同以及对煤质认知的差异，这些方法均不完美，不同程度地存在地域局限性，只适用于某些特定范围。

目前，煤岩学配煤在国内还处于起步阶段，尚未真正应用于实践。

（三）关于热强度的研究及其在配煤中的应用

由于中国高炉大型化起步较晚以及过多地注重于装备与工艺条件的进步，忽略了煤本身的粘结性与结焦性的深入研究，致使中国炼焦行业在这方面与国外产生了较大的差距，具体表现在以下两方面：

1. 相同粘结性与结焦性的煤，其入炉煤煤阶和配煤煤阶的不同对焦炭显微结构的影响

不同煤阶下，即使相同的挥发分和粘结指数，其焦炭强度也是不同

的。在这一过程中，不同岩相组成的定量分析和使用就显得尤为重要，发达国家的焦化行业均已根据各自对煤的评价与应用方法，开发并广泛使用组织平衡指数与强度指数预测焦炭强度，而我国尚处于起步阶段。

2. 煤中碱金属与硅铝金属对焦炭热强度的影响与计算

在煤的煤阶、粘结性与结焦性相同的情况下，焦炭的热强度取决于煤中碱金属与硅铝金属之比，这一点在发达国家的焦化行业已得到普遍认可及应用。在不同的炼焦煤评价体系下，均有各自的基于粘结性、结焦性和碱酸比的焦炭热强度预测模型。

一些国家对煤的热强度预测（CSR、CRI）已采用模型计算，其结果比小焦炉实验更为稳定可靠。在国内，山西汾渭能源研究员在这方面进行了持续十余年的研究，已于2017年获得突破。

（四）配入添加物配煤技术

由于优质炼焦煤短缺，且价格也较其他非炼焦煤种高，所以，开发添加剂配入煤中以达到降低优质炼焦煤的使用量一直是值得研究的课题，如采用胶质黏结剂提高无烟煤炼焦配入量等。添加剂主要分为煤系和非煤系。煤系主要指非粘结煤或弱粘结煤的添加，传统配煤与煤岩配煤技术主要是对这种配煤方法进行研究；非煤系主要指黏结剂和瘦化剂的添加，是根据共炭化原理进行炭化。

对于黏结剂来说，主要为沥青类，按原料分为石油系、煤系、两者混合系，在经过诸如裂解、加氢、萃取等方式处理后作为黏结剂加入煤中，对焦炭强度和反应性都有一定的改善。但是，对黏结剂的要求很高，比如，要有一定的黏结性能，有足够的芳香度和适宜的相对分子质量，而且要有溶剂性和适宜的供氢性能。尽管目前日本、国内各煤科院对添加黏结剂都有所研究，但这项技术因经济性等多方面原因鲜有工业化运作的例子。

瘦化剂主要是指无烟煤粉、半焦粉、焦粉、焦渣等，此类物质的添加国内企业比较多见，常为焦化厂用焦粉回配入焦炉进行炼焦，减少或替代瘦煤用量，降低入炉煤成本。

可以说，此种技术是根据煤炭性质的互补性和相互作用开发的，是对煤炭结构、组分性质作用进行定量与定性分析的延伸。

（五）技术分析与展望

我国基于 G、Y 值体系下的研究和应用已经十分成熟，相较于国外的类似体系具有简单、适用、准确的优越性，且在配煤装备和工艺控制方面也已走在世界前列。我国焦化行业的不足和潜力主要体现在煤炭组分和灰化学的理论研究和应用方面，不仅存在认识和基础理论研究方面的差距，相应的专业人才和实验装备差距更大。发达国家焦化企业均具有用于灰成分分析的光谱仪器，而国内仅个别企业配有滴定法仪器；发达国家大型焦化企业均配置煤田地质专业人员，中国整个行业也无此类人才。因此，集中使用专业人才和研究设备，建立针对此类问题的研究中心和机构已迫在眉睫。

第三章　2017 年是中国焦化行业配煤基础理论研究赶超元年

一、中国炼焦行业协会牵头组织国内各方力量开展研究

中国炼焦行业协会成立以来，每年都组织一些专业技术交流会议和各种活动。近两年来，协会进一步加强了与国际同行之间的信息交流以及对国内外市场动态的研究分析，在焦炭总量控制，淘汰土焦，协调焦炭出口，行业技术进步与创新，环境治理与环境保护，制定和修订行业技术标准，为企业提供人才培训，咨询服务等方面做了许多工作，为提高国内炼焦行业技术管理水平、推动全行业产业结构调整、促进国际友好往来与交流发挥了积极的作用。

中国炼焦行业协会在我国“十三五”规划开局之年，组织筹备召开了第二届中国焦化行业科技大会，是贯彻落实《国家创新驱动发展战略纲要》和“十三五”国家创新规划的重要举措。旨在通过全面总结“十二五”期间焦化行业在新工艺、新技术、新装备、新材料等方面的创新成果，表彰为焦化行业科技进步做出突出贡献的先进单位、先进个人，推进行业进一步健全完善技术创新体制机制，形成有利于保护自主知识产权的长效机制，推动科技成果尽快转化成现实生产力，在全行业形成尊重知识、尊重技术、尊重人才的良好氛围。

二、各焦化企业配煤研究意识增强，纷纷投资研究实验装备

随着优质炼焦煤资源的日益短缺和原料煤价格的上涨，焦化厂的利润空间不断被压缩，为降低成本，焦化厂开始研究精细化配煤炼焦技术，且不断投资试验设备。

一是焦化行业技术进步继续推进，特别是法规标准建设和节能环保技术开发与应用方面更为突出。新版《焦化行业准入条件》《炼焦化学工业污染物排放标准》《焦化废水治理工程技术规范》《焦炭单位产品能源消耗限额》等标准和规范相继发布施行，为行业科学有序发展指明了方向。新技术、新装备研发不断取得突破，尤其是精细化配煤、智能配煤技术的研发成为全行业的热点。

二是节能环保措施和项目的投入力度明显加大。截至目前，我国累计投产运行干熄焦装置 163 套，处理能力达 2.2 万吨/小时，其中 30 家独立焦化企业已建成干熄焦装置。各焦化企业积极进行节能环保措施的改造提升，如武汉平煤武钢联合焦化公司二生化提标改造工程、山西孝义金岩集团污水处理设施技术改造工程、南京钢铁公司和鞍山钢铁公司焦化废水处理工程等。在焦炉烟气排放达标方面，宁夏宝丰能源集团、宝钢集团炼铁厂、神华蒙西煤化公司、河北达丰焦化等单位组织焦炉烟气脱硝试验，已取得阶段性成果；山东铁雄冶金科技公司投巨资对脱硫系统进行三期改造升级。

三是业内优势互补、合作发展成为主流。如宝钢化工有限公司与贵阳、四川达州和内蒙古乌海等地的企业联合建立大型煤焦油加工企业和炭黑生产企业，开辟了新市场，降低了投资风险，为集约化生产经营和做优做强创造了条件；山西阳光集团联合本地区的太兴等数家焦化企业，对原太兴焦化的煤焦油加工装置进行大规模改造，产品品种、质量和效益都得到提高。

三、煤灰成分对焦炭质量的影响研究获突破

焦炭的灰分对焦炭的碳溶反应有明显的影响，而不同煤种的灰分又不尽相同，为了充分地改善焦炭的反应性和反应后强度，必须考虑灰分的影响，要考虑灰分的影响就必须将灰分的影响量化。因此，不少学者都对灰分进行了定义与分析，将灰分与焦炭的热性质相关联，并给出了焦炭热性质的预测方法。国内外对灰分的研究突破如下：

（一）日本神户钢铁公司的方法

日本神户钢铁公司将焦炭的反应性和反应后强度归因于煤化度（Rmax）、粘结性（MF）和灰分，并定义灰分影响为：$(K_2O + Na_2O + CaO + Fe_2O_3)/(Al_2O_3 + SIO_2)$。将三者关联，可得到焦炭反应后强度的预测方法：

$$CSR = \alpha\alpha(R_{max}) + \beta\beta \lg(MF) - C[(K_2O + Na_2O + CaO + Fe_2O_3)/(Al_2O_3 + SIO_2)] - K$$

该方法存在很大的局限性，当用于内陆钢铁公司进行焦炭反应强度预测时，预测值远低于实测值，因为 R_{max} 和 MF 是相互关联的，因此这三个指标并没有正确表达出控制 CSR 的全部因素。

（二）加拿大炭化研究协会（CCRA）的方法

加拿大炭化研究协会将灰分的影响称为碱度指数（MBI），其定义为：

$$MBI = Ad(K_2O + Na_2O + CaO + Fe_2O_3 + MgO)/(100 - VM)(SiO_2 + Al_2O_3)$$

从而提出了焦炭反应性预测模型：

$$CRI = K - \alpha\alpha D + \beta\beta(MBI)^2 - \gamma\gamma R_{max}$$

式中：D 为煤的膨胀度（%）；V 为煤的挥发分（%）。

（三）美国内陆钢铁公司方法

美国内陆钢铁公司先求出灰分的碱性指数（AI），再将灰分影响（CI）定义为：

$$CI = 9.64AI + 14.04S$$

$$AI = Ad(K_2O + Na_2O + CaO + Fe_2O_3 + MgO)/(SiO_2 + Al_2O_3)$$

从而给出了焦炭反应后强度预测模型：

$$CSR = K + \alpha\alpha \triangle t - Cl$$

式中：S 为煤的硫分（%）；△t 为煤的塑形温度范围（℃）。

该预测模型既适用于单种煤也适用于配合煤。进一步利用单种煤的 CSR 的加和性予以计算，就可以在对各种煤进行测试获得 CSR 后，算出配合煤的 CSR，进行合理的配煤。

（四）汾渭能源研究院方法

基于中国粘结性指数，量化灰分中的酸碱比及各参数的影响权重，计算强度指数，最终形成模型：

$$CSR = f_1 V_{daf} - f_2 G_2 + f_3 G + f_4 Y + f_5 R_0 + f_6 (V_1 + V_2)/V_3 + f_7 + \beta_1 [A_d (\beta_2 M_g O + \beta_3 CaO + \beta_4 Fe_2O_3 + \beta_5 Na_2O + \beta_6 K_2O + \beta_7 MnO_2 + \beta_8 SO_3)/(100 - Vd)(\beta_9 SiO_2 + \beta_{10} Al_2O_3 + \beta_{11} TiO_2)] + \beta_{12}$$

$$CRI = h_1 CSR + h_2$$

式中：CSR 为焦炭热强度；M10 为耐磨强度；V_{daf}为挥发分；G 为粘结指数；Y 为胶质层厚度；R_0 为反射率；V_1 为镜质组；V_2 为丝质组；V_3 为稳定组；f_1、f_2、g_1、g_2…为常数；SiO_2、Al_2O_3、TiO_2、Fe_2O_3、CaO、SO_3、K_2O、Na_2O、MnO_2、P_2O_5为灰分中各氧化物百分含量；β_1，β_2，…为常数，h_1，h，为常数。

四、各研究机构成果丰硕

（一）北京煤化所 V_{daf} – G 法与 R – G 法

煤炭科学研究总院北京煤化分院在进行中国烟煤分类方案研究的基础上，提出用粘结指数 G 作为粘结性指标，并提出了 V_{daf} – G 配煤图，图中标出了最佳配煤区 $V_{daf} = 28\% \sim 32\%$，$G = 58 \sim 72$。史国昌建立了以 V_{daf} – G 预测焦炭反应性和反应后强度的等值曲线，鞍钢在 20 世纪 80 年代后期通过对多年生产数据的统计分析得出了预测焦炭强度的回归方程。陈鹏等根据北京焦化厂原料煤性质，把性质相近的煤划分为若干组，进行单种煤和配煤炼焦试验，并利用计算机模拟，得出多组不同参数和形式的回归方程，然后利用相关系数剩余标准差判断方程的优劣，结合生产实际，确定焦炭强度预测方程。

（二）宝钢多参数煤岩配煤法

宝钢胡德生等人选用 5 个参数作为宝钢焦炭强度预测与煤岩配煤的

控制参数：挥发分、粘结指数（G）、基氏流动度（logMF）、镜质组粘结指数（VCI）、惰性物质总量。这5个参数在配煤条件下都有很好的加和性，可以直接计算出配合煤的对应值。宝钢集团张群等人从单种煤的性质入手，研究了单种煤的煤化度指标（挥发分、镜质组反射率）、粘结性指标、灰分组成与焦炭热性质的关系。挥发分在22%～26%的煤，其焦炭的反应后强度和反应性较为理想；反射率在1.1%～1.2%的煤，其焦炭热性质最佳。在研究单种煤指标与配合煤指标间的关系时发现，粘结指数（G）、胶质层厚度（Y）、全膨胀度（a+b）基本没有加和性，而基氏流动度（1ogMF）在一定范围内存在加和性。配合煤的灰分（A）、挥发分矿物质含量、反射率（R）以及惰性物含量存在非常好的加和性。

（三）煤科院西安分院的研究方法

煤炭科学研究总院西安分院的叶道敏、肖文钊等人用配有程序控温仪的显微热台，观察研究了T、P两个时代煤显微组分的加热性状和焦炭的显微特征。由于成煤时代不同，即使是等变质程度煤镜质体的加热性状也有明显差异，当两者的组分含量相近时，焦炭的机械强度也不同。由此提出了标准活性组分的概念。所谓标准活性组分是指任一煤中的活性组分与某一中等变质程度、一般还原程度煤等量活性组分相比的当量值。不同变质程度煤的镜质体在加热时软化、熔融、固结的温度不同，随着变质程度的增高呈规律性变化。在配煤中，当某一煤层的活性组分熔融时，某些变质程度煤中的活性组分可能是固态的，表现为惰性。这一特性必然会影响到配合煤的结焦性，不同煤变质程度差别越大，其熔融区间起止温度差也越大，因此用反射率标准差可反映煤的变质程度和结焦性。对于配合煤，用以上两个指标，再加上配合煤镜质体随机反射率平均值反映其变质程度，可较全面地反映影响其结焦性的各个因素。用标准活性组分镜质体随机反射率平均值及其标准差，可建立能预测焦炭机械强度的数学模型。

总体上讲，近年来的焦炭质量预测法多以预测方程为主，并且提出了许多新的预测指标，其中有些预测模型涉及的指标本身意义不太明确，计算烦琐，预测精度低，限制了其推广应用。另外，现有模型存在的主要问题是适用范围不明确，总体上有夸大的现象。

（四）汾渭能源研究院的全要素智能配煤研究方法

“十二五”期间，由山西太钢不锈钢股份有限公司、中国科学院山西煤炭化学研究所、山西汾渭能源开发咨询有限公司和太原理工大学共同申报并完成了山西省科技厅煤基重点科技攻关项目“精细化智能配煤系统”。

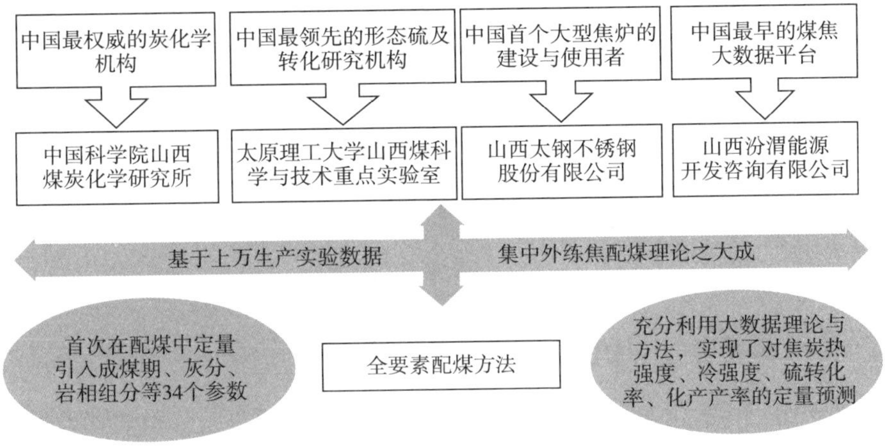

图2－3　研究机构与研究方法

该项目获得的主要成果如下：

一是建立了目前国内最全的煤质资源数据库。

二是配煤与焦炭质量预测模型的建立，充分利用了该项目在炭化学、形态硫及其热转化方面的理论成果，量化了各因素对焦炭热强度和硫转化的影响权重，丰富了配煤炼焦技术，对本领域的技术发展起到了促进作用。

三是开发了全要素智能配煤系统。在焦炭质量预测中首次引入了成煤期、煤灰成分等指标，参数全面，理论独特。其推广和使用将对传统配煤理论和方法产生重大影响，并全面提高焦化行业的竞争力。

四是该成果通过在太钢及其他示范基地的生产实践，取得了降低配煤成本20～50元/吨的效果。

第四章　炼焦配煤技术的大数据应用
——山西“十二五”重点科研项目

当前焦化企业利润空间减小，生存困难，原料煤成本占焦化企业生产成本的85%以上，如何在保证焦炭质量稳定的同时降低配煤成本，成为焦化企业关注的焦点。因此，通过大数据背景下的精细化智能配煤系统的开发及其在焦化企业中的广泛应用来降低配煤成本，将成为解决焦化企业生存与发展问题的可行性办法之一。

一、技术方案

（一）炼焦煤资源数据库的建设

炼焦煤资源数据库的开发是在现有煤炭资源、煤质指标的基础上，有效地集成煤质数据，实现资源整合和共享，以利于焦化企业全面掌握我国炼焦煤资源数据，为焦化厂炼焦配煤提供可靠的煤质资源数据。目前已建立包括煤矿信息，洗煤厂信息，矿区煤质，原煤、精煤煤质指标及化验数据，包含1000个矿点，覆盖全国的炼焦煤资源数据库。

表2－12　汾渭能源煤质数据库

基本信息					
矿井名称	某矿井	所属集团	某集团	所属省	山西省
所属市	吕梁市	所属县	孝义县	所属乡镇	阳泉曲镇
所属矿区	汾西矿区	煤种	焦煤	生产能力（万吨/年）	500
—	二叠系	下统	山西组	2#	2.5
	石炭系	上统	太原组	9#	1.24

续表

<table>
<tr><td rowspan="2">矿区名称</td><td colspan="3">含煤地层</td><td rowspan="2">煤层号</td><td rowspan="2">煤层厚度(米)</td></tr>
<tr><td>系</td><td>统</td><td>组</td></tr>
<tr><td rowspan="2">层间距(米)</td><td rowspan="2">煤层稳定性</td><td colspan="2">煤层顶底板岩性</td><td rowspan="2">含煤系数</td><td rowspan="2">可采程度</td></tr>
<tr><td>顶板</td><td>底板</td></tr>
<tr><td rowspan="2">51</td><td>较稳定</td><td rowspan="2">砂岩、粉砂和灰岩</td><td rowspan="2">粉砂岩和沙质泥岩</td><td rowspan="2">12~12.5</td><td rowspan="2">大部分可采</td></tr>
<tr><td>较稳定</td></tr>
<tr><td colspan="6">煤质指标(%)</td></tr>
<tr><td>内水(Mad)</td><td>11</td><td>灰分 Ad</td><td>10.82</td><td>挥发分(V_{daf})</td><td>25.84</td></tr>
<tr><td>硫分(St.d)</td><td>发热量(Qnetar)(千卡/千克)</td><td>—</td><td>粘结指数(G)</td><td>89</td><td></td></tr>
<tr><td>胶质层厚度(Y)(毫米)</td><td>22</td><td>灰熔融性(℃)</td><td>1480</td><td>哈氏可磨性指数(HGI)</td><td>—</td></tr>
<tr><td rowspan="4">元素分析</td><td>碳</td><td>88.94</td><td rowspan="4">矿物质及有害元素</td><td>砷</td><td>9</td></tr>
<tr><td>氢</td><td>5.26</td><td>氟</td><td>267</td></tr>
<tr><td>氮</td><td>146</td><td>氯</td><td>0.05</td></tr>
<tr><td>氧</td><td>4.25</td><td>磷</td><td>0.003</td></tr>
<tr><td rowspan="4">煤岩显微组分</td><td>镜质组(V)</td><td>76.62</td><td rowspan="4">结焦性能</td><td>坩埚自由膨胀序数(CSN)</td><td>7</td></tr>
<tr><td>惰质组(Ⅰ)</td><td>23.38</td><td>反应后强度(CSR)</td><td>56.3</td></tr>
<tr><td>壳质组(E)</td><td>0</td><td>流动度(DDPM)(lga)</td><td>3.38</td></tr>
<tr><td>R_{max}</td><td>1.175</td><td></td><td></td></tr>
<tr><td colspan="6">煤灰成分(%)</td></tr>
<tr><td>SiO_2</td><td>51.39</td><td>Al_2O_3</td><td>38.85</td><td>Fe_2O_3</td><td>3.46</td></tr>
<tr><td>CaO</td><td>1.71</td><td>MgO</td><td>0.37</td><td>K_2O</td><td>0.24</td></tr>
<tr><td>Na_2O</td><td>0.42</td><td>MnO_2</td><td>—</td><td>TiO_2</td><td>0.73</td></tr>
<tr><td>P_2O_5</td><td>0.19</td><td>SO_3</td><td>0.143</td><td></td><td></td></tr>
</table>

本数据库的主要功能是实现网上数据浏览查询，因此数据检索的速度对整个系统的性能来说是至关重要的。本数据库充分利用了 Oracle 提供的索引、视图、完整性约束、存储过程、存储函数来优化系统的查询功能。

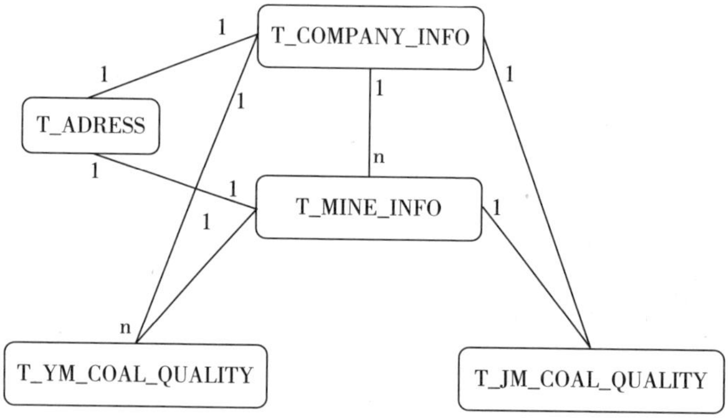

图2－4　资源库模块模型图

（二）全要素配煤系统的理论研究

1. 全要素配煤理论的提出

基于炼焦煤资源数据库的建立，在大数据基础下深入研究煤种特性对焦炭质量的影响机制，提出全要素配煤理论，收集了影响焦炭质量的更多参数如灰分、成煤期、机械强度、煤岩组分等，同时考虑了工艺流程中对焦炭质量影响较大的参数，如结焦时间、堆积密度、熄焦方式、焦饼温度等，最终由常规5个参数增加到36个参数，不仅使对焦炭质量的预测更加准确，而且使炼焦配煤进入工业产品大数据分析应用的新时代。

2. 成煤期对焦炭质量的影响

根据煤的演化进程，将成煤年代从古至今分为石炭纪、二叠纪、三叠纪和侏罗纪四个阶段，成煤物质也由高级的蕨类植物向低级的裸子植物、被子植物逐步演化。生物质越原始，脂肪蛋白质含量越高，孔隙结构越致密，越容易形成均匀的凝胶体，生成的焦炭冷热强度越好，但是有机硫的含量也越高，不易洗选，在其他条件相同的前提下，变质程度越高的煤，硫转化率越高。

表 2-13 不同成煤年代成煤物质的组成

代	纪	植物	植物种类	主要有机化合物	蛋白质、脂肪含量(%)
新生代	晚第三纪	被子植物	针叶树、阔叶树、乔木	木质素、纤维素和半纤维素	2~10
	早第三纪				
中生代	白垩纪	裸子植物	苏铁、本内苏铁、银杏和松柏纲	蛋白质、纤维素与半纤维素、脂肪	8~20
	侏罗纪				
	三叠纪				
晚古生代	三叠纪	以蕨类植物为主，还有部分裸子植物	鳞木、古芦木和种子蕨	脂肪、蛋白质、纤维素与半纤维素	13~25
	石炭纪				

根据不同成煤年代中蛋白质与脂肪含量的高低，在其他参数不变的情况下，收集整理了 150 个煤样，根据成煤期对应的不同脂肪、蛋白质含量，对焦炭热强度进行曲线回归，得出成煤期对焦炭质量影响的逻辑关系。

3. 灰分对焦炭热态性能的影响机制

本项目深入研究了炼焦配煤焦化过程中的矿物质演化行为，为认识不同矿物对焦炭反应性及反应后强度的影响机制提供了依据。

煤中矿物质的组成较为复杂，且在焦化过程中矿物质的物理和化学性质发生复杂变化。高温下煤中矿物质发生分解和化合反应，矿物质颗粒发生膨胀、破碎及熔融，上述演化行为均对焦炭孔结构、碳结构及反应性有重要影响。

通过低温灰化和原位表征手段研究了焦炭中不同类型矿物质对其反应性(CRI)的影响，确定了焦炭中不同灰分对焦炭反应性的贡献及权重，建立了基于灰分的焦炭反应性预测模型。

以 Ca 元素为例。通过低温灰化研究了 30 余种典型山西焦炭的矿物组成，发现焦炭中 CaS 的含量对焦炭反应性有明显的影响，随着 CaS 含量的增加，焦炭反应性有着明显的增加趋势，但当其含量超过 9% 时，反应性的增加趋势减缓，而反应后强度呈现降低的趋势。

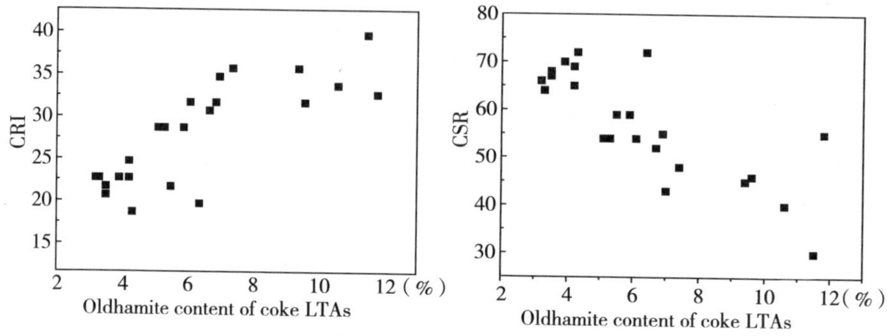

图 2－5　焦炭中 CaS 对 CRI 和 CSR 的影响

4. 配煤炼焦过程中硫分的预测

硫分作为衡量焦炭质量的主要指标参数之一，其含量的高低直接影响焦化企业的经济效益。本项目借助同步辐射技术的优势，建立了不同形态硫的标准谱库，实现了煤中形态硫的准确判定，首次将煤中形态硫划分到 10 种以上。

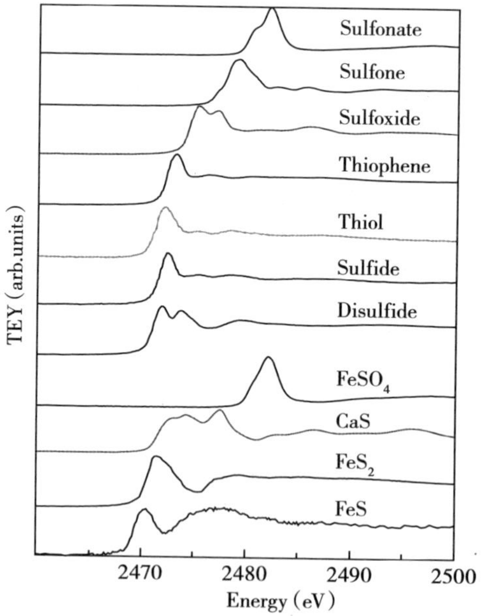

图 2－6　不同含硫模型化合物的 S－XANES 谱图

采用传统程序升温热解法结合 S－XANES 现代分析技术考察了典型的高硫煤热解过程中形态硫的变迁和相互转化，揭示了各形态硫之间的内部转化规律。在热裂解阶段，煤中形态硫受其周围的化学环境影响，主要以挥发分的形式释放；在缩聚阶段，主要受二次反应的影响，残留于焦中的形态硫以内部转化为主。

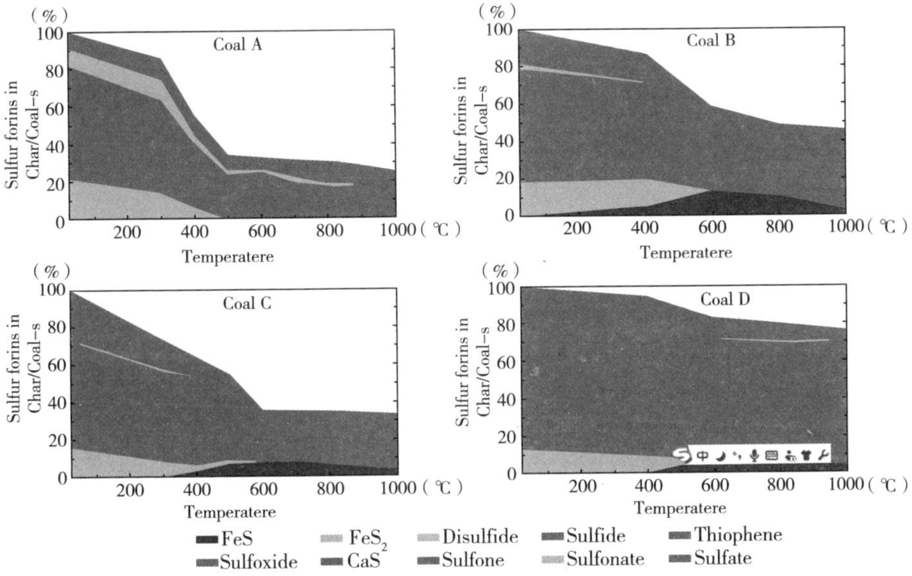

图 2－7　不同煤源硫元素的转化规律

根据大量的实验研究与数据分析，最终确定焦中硫含量与煤中硫、挥发分、CaO 和 Fe_2O_3 的含量关系，建立了以煤中硫、挥发分及 CaO 和 Fe_2O_3 为因变量的焦中硫分预测模型。

（三）全要素智能配煤系统的软件开发

1. 各要素与焦炭质量间的数学模型建立

（1）硫转化模型

收集整理了 150 个单种煤的煤质指标及硫转化率、100 个不同炉型下入炉煤的硫转化率数据，最终确立了以挥发分、灰分、煤灰成分为自变量的硫转化模型，相关系数为 0.92，可准确预测焦炭硫分。

具体模型如下：

硫转化率 $= a_1 Ad(a_2 MgO + a_3 CaO + a4Fe_2O_3 + a_5 SO_3 + \cdots + a_{12} MnO_2) - a_{13} V_{daf} + a_{14}$

式中：Ad 为灰分；V_{daf}为挥发分；$a_1, a_2, \cdots, a_{14}$为常数。

（2）焦炭冷强度预测模型

第一步：收集整理了 100 种典型样品的单种煤的焦炭冷强度，首先从煤质指标挥发分、灰分、反射率、可磨指数、粘结指数、胶质层厚度对冷强度的影响因素进行分析，建立了多元非线性回归模型，相关系数为 0.8，获得焦炭冷强度模型。

$$M40(1) = b_1 V_{daf} - b_2 G^2 + b_3 G + b_4 H + b_5 Y + b_6 R_0$$

$$M10(1) = c_1 V_{daf} - c_2 G^2 + c_3 G + c_4 H + c_5 Y + c_6 R_0$$

式中：M40 为抗碎强度；M10 为耐磨强度；V_{daf}为挥发分；G 为粘结指数；H 为可磨指数；Y 为胶质层厚度；R_0 为反射率；$b_1, b_2, c_1, c_2, \cdots$ 为常数。

第二步：工艺条件对冷强度影响较大，根据四个试验基地提供的 80 个样本数据，建立堆密度、结焦时间、熄焦方式及破碎细度对焦炭质量的影响，相关系数为 0.82，具体模型如下：

$$M40(2) = M40(1) - d_1 \rho^2 + d_2 \rho + d_3 t + d_4 P + d_5 X + d_6$$

$$M10(2) = M10(1) - e_1 \rho^2 + e_2 \rho + e_3 t + e_4 P + e_5 X + e_6$$

式中：ρ 为堆积密度；t 为结焦时间；P 为破碎细度；X 为熄焦方式；$d_1, d_2, e_1, e_2, \cdots$为常数。

（3）焦炭热强度预测模型

第一步：收集整理 160 个统计地区代表性样品的单种煤焦炭热强度，首先根据煤质指标挥发分、灰分、反射率、粘结指数、胶质层厚度对热强度的影响因素进行分析，建立多元非线性回归模型，相关系数为 0.9，获得焦炭热强度模型。

$$CSR(1) = f_1 V_{daf} - f_2 G^2 + f_3 G + f_4 Y + f_5 R_0 + f_6 (V_1 + V_2)/V_3 + f_7$$

$$CRI(2) = g_1 CSR + g_2$$

式中:CSR 为焦炭热强度;V_{daf}为挥发分;G 为粘结指数;Y 为胶质层厚度;R_0 为反射率;V_1 为镜质组;V_2 为丝质组;V_3 为稳定组;f_1,f_2,…为常数,g_1,g_2 为常数。

第二步:在第一步的基础上,建立煤灰成分影响热强度的模型,具体如下:

$$CSR(2)=CSR(1)+\beta_1[Ad\times(\beta_2MgO+\beta_3CaO+\beta_4Fe_2O_3+\beta_5Na_2O+\beta_6K_2O+\beta_7MnO_2+\beta_8SO_3)/(100-Vd)(\beta_9SiO_2+\beta_{10}Al_2O_3+\beta_{11}TiO_2)]+\beta_{12}$$

$$CRI(2)=h_1CSR(2)+h_2$$

式中:SiO_2、Al_2O_3、TiO_2、Fe_2O_3、CaO、SO_3、K_2O、Na_2O、MnO_2、MgO 为灰分中各氧化物百分含量;β_1,β_2,…为常数,h_1,h_2 为常数。

第三步:工艺条件对热强度影响较大,在第二步的基础上,根据四个试验基地提供的 100 个样本数据,测算堆密度、结焦时间、熄焦方式及破碎细度对焦炭质量的影响,对模型进行修正,具体模型如下:

$$CSR(3)=CSR(2)-k_1\rho^2+k_2\rho+k_3t_2+k_4t+k_5P+k_6X+k_7$$

$$CRI(3)=z_1CSR(3)+z_2$$

式中:ρ 为堆积密度;t 为结焦时间;P 为破碎细度;X 为熄焦方式;k_1,k_2,…为常数,z_1,z_2 为常数。

2. 全要素智能配煤系统的软件开发

全要素智能配煤系统开创性地采用了构造矩阵有理插值、特征正交分解等方法,采用拉格朗日乘子法、KKT 条件,以焦炭质量预测模型为目标函数,将焦炭目标质量转换为等式、不等式约束条件,最终计算出满足焦炭质量的最低成本配煤方案。

采用这种方式对最优解计算过程进行优化以后,系统可以轻松完成 50 种以上单种煤的最低成本配煤方案的优化计算,将使炼焦配煤进入工业产品大数据分析应用的新时代。

二、焦炭质量与产品预测系统

系统可根据自选煤种及配煤,自动生成入炉煤指标、焦炭质量、化产回收量及综合收益。

1）入炉煤指标：工业指标、粘结指数、胶质层厚度及强度指数。

2）焦炭质量：成焦率、工业指标、冷强度、热强度、反应性。

3）化产回收量：焦炉煤气、硫铵、硫膏、粗苯、焦油。

4）综合收益：综合毛利润。

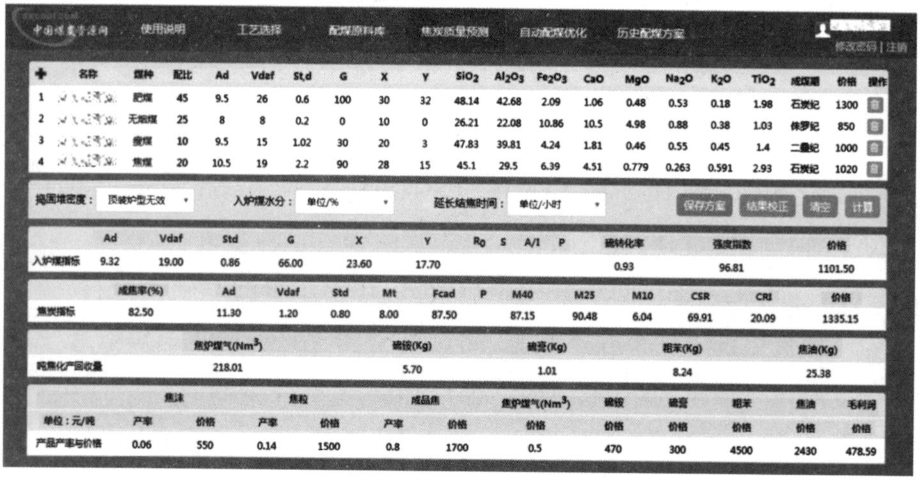

图2－8　全要素智能配煤系统焦炭质量预测界面

三、按产品质量自动优化原料生成配煤方案

自动配煤优化系统功能、目标与效果：

1）焦炭产品质量设定后，从海量资源库中自动优化出最低成本方案。

2）在产品质量保持稳定的前提下，可随时根据不同煤原价格的差异化波动调整资源。

3）突破了煤种的限制，系统根据任意煤种的特长参数及各煤参数间的互补性选择资源进行，常常出现意想不到的组合。

4）在定量预测产品质量的同时，可对硫转化率、不同粒级焦炭各化产产率进行定量预测，为生产管理及企业核算提供依据。

5）与动态资源数据平台配合使用后，可确保在同一地区，同一产品原料成本最低。对配煤系统推广使用数月后的调查显示，焦化企业不仅产品质量更为稳定，而且产品成本降幅达 20～50 元/吨，累计降低成本 40～100 元/吨。

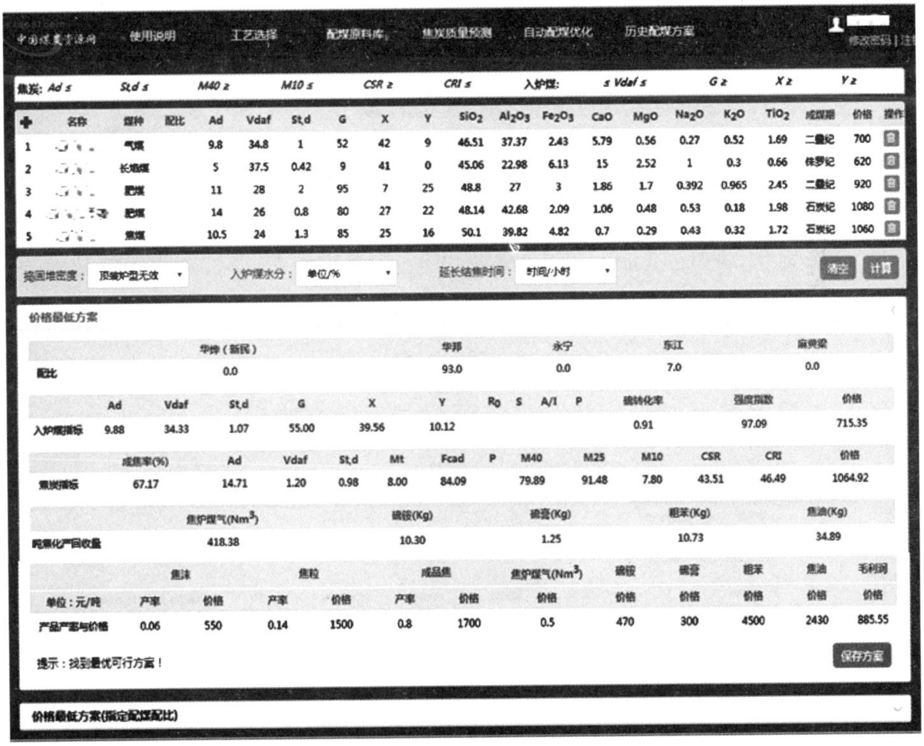

图 2－9 全要素智能配煤系统自动配煤优化界面

四、生产流程的质量、成本数字管控系统

全要素智能配煤系统的成功使用，使焦化企业各车间、各产品的质量和数量得到了准确计算，为过程控制、生产管理、统计和核算提供了标准和依据。在此基础上，本生产管控系统对从进厂到出厂的所有物料的水分波动，在各节点上进行了标准化，从而实现以下功能：

1）对各车间、班组生产过程中的质量、数量设定了明确的标准。

2）对影响各车间、班组结果的参数分别进行了量化，以便发现问题、纠正偏差。

3）对各班组、时段的生产参数偏差及处理措施进行了分类记录、汇总和分析。

4）对生产过程中发现的系统误差，可及时升级，确保系统应用水平不断提高。

生产管控系统实现了工厂全流程实时质量监控和汇总、工厂全流程原料与产品数量的实时监控和汇总、现金流动态及实时分布与汇总、各产品和全厂毛利率的计算汇总。该系统的使用大幅降低了产品的安全系数和质量临界值，避免了质量事故及波动造成的质量贴水，为成本优化结果保驾护航，确保降成本目标的顺利落实。

另外，在验证结果的同时，进一步调整配煤系统各参数的偏差，以确保下一步根据产品要求优化配煤资源与方案的准确率。

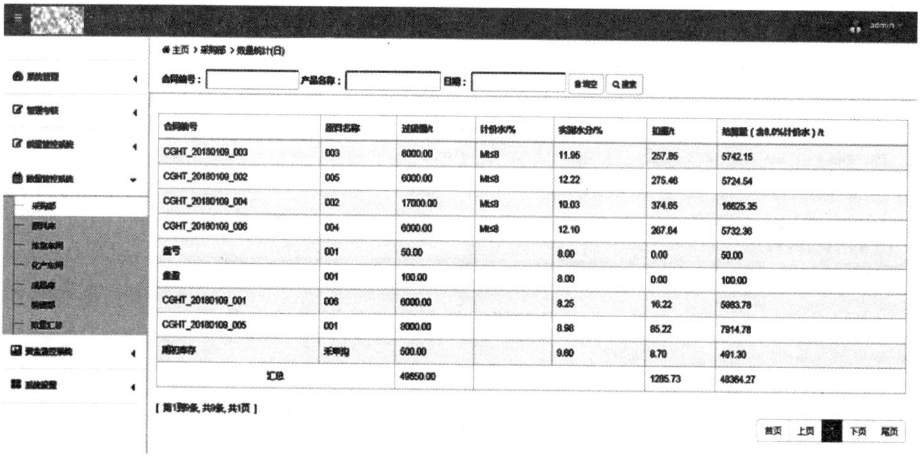

图 2－10　焦化企业生产管控系统样例

五、动态资源数据库系统

(一)动态资源数据库系统功能

由中国煤炭资源网数据中心和价格中心联合运营的动态资源数据库,可确保全国各炼焦煤矿区的主要煤层和代表性产品具有可满足全要素智能配煤系统的完整质量参数。同时对其产品实现了按周的价格监控,并可在客户确定位置及范围后,根据需要逐步加密样本点和采价频率,从而实现以下功能:

1)成为企业最专业的资源调查部。

2)成为企业最权威的市场研究部。

3)不断剔除性价比差的煤,发现处于价值洼地的煤。

4)随时掌握不同矿区和煤种价格的差异化波动。

5)为全要素智能配煤系统适时优化资源提供充足的资源保障。

6)为实现以最低的原料成本在同一地区生产同质焦炭创造了资源条件。

(二)动态资源数据库支持系统

1. 中国煤矿煤质数据库

收集了全国所有矿区的煤田地质报告和北京煤炭科学技术研究院、中国科学院山西煤炭化学研究所大量资源普查资料,并对新资源、新矿区及时进行现场采样及分析研究。目前已拥有生产及建设煤矿共计4800座、产能合计45亿吨的详细煤质数据,建成了中国首个煤矿煤质数据库。

表2-14　中国煤矿煤质数据库

<table>
<tr><td colspan="5">工业分析</td><td colspan="4">元素分析</td><td colspan="4">煤岩显微组分</td></tr>
<tr><td>内水(Mad)</td><td>灰分(Ad)</td><td>挥发分(V_{daf})</td><td>硫分(St. d)</td><td>发热量(Qnet. ar)</td><td>碳(C_{daf})</td><td>氢(H_{daf})</td><td>氮(N_{daf})</td><td>氧(O_{daf})</td><td>镜质组(V)</td><td>惰质组(I)</td><td>壳质组(E)</td><td>反射率(R°_{max})</td></tr>
<tr><td colspan="5">煤灰</td><td colspan="8">结焦性能</td></tr>
<tr><td colspan="5">SiO_2,Al_2O_3,Fe_2O_3,CaO,MgO,K_2O,Na_2O,Mn_3O_4,TiO_2,P_2O_5,SO_3</td><td>粘结指数(G)</td><td colspan="2">胶质层厚度(Y)</td><td colspan="2">坩埚自由膨胀序数(CSN)</td><td colspan="2">反应后强度(CSR)</td><td>吉氏流动度(DDPM)</td></tr>
</table>

2. 中国煤矿成本数据库

经过全国范围内实地调研和煤矿样本数据资料整理，建成了涵盖中国25个产煤省市的3000座生产煤矿的成本数据库，包括煤炭生产成本、洗选成本、运输成本。

表2-15　中国煤矿成本数据库

原煤制造成本													
材料费	工资及福利	动力费	安全费	维简及井巷费	折旧费	维修费	可持续发展基金	转产基金	环境治理基金	价格调节基金	资源税	其他费用	原煤制造成本

三项费用			精煤出厂成本				铁路运费						公路运费	中转港杂费	中转港离岸成本
销售费用	管理费用	财务费用	洗选费	精煤回收率	中煤价格	精煤出厂成本	发站地	到站地	是否有专用线	短倒运费	铁路运费	站台费及杂费			

3. 汾渭能源价格动态监测系统

汾渭能源从全国所有炼焦煤矿区（或区域）中筛选出有代表性的煤矿和企业作为产销存动态监测点，定期对样本点的价格、开工率、库存、生产成本等信息进行跟踪，形成产销存动态监测数据，从而实现对国内煤炭企业产销存的量化研究。

表2-16　汾渭能源价格动态监测系统

价格情况						原煤库存情况		精煤库存情况		开工情况								销售				成本		
煤矿数量	上涨煤矿数量	平均上涨（元/吨）	下跌煤矿数量	平均下跌（元/吨）	持平煤矿数量	库存总量（万吨）	环比（万吨）	库存总量（万吨）	环比（万吨）	权重平均开工率（%）	开工率变化（%）	算数平均开工率（%）	开工率变化（%）	停产煤矿数量	停产煤矿数量变化	本周原煤产量（万吨）	环比产量变化（万吨）	良好	正常	不好	盈利煤矿数量	平均利润（元）	亏损煤矿数量	平均亏损（元）

六、应用案例介绍

（一）太钢集团使用效果

为保证焦炭质量，太钢焦化厂配煤方案中 80% 的煤源稳定，20% 根据市场动态随时调整煤源及配比。自 2017 年 6 月使用全要素智能配煤系统以来，太钢焦化厂从更换配比及更换煤源两方面共降低成本 30 余元/吨，其中煤源不变更换配比降低成本 24 元/吨，该方案已在太钢执行。以太钢焦化产能 330 万吨计算，则一年降低成本 9900 万元。

表 2－17　太钢 2017 年 6 月配煤方案

名称编号	配比（%）	Ad	V_{daf}	St. d	G	X	Y	成本（元/吨）
LX	10	9	30	0.9	85	34	27	1,178
TL	15	10.2	20.1	0.9	82	26	15	1,213
XW	24	8	23.5	0.65	90	26	18	1,485
ML	18	10.5	26.58	1.2	92	27	24	1,195
HJ	10	10.7	22	0.6	85	22	16	1,264
WY	15	10	15.2	0.4	15	17	0	1,132
ZC	8	9.5	37.2	1	88	40	23	1,035

入炉煤指标预测	Ad	V_{daf}	St. d	G	X	Y	硫转化率	强度指数	价格（元/吨）
	9.76	23.9	0.8	76.75	26.35	17.03	0.87	98.05	1250

焦炭指标预测	成焦率	Ad	V_{daf}	St. d	M40	M25	M10	CSR	CRI	成本（元/吨）
	0.78	12.43	1.5	0.69	86.36	91.53	5.77	71	21	1611

表 2－18　煤源不变优化后的配煤方案

名称编号	配比（%）	Ad	V_{daf}	St. d	G	X	Y	成本（元/吨）
LX	10	9	30	0.9	85	34	27	1178
TL	20	10.2	20.1	0.9	82	26	15	1213
XW	20	8	23.5	0.65	90	26	18	1485
ML	15	10	26.58	1.2	92	27	24	1195
HJ	8	10.7	22	0.6	85	22	16	1264
WY	17	10.5	15.2	0.4	15	17	0	1132
ZC	10	9.5	37.2	1	88	40	23	1035

续表

入炉煤指标预测	Ad	V_{daf}	St.d	G	X	Y	硫转化率	强度指数	价格(元/吨)	
	9.76	23.9	0.8	76.75	26.35	17.03	0.87	98.05	1250	
焦炭指标预测	成焦率	Ad	V_{daf}	Std	M40	M25	M10	CSR	CRI	成本(元/吨)
	0.78	12.39	1.5	0.7	88.14	91.42	5.86	70	21	1587

(二)阳光焦化使用效果

1. 指导采购

系统可根据指标与价格综合判断，选择性价比最高的煤源，从而指导采购。如表2－19所示，根据焦炭指标要求使用系统优化后，在新配方中选择了价格最高的A矿，认为该煤源性价比最高。从指标上判断，A矿粘结性优于B矿，硫分优于C矿，灰分优于C矿。

表2－19　阳光焦化三种瘦煤指标与价格

名称	Ad	V_{daf}	St.d	G	X	Y	SiO_2	Al_2O_3	Fe_2O_3	CaO	MgO	Na_2O	K_2O	TiO_2	价格（元/吨）
A矿	9.8	17.5	0.4	57	25	7	52	34	3.4	4.7	0.6	0.2	0.4	1.34	1250
B矿	9.8	16.5	0.38	45	27	6	43	38	2.56	5.5	0.87	0.5	0.5	0.45	1220
C矿	10	18.5	0.55	60	15	7	47	38.6	7.26	5.87	0.83	1.38	0.26	1.59	1170

2. 提高工作效率，节省实验费用

阳光焦化根据客户需求随时调整产品，使用配煤系统后，大大提高了工作效率，系统预测结果与实际生产结果基本吻合，节省小焦炉实验，降低了小焦炉使用费用。

(三)岚县丰达焦化使用效果

2011年，汾渭能源托管岚县丰达焦化厂期间，由于用户的冲天炉大小对铸造焦热强度的需求差异很大，但采购焦炭时并没有明确热强度指标，因此汾渭能源在生产同一等级焦炭时根据客户炉型大小计算，调整热强度，进行差异化生产，使得用于小冲天炉的焦炭成本降低140元/吨，实现盈利170元/吨。

表 2-20　配煤方案调整效果　　单位：元/吨

配煤方式	吨焦成本	热强度设计	较原成本降低	销售价格	实现盈利
原厂配煤方案	950	CSR≥65	—	980	30
系统优化配煤方案	920	CSR≥65	-30	980	60
个性化产品配煤方案	810	CSR≥58	-140	980	170

注：岚县丰达客户要求的产品标准：灰分<12.5，硫分<0.65。

第三篇

产品报告

第一章　中国冶金焦 2017 年发展情况

一、冶金焦需求分析及预测

2014—2016 年,焦炭总需求量基本处于下降的通道。2014 年,钢铁行业焦炭需求量为 40146 万吨,2015 年钢铁行业焦炭需求量为 37336 万吨,降幅高达 7.0%。2016 年,受经济和钢铁行业回暖的影响,焦炭需求量企稳回升至 38339 万吨,同比上涨 2.7%。2017 年,虽然钢铁行业产量继续扩大,但高炉限产的背景下钢企纷纷提高入炉焦炭质量以提高高炉利用系数,使得焦比出现大幅降低。2017 年,钢铁行业焦炭需求量为 37224 万吨,同比下降 2.9%(见图 3－1)。

据预测,2018 年生铁产量将达 70711 万吨,将同比下降 0.5%,钢铁行业焦炭需求量将继续回落至 36770 万吨,同比将继续下降 1.3%。

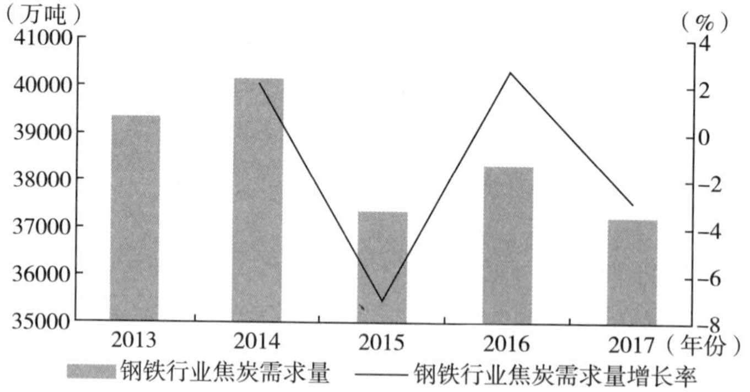

图 3－1　2013—2017 年钢铁行业焦炭需求量及增长率

资料来源:国家统计局,汾渭能源

二、冶金焦供应分析及预测

2017 年，中国冶金焦产量为 38250 万吨，同比下降 4.6%。受需求回落、环保限产、去产能的影响，预计 2018 年中国冶金焦产量将达 38059 万吨，将同比下降 0.5%（见图 3－2）。

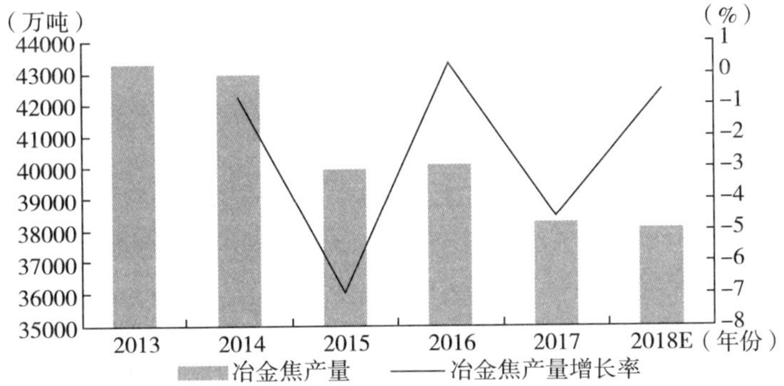

图 3－2　2013—2018 年中国冶金焦产量及增长率

资料来源：汾渭能源

三、冶金焦质量发展趋势

近五年来，中国炼铁工业处于高速发展阶段，全国铁生产量从 2014 年的 71375 万吨，经历 2015 年的下滑后，在 2016—2017 年重回增长，2017 年恢复至 71076 万吨（见表 3－1）。尽管产量达至峰值后回落，但中国炼铁生产技术也取得了长足发展。

表 3－1　全国重点钢铁企业高炉技术经济指标

年份	铁产量（万吨）	焦比（千克/吨）	煤比（千克/吨）	系数（吨/立方米·天）	矿品位（%）	风温（℃）	休风率（%）	炼铁工序能耗（千克标准煤/吨）
2012	54375	412	124	2.624	58.03	1084	1.845	456.79
2013	64138	397	134	2.71	58.1	1037	1.77	433.08
2014	71375	392	137	2.677	57.71	1125	1.524	426.84
2015	69141	396	136	2.607	57.32	1133	2.106	427.72
2016	71154	374	145	2.615	57.62	1158	1.661	410.65

续表

年份	铁产量（万吨）	焦比（千克/吨）	煤比（千克/吨）	系数（吨/立方米·天）	矿品位（%）	风温（℃）	休风率（%）	炼铁工序能耗（千克标准煤/吨）
五年增减	17000	-38	+21	-0.009	-0.41	+74	-0.184	-46.14
2017	71076	369	149	2.593	57.49	1156	1.628	408.29

当前，中国炼铁企业技术发展很不平衡，正处于不同结构、不同层次、多种生产技术水平共同发展阶段。目前，中国有1400多座高炉，其中大于1000立方米的高炉有260多座，大高炉中约有三分之一的高炉炼铁技术已达到国际水平，但是，约有四分之一属于应淘汰的落后产能设备。炼铁料技术水平对高炉生产指标的影响率在70%，高炉操作水平的影响率仅为10%，设备因素的影响率为5%，外部条件（供应、动力、上下工序等）的影响率为5%。在高冶炼强度和高喷煤比条件下，焦炭质量水平对高炉指标的影响率在35%左右。

表3-2 焦炭质量变化对炼铁生产的影响

焦炭质量变化	高炉燃料比	利用系数	生铁产量
M40，+1.0%	-5.0kg/t	+4.0%	+1.5%
M10，-0.2%	-7.0kg/t	+4.0%	+4.0%
灰分，+1.0%	+1.0%~2.0%	渣量增+2.0%	-2.5%~-2%
硫分，+1.0%	+1.5%~2.0%		-5%~-2%
水分，+1.0%	+1.1%~1.3%		-5%
CSR，+1.0%	-0.5%~1.1%		
CRI，+1.0%	-3%~-2%		
粒度<5mm+7.0%	+1.6%		

“+”表示增加；“-”表示减少。

从表3-2中可看出焦炭质量指标中M10变化量，对高炉生产指标的影响最大。这表明，炼铁工作者要十分关注M10数据的变化。M10指标是一个焦炭抗碎指标，它能够反应焦炭在高炉冶炼过程中的破碎程度。焦炭M10指标不好，在高炉冶炼过程中会易粉化，产生较多的粉末。焦炭粉末过多会造成高炉炉料透气性变差，压差升高，风量减少，不允许多喷吹煤粉。

随着喷煤比的提高，焦炭在高炉中的骨架作用更加突出，焦炭的冷强度是在常温、无化学作用的情况下测得的，它不能真正代表焦炭在高炉内的实际强度。焦炭的热强度越来越会引起钢企的重视。焦炭 CSR 升高、CRI 降低，将会对高炉内的阻力系数产生不利影响，使高炉压差升高，使焦炭的透液性和透气性变差，增加炉缸堆积，易发生悬料、管道等现象，导致风压不稳，炉况不稳定。有关资料显示：煤比在 150 千克/吨以上，需要将焦炭的反应性 CRI 控制在 27% 以下，反应后强度 CSR 控制在 65% 以上，高炉运行比较顺畅，焦铁比下降。因此，钢企对焦炭的 M10、CSR 越来越重视，这也将成为今后焦炭质量发展的重要趋势。

为减少我国炼焦煤的消耗量，降低炼焦成本，提高焦炭质量，焦化界采取了多种技术措施，包括优化配煤、煤料捣固、型煤压块、煤调湿（CMC）、煤预成型技术（DAPS）、选择粉碎，以及改进加工工艺——降低结焦速度或焖炉、干熄焦（CDQ）、新型湿法熄焦、焦炭整粒等，这些措施可不同程度地提高焦炭质量，提升焦炭的 CSR。

目前，全国已有 900 余座焦炉采用煤料捣固技术（生产能力 37155 万吨），使炼焦用煤煤源扩大，焦炭 CSR 提高 1% ~6% 。干熄焦技术可使焦炭 CSR 提高 3% ~5%，优化配煤可使焦炭 CSR 提高 5% ~7%（见表 3 -3）。据汾渭能源焦化厂数据库统计，目前我国配套干熄焦技术的焦炉产能已达 24454 万吨，占全部焦炭产能（不含半焦）的 44% 。

表 3 -3 改善焦炭质量的主要途径及质量提升结果

提升焦炭质量途径	焦炭质量提升结果
煤料捣固技术	焦炭的 M40 提高 1% ~6% ，M10 降低 2% ~4% ，CSR 提高 1% ~6%
干法熄焦	焦炭的 M40 提高 3% ~8% ，M10 改善 0.3% ~0.8% ，CSR 提高 3% ~5%
优化入炉煤的粉碎工艺	提高煤的结焦性和减少焦炭裂纹
新型熄焦方法	使焦炭水分降低 2% ~4% ，稳定、粒度均匀，裂纹减少
煤预热工艺	降低煤中的水分，提高煤的流动性，改善焦炭气孔结构
焦炉大型化	焦炭质量稳定，同样的入炉煤，6 米焦炉比 4.3 米焦炉的 M40 提高 3% ~4% ，M10 降低 0.5%

四、2017 年冶金焦生产企业经营情况分析

(一) 中国焦炭生产成本构成

焦炭成本主要包括直接生产成本和间接成本。直接生产成本主要是指直接原材料成本，即焦煤、肥煤、1/3 焦煤、气煤及瘦煤等各种洗精煤的配煤成本；间接成本主要包括制造成本、期间费用、政府收费等。其中，直接生产成本占焦炭总成本构成的 80% 以上，是焦炭生产成本的重要组成部分（见表 3－4）。

表 3－4　焦炭生产成本构成情况表

直接生产成本		原料煤	86.50%
间接成本	制造成本	电 费	1.10%
		水 费	0.20%
		人工成本	2.10%
		其他制造费	1.60%
		固定资产折旧	3.00%
	期间费用	管理费	2.50%
		财务费用	1.30%
		销售费用	1.20%
	政府收费	水资源补偿	0.20%
		排污费	0.30%
副产品抵扣		炼焦化产回收产品	10% 以上

(二) 中国焦炭主产省生产成本与经营状况对比

根据汾渭能源调研情况，重点比较了焦炭主产省山西、河北和山东焦化厂的生产成本。

1. 直接生产成本

山西焦化厂配煤主要来自山西本地，运输成本和直接生产成本较低，2017 年配煤成本为 776 元/吨。而河北和山东除本地炼焦煤外，还需采购山西、内蒙古炼焦煤或进口煤，运输成本较高，两省直接生产成本分别

为1010元/吨和927元/吨。

2. 收入对比

焦化厂收入组成包括焦炭及焦油、粗苯、煤气、焦粒、焦粉及其他精细化产品。山西炼焦煤由于灰分、挥发分低，其焦化产品占比为8%。而河北和山东焦炭成品率相对较低，分别为89%和88%。

3. 经营状况对比

2017年1—6月，山西省焦化行业结束了自2009年以来连续8年全行业盈亏相抵净亏损状态，上半年实现销售收入706.3亿元，增长119.8%，实现利润22.1亿元。据调研，以2017年12月底的焦炭和炼焦煤价格为基础，山西省焦化厂的平均利润在380元/吨，河北省焦化厂的平均利润在430元/吨，山东省焦化厂的平均利润为510元/吨（见表3-5）。

表3-5 2017年底各地焦化盈利情况对比

省份	山西	河北	山东
平均利润（元/吨）	380	430	510

五、2018年冶金焦价格趋势预测

（一）影响价格的因素分析

影响焦炭价格的主要因素有供需关系、通货膨胀、政策因素、成本因素。

1. 供需关系

“十三五”期间，钢铁消费处于峰值弧顶期，预计粗钢、生铁产量稳中趋降进而导致焦炭需求量减少。但是，淘汰落后产能已经落实到企业层面，产能过剩状况将得到明显好转，焦炭市场预期将由供应过剩转为基本平衡或紧平衡。

2. 通货膨胀

由于历史价格中均包含通胀因素，且从历史数据来看，通胀率与价格存在一定的正相关性，所以我们在预测未来焦炭价格时应考虑通胀因素。

根据2018年政府工作报告，年度通胀目标应为3%。

3. 政策因素

国家对焦炭行业的相关政策会对价格产生较大影响。“十三五”期间，政府会通过政策影响供需而间接影响价格，目前的政策调控着力点主要集中在供给端。焦化行业属于环保部门关注的重点行业，各相关主管部门通过去产能、频繁的环保检查和环保限产等一系列政策调控焦炭供应，而且北方港口限制柴油卡车公路运输，一定程度上也会对焦炭供应产生影响。而京津冀环渤海及周边省份大气污染防治行动带来的对供暖季钢铁行业限产措施又会影响到焦炭需求。总体来看，政策因素对供应端的影响要大于需求端，因此对焦炭价格的影响偏正面，支撑作用更大。

4. 成本因素

由于炼焦煤在焦炭生产成本中的占比在85%以上，所以原料煤采购成本是决定焦炭价格最重要的因素。由于受到资源禀赋的制约，未来中国炼焦煤供应增加空间有限，预计“十三五”期间炼焦煤价格将呈稳中有升态势，会带动焦炭成本上升。同时，环保投入和人工费用的增加也将推动焦炭成本上升。

（二）冶金焦价格分析及预测

在煤焦钢产业链中，焦化厂通常处于弱势地位，受到上游煤矿和下游钢厂的两头挤压。自2012年开始，焦炭价格随钢材价格下跌而震荡下跌。天津港一级焦从2012年的2095元/吨降到2016年初的815元/吨，下降了1280元/吨，降幅达61%。

进入2016年，在下游需求回升、上游煤矿供给侧结构性改革产量减少的双重作用下，钢材和炼焦煤价格大幅上涨，拉动焦炭价格大幅反弹。截至2016年12月，天津港一级焦价格涨幅达188%，为2350元/吨，已接近2011年的高位。

2017年，焦炭需求端受钢铁生产的强劲拉动，而供应端受到去产能、环保检查以及重大活动限产的制约，市场供需紧平衡，价格波动上行。第二季度因钢铁和焦炭环保限产而造成供需均受限，第三季度开始焦炭价格下跌明显，但年末受到钢材价格回涨的影响，又出现一波大涨的行情。全年天津港准一级焦均价为1985元/吨，同比上涨59%。

据预测，2018年，需求端平稳而供应端限制会弱于2017年，2018年焦炭价格回调，全年均价预计将保持在1900元/吨左右（见图3-3）。

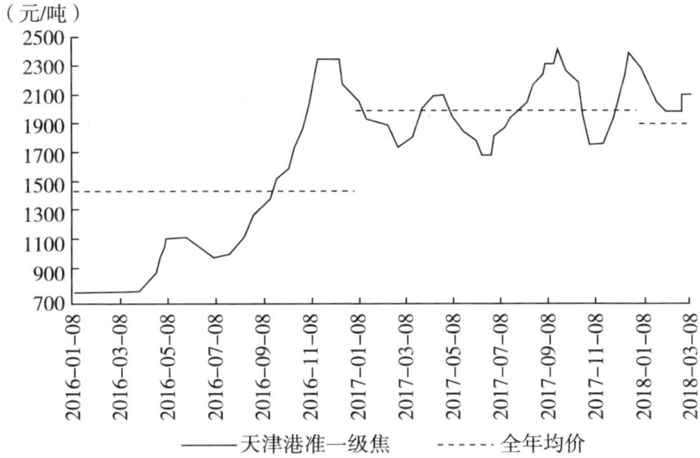

图3-3　2018年天津港焦炭FOB价格预测

资料来源：汾渭能源

第二章　中国铸造焦及岩棉焦 2017 年发展情况

一、铸造焦需求分析

在中国铸件中，只有球墨铸铁、灰铸铁等铸铁件的生产过程能够使用到铸造焦，而铸钢、合金铸件等生产不需要铸造焦。

“十二五”期间，伴随着装备制造业的中高速发展，我国铸造行业取得了非常大的进步。铸件质量和产量稳步提升，行业企业平均规模逐年扩大，产业集中度逐步提高，铸件材质结构进一步优化，高强韧性球墨铸铁和铝（镁）轻合金铸件占比逐步增大，形成了一批质量水平较高的规模化、专业化铸造骨干企业。其中，部分龙头企业的工艺装备与管理水平已与工业发达国家先进水平相当，关键铸件自主制造能力得到进一步提升，铸件的尺寸精度、表面质量、内在品质以及出口档次均有较大提高，国际市场竞争力显著增强。

我国铸件产量在 1998 年之后一直处于增长态势，至 2015 年受制造业大环境影响，铸件总产量首次出现负增长。2015 年，各类铸件总产量为 4560 万吨，较 2014 年下降 1.30%。2016 年，随着制造业回暖，铸件产量同比出现回升，各类铸件总产量为 4720 万吨，较 2015 年增长 3.5%。2017 年，铸件总产量为 4740 万吨，较 2016 年增长0.4%（见图 3－4）。

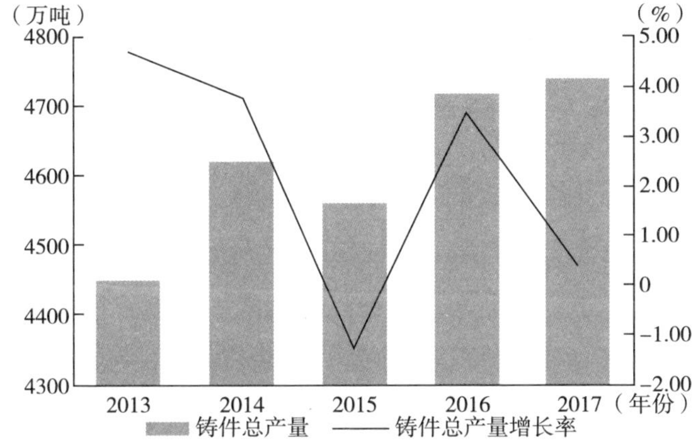

图 3－4　2013—2017 年我国铸件总产量及增长率

资料来源：国家统计局

从铸件材质结构上看，灰铸铁占比为 43%，球墨铸铁占比为 28%，可锻铸铁占比为 1%，铸钢占比为 11%，铜合金占比为 2%，铝镁合金占比为 15%，锌合金占比约为 1%（见图 3－5）。

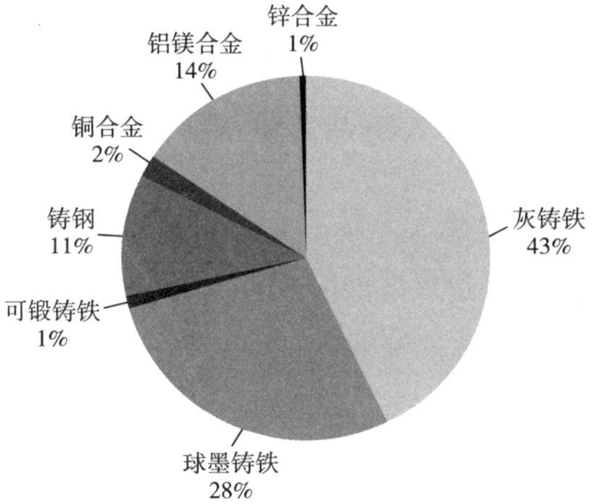

图 3－5　2016 年中国各类材质铸件占比示意图

资料来源：《中国铸造业年鉴》

据图 3－4 和图 3－5 可知，2016 年中国铸件总量为 4720 万吨，2017 年铸件总量为 4740 万吨，其中灰铸铁和球墨铸铁合计占比达到 71%，这两种铸铁必须要用到冲天炉或者电炉，根据中国铸造协会的统计，我国用冲天炉为熔炼设备生产的铸铁件产量占比约为70%。

据此测算，2017年，金属铸造业焦炭需求量为970万吨，同比增长1.5%（见图3－6）。伴随中国制造业升级，国内铸件需求量将增加，同时带动铸造焦需求量增加，预计2018年，金属铸造业焦炭需求量将增加至985万吨，同比增长1.5%。

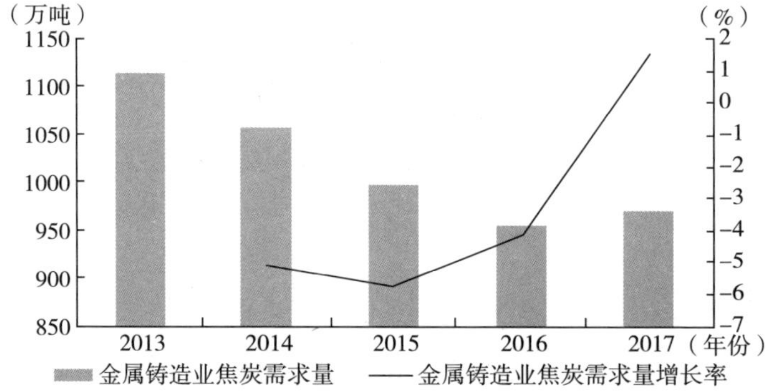

图3－6　2013—2017年金属铸造业焦炭需求量及增长率

资料来源：汾渭能源

二、铸造焦供应分析

（一）铸造焦产能分布

中国最初的优质铸造焦是由山西的改良焦炉生产出来的，改良焦炉的淘汰使铸造焦的产量大大降低。山西在改良焦炉的基础上发展起来的清洁型热回收焦炉，主要用于铸造焦的生产。

全国具有清洁型热回收焦炉的企业一共40余家，产能约为2000万吨，其中，山西地区有28家。山西省外约有14家，这些铸造焦企业大致分布在河北、河南、山东、内蒙古、新疆、江苏等地。

山西地区因为具有全世界最优质的焦煤资源，同时具有生产铸造焦最好的焦炉，所以，山西地区生产的铸造焦的认知度最高，国内主要铸造焦消费地集中在山东、河北、江苏、广东等铸造大省。表3－6列出了山西省内部分生产铸造焦的企业及其生产能力、焦炉炉型等情况。

表 3 – 6 山西生产铸造焦的企业

序号	企业名称	炉型	设计能力（万吨）	铸造焦生产能力（万吨）
1	山西兴高能源股份有限公司	QRD – 2000	40	20
2	高平市三甲炼焦有限责任公司	JNR – 2	60	30
3	晋城沁泽焦化有限公司	QRD – 2000	49	9
4	山西省介休市路鑫煤炭气化有限公司	QRD – 2000	140	30
5	山西三佳煤化有限公司	SJ – 96	120	48
6	山西省太谷县中煤京达焦化有限公司	SYR – 03	50	20
7	山西沁新煤焦股份有限公司	QRD – 2000（Ⅲ）	60	60
8	沁源县明源煤焦有限公司	QRD – 2000	60	40
9	山西文峰焦化科技有限公司	QRD – 2000	50	20
10	山西吕梁耀龙煤焦铁有限公司	QRD – 2000	40	30
11	山西中化寰达实业有限责任公司	DQJ – 50	45	25
12	太原市万光煤焦有限公司	QRD – 2000	40	20
13	太原迎宪焦化集团有限公司	YX – 21QJL – 1	100	48
14	太原港源焦化有限公司	QRD – 2000	40	5
15	山西西山煤气化有限责任公司	QRD – 2000	130	25
16	山西平遥峰岩煤焦集团有限公司	LRJ – 2000	45	20
17	山西省平遥兴华煤焦有限公司	LRJ – 2000	53	30
18	介休市大佛寺煤化有限公司	SJ – 96	40	20
19	交城俊安有色焦化有限公司	SYR – 03	40	20
20	岚县丰达焦化冶炼有限公司	QRD – 2000	60	20
21	临县新民焦电有限公司	QRD – 2004	40	30
22	沁源县常源焦化有限公司	QRD – 2000	60	30
23	山西森润煤化有限公司	SR – 03	60	20
24	山西同世达煤化工集团欧环焦化公司	TD2000 – 50	40	12
合计	—	—	1462	632

数据来源：中国煤炭资源网整理

表 3 – 7 所列的企业是全国除山西省外可以生产铸造焦的焦化企业，其中镇江焦化煤气集团有限公司是利用机焦炉来专门生产铸造焦的单

位。其余凡是同时生产冶金焦和铸造焦的企业大多数是从冶金焦中挑选大块焦作为铸造焦销售的，不能称之为真正的铸造焦，所以国内除山西省外真正生产铸造焦的企业其产量不超过300万吨/年。

表3－7　目前国内生产铸造焦的企业（山西除外）

序号	地区	企业名称	设计能力（万吨）	铸造焦生产能力（万吨）
1	山东	山东日照焦电有限公司	60	10
2		山东省微山湖矿业（集团）实业有限公司	60	10
3		山东金顺达集团有限公司	60	10
4		山东邹平金光焦化有限公司	60	10
5		山东顺鑫焦业有限公司	40	15
6		青岛钢铁有限公司兖州焦化厂	100	20
7		枣庄联丰焦电实业有限公司	100	30
8		山东省临沂金兴焦电有限公司	80	40
9		山东焦化集团铸造焦有限公司	120	100
10	新疆	新疆国际煤焦化有限责任公司	110	50
11	河北	武安市通宝焦化有限公司	60	10
12	内蒙古	乌海市天信精洗煤有限公司	60	20
13	江苏	溧阳昌兴钢铁配套设施有限公司	60	15
14		镇江焦化煤气集团有限公司	70	30
15	湖南	湖南煤化新能源有限公司	130	30
16		涟源市汇源煤气有限公司	60	10
17	河南	洛阳榕拓焦化有限责任公司	100	10
18	辽宁	辽宁盛盟焦化有限公司	60	10
合计			1390	430

数据来源：根据中国煤炭资源网数据整理

由于清洁型热回收焦炉一直以来被质疑资源综合利用效率低，2009年，工信部虽然允许现有的热回收焦炉列入准入企业，但禁止新建热回收焦炉。2012年放开新建热回收焦炉的审批限制，但是提高了准入规模要求。2017年11月，山西省政府下发的《山西焦化产业布局意见》中明确规定：不准新建热回收焦炉。国家对热回收焦炉审批的严格控制，等于限制了铸造焦产能的增长，对未来优质铸造焦的供应增长形成了制约。

（二）铸造焦产量及预测

约有15%的铸造用焦炭是用大块冶金焦炭代替的。2017年，中国铸造焦产量为873万吨，同比增长1.5%。预计2018年，在需求的带动下，铸造焦产量将增至887万吨，同比将增长1.5%（见图3－7）。

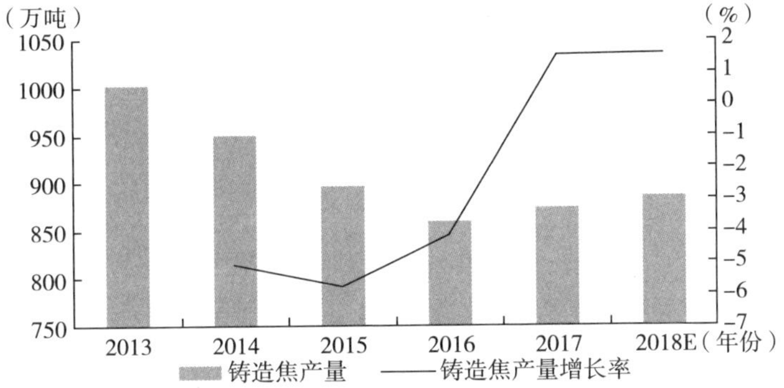

图3－7　2013—2018年中国铸造焦产量及增长率

资料来源：汾渭能源

三、铸造焦行业发展趋势

（一）环保政策对铸造行业的影响

2016年10月，环保部下发《京津冀大气污染防治强化措施》，规定：每年11月至次年1月，传输通道城市的铸造企业全部停产，其中涉及传输通道20个城市，分别为：北京、天津、石家庄、唐山、保定、廊坊、沧州、衡水、邯郸、邢台、济南、淄博、聊城、德州、滨州、郑州、新乡、鹤壁、安阳、焦作。2017年，环保部、发改委、工信部、公安部、财政部等16个部委和省市会签的《京津冀及周边地区2017—2018年秋冬季大气污染综合治理攻坚行动方案》中，被列入"2＋26"通道城市的铸造企业产量约占全国铸件总产量的25%。

在环保的高压态势下，许多地方政府采取了"一刀切"政策，一方面，强制要求铸造企业在此期间停产；另一方面，要求取缔所有冲天炉，全部改为电炉生产。一直到2017年8月，环保部政策法规司副司长别涛在新闻发布会上正面叫停部分政府的“一刀切”：“所谓‘一刀切’，从来就不是环保部的要求。”同时山东、河南、山西等铸造行业协会也开始发声，反对环保政策“一刀切”。随着环保政策的逐步完善以及企业环保改造的逐步达标，预计环保政策对铸造行业及铸造焦行业的影响会逐步减小并趋于稳定。

（二）影响铸造焦未来需求的关键问题——电炉和冲天炉

随着国家在节能减排方面的要求日益严格，以及部分地方政府的“一刀切”取缔冲天炉政策，不少人认为：冲天炉的应用已经是江河日下，被感应电炉取代是不可逆转的趋势。如果冲天炉被全面取缔，铸造焦将受到严重威胁。

1. 铸件产量比较

感应电炉数量远多于冲天炉，但是冲天炉的生产能力却远远超过了电炉，目前，国内用冲天炉作为熔炼设备生产的铸铁件产量约占总产量的70%。各工业国家的情况类似，铸铁行业所用的熔炼设备中，如果就熔炉的数量而言，感应电炉远多于冲天炉，但冲天炉大都是大型的，而且都是长炉龄的，生产能力很强，就铸铁件产量而言，还是冲天炉占有绝对优势。

2. 冲天炉与电炉各有优劣

从环保和能耗角度看，电炉似乎优于冲天炉，但是从产业发展角度看，冲天炉在铸造行业具有举足轻重的作用，铸造业是高能耗行业，今后企业必将向集群化、大型化发展，而中小企业电炉的产量在铸件总产量中所占的份额不大。

3. 冲天炉对金属炉料的适应能力强

近年来，为了实现装备的轻量化，各行业，特别是汽车行业，所用的钢材中，合金钢所占的比例越来越大。以美国通用汽车公司为例，2003年，其所用钢材中碳钢占65%，2010年，这一比例降低到10%。但是，废钢中合金元素的增多却给铸铁业带来了许多棘手的问题。一方面，用感应电炉熔炼铸铁时，因没有冶金反应过程，炉料中铸造生铁锭的用量要有所限制，废钢所占的份额就要增大，而钢材中的合金元素对铸铁（尤其是球墨铸铁）的性能却大都具有负面影响；另一方面，在冲天炉熔炼过程中易于脱除的低沸点元素，如 Pb（1755℃）、Sb（1640℃）、Bi（1481℃）、Te（989.8℃）、As（615℃升华）、Cd（767℃）、Zn（419.5℃）等，用感应电炉熔炼时就较难以脱除，从而易于显现其负面影响。

4. 冲天炉技术在不断发展

在各种熔炼技术和设备竞相发展的当下，冲天炉也在不断吸收新技术而日臻完善，并且实现了现代化、大型化、长炉龄化和燃料的多样化，而且在炉气显热、潜热的利用和废气、烟尘的治理方面不断有所创新，从而能充分发挥其生产成本低、冶金质量高的优势。

综上所述，本书认为，在未来很长一段时间内，冲天炉与电炉将保持长期共存的态势，随着铸件材质的变化、铸造业产业政策的发展以及冲天炉技术的创新和发展，冲天炉甚至可能焕发新的生机。

（三）产业政策对铸造焦的影响

1. 焦化准入条件对铸造焦的影响

《焦化行业准入条件》（2014 年修订）规定：新（改、扩）建焦化项目必须符合国家和省（区、市）主体功能区规划、区域规划、行业发展规划、城市建设发展规划、城市环境总体规划、土地利用规划、节能减排规划、环境保护和污染防治规划等规划的要求；炼焦项目建设应根据当地资源、能源状况，以及环境容量、市场需求情况，落实新增产能与淘汰产能等量或减量置换方案。

《焦化行业准入条件》（2014 年修订）虽然没有禁止新建热回收焦炉项目，但对于热回收焦炉的工艺和装备方面提出了更高的要求：捣固煤饼体积大于等于 35 立方米，企业生产能力大于等于 100 万吨/年（铸造焦大于等于 60 万吨/年）；同步配套建设热能回收设施。

2017 年 11 月，山西省政府下发《焦化行业布局意见》，明确禁止新建热回收焦炉。

2. 税收政策对价格的影响

2004 年前，中国焦炭出口享受 15% 的出口退税。

2004 年 5 月 24 日，国家不再设置出口退税，依靠出口定额进行出口管理与控制。

2006 年 11 月 1 日，对于焦炭出口从严管理，恢复关税，出口关税设置为 5%。

2007 年 6 月 1 日，焦炭出口关税上调至 15%。

2008 年 1 月 1 日，焦炭出口关税上调至 25%。

2008 年 8 月 20 日，将出口关税大幅上调，达到 40% 之多，并且将焦炭的出口配额进行相应的下调，也就是严格控制焦炭出口，基本把焦炭把握和控制在国内市场，对出口实行严格管理和控制。

2012 年 12 月 17 日，国务院关税税则委员会发布的《关于 2013 年关税实施方案的通知》将焦炭从《出口商品税率表》中去除了。这也意味着从 2008 年 8 月 20 日开始征收的 40% 焦炭出口关税，自 2013 年 1 月 1 日起被取消。受上述政策影响，2013 年元旦过后，上游焦煤及焦炭的价格均有所反弹，焦化企业的开工率也缓慢回升，而且由于国家取消了焦炭出口关税与配额制，很多企业开始尝试做外贸。

在欧盟，直径超过 80 毫米的块状焦炭主要用于绝缘、绝热材料制造和铸造行业。由于市场需求等多方面的原因，欧盟委员会于 2013 年 3 月 19 日起正式取消对原产于中国的焦炭反倾销措施。这标志着自 2006 年 12 月起欧盟对原产于中国直径超 80 毫米的块状焦炭进行反倾销立案调查的正式结束。

在出口配额、出口关税同时被取消以及国际进口政策的支撑下，焦炭出口量获得了一定提升。但由于国外的客源变化不是很大，出口量并没有激增，虽然个别做出口的企业获取了一定的利润，但焦炭出口对缓解国内焦炭产能过剩起到的作用比较有限，扭转不了整个焦化行业亏损的局面，焦炭价格波动并不明显。不过从长远来看，焦炭出口关税的取消对我国焦炭出口市场回暖利好作用明显，从而能在一定程度上促进焦炭价格的回升。

(四)岩棉焦成为铸造焦需求新的增长点

1. 岩棉简介

岩棉,又称岩石棉,是矿物棉的一种,其是以天然岩石如玄武岩、辉长岩、白云石、铁矿石、铝矾土等为主要原料,经高温熔化、纤维化而制成的无机质纤维。

岩棉起源于夏威夷。当夏威夷岛第一次火山喷发之后,岛上的居民在地上发现了一缕一缕熔化后质地柔软的岩石,这就是最初人类所认知的岩棉纤维。岩棉的生产过程,其实是模拟了夏威夷火山喷发这一自然过程,以玄武岩、白云石等为主要原材料,用大块焦炭作为燃料,经1450℃以上高温熔化后用四轴离心机高速离心成纤维,同时喷入一定量黏结剂、防尘油、憎水剂后经集棉机收集,通过摆锤法工艺,加上三维法铺棉后进行固化、切割,形成不同规格和用途的岩棉产品。

岩棉制品是国际上公认的"第五常规能源"中的主要节能材料,设备上每采用 1 平方米的岩矿棉制品进行保温,平均可节省能量 10000 千克/时,相当于每年可节省 3 吨标准煤。在建筑上每使用 1 吨岩矿棉制品进行保温,1 年至少可节省相当于 1 吨石油的能量。

2. 国外岩棉行业发展现状

国际上的四大岩棉生产企业——丹麦 ROCK WOOL、芬兰 PAROC、德国可耐福和法国圣戈班,产能分别为 180 万吨、35 万吨、32 万吨和 32 万吨,单条线最大产能可达 5 万 ~ 10 万吨,产品质量上乘,代表着世界最高的生产技术水平。

从产品产能来看,国外岩棉制品年总产量已超过 700 万吨,主要集中在发达国家,仅欧盟年产能就已达 400 万吨以上。在应用方面,欧洲大部分岩棉产品被应用于建筑保温、建筑吸音、建筑防火等方面;在英国,岩棉在建筑领域的用量约占其总量的 85%。因岩棉是性价比较高的建筑保温防火材料,欧洲于 20 世纪 60 年代起就开始推广使用。

3. 国内岩棉行业发展现状

我国岩棉制造业起步较晚,真正实现国产化尚不足 10 年,早年都是以生产低端矿棉为主，我国于20世纪50年代末，开始引进矿棉生产技术，直至70年代末才开始形成产业。20世纪80年代可以说是我国矿棉工业发展史上的“大跃进”时代，无论是生产规模还是生产技术都有了较大的进步，主要原因是我国分别从6个国家引进了10多条不同风格、不同规模的矿棉生产线，从而奠定了我国岩棉的发展基础。

进入20世纪90年代，由于人们的节能意识淡薄，对于建筑节能无任何要求，产品主要用于工业保温，当时全国的矿棉总量徘徊在20万～30万吨。

1995年，西斯尔（CSR）集团进入中国，在广州建立岩棉生产工厂，国内岩棉生产由此开始，后通过南京玻璃纤维研究设计院（简称“玻纤院”）对国外岩棉生产技术的引进和吸收，直到2008年，岩棉才真正实现国产化。

随着近年来国人建筑节能意识的提高，岩棉优良的特性才逐渐被接受，特别是2010年上海胶州路11·15特大火灾发生之后，岩棉优良的防火特性才得到关注。在相关政策的引导下岩棉逐渐进入建筑保温市场，岩棉行业得到了蓬勃发展，岩棉的生产技术及装备水平也得到了很大的提高，但整体生产水平及工艺与国外发达国家相比仍存在较大的差距。

2015年，我国岩棉行业市场规模约为74亿元，较2013年的65.3亿元增长了13.38%，2016年我国岩棉行业规模继续扩大，达到了77.4亿元，同比增长了4.59%。据相关统计数据，我国工业用岩棉占比为67.3%，约合165.3万吨，建筑用岩棉占比为22.5%，约为55.3万吨，船舶用岩棉占比为10.2%，约25万吨。由于建筑和船舶用岩棉质量要求较高，我国70%的产品尚无法满足建筑节能所需。

岩棉作为无机不燃烧材料，是国外已经具有成熟应用技术的所有外墙外保温材料中唯一能够完全满足我国现行国家和行业标准中A级不燃的保温材料。以目前我国建筑保温市场的需要量分析，如果按照10%的市场占有率计算，则年需求量至少将达到数百万吨，为现在全国产量的数倍。

近几年，我国岩棉行业需求量增长较快，年均增速超过了15%，行业处于快速发展的成长阶段（见图3－8）。

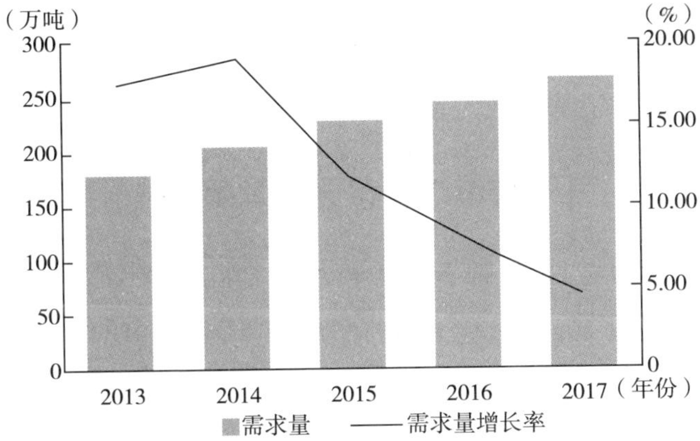

图 3－8　2013—2017 年中国岩棉行业需求量及增长情况

资料来源：中国产业信息网

4. 国内岩棉行业前景分析

中国是一个发展中大国，也是一个建筑大国，每年新建房屋面积近 20 亿平方米，超过了所有发达国家每年建成建筑面积的总和。随着全面建成小康社会的逐步推进，建设事业得到了迅猛发展，建筑能耗迅速增长。中国既有的近 400 亿平方米建筑，仅有 1% 为节能建筑，99% 均属于高耗能建筑，单位面积采暖所耗能源相当于纬度相近的发达国家的 2～3 倍。随着我国的建筑能耗逐年大幅度上升，已达全社会能源消耗总量的 32%，加上每年约为 13% 的房屋建筑材料生产能耗，建筑总能耗已达全国能源总消耗量的 45%。故现阶段政府开始大力推广绿色节能建筑，目前，我国住宅和公共建筑普遍执行的是节能 65% 的标准。北京、上海、天津、新疆等地区在居住建筑方面已经开始执行节能 75% 的标准。我国现有建筑面积为 400 亿平方米，绝大部分为高能耗建筑，且每年新建建筑近 20 亿平方米，其中 95% 以上仍是高能耗建筑。故未来国内建筑保温材料市场的发展前景将十分广阔。

每烧制 1 吨岩棉，约需大块焦炭 0.3 吨。岩棉用铸造焦一般要求焦炭粒度大于等于 60 毫米，对焦炭的硫分没有要求，但是由于环保的限制，一般规定硫分不得超过 1%；固定碳一般要求小于 12%。

相关资料显示，2017 年全国矿棉岩棉产量已经达到 300 万吨以上，据此估计，岩棉用铸造焦的需求量已超过 100 万吨。岩棉用焦已经成为铸造焦市场不可忽视的一股力量。

四、铸造焦价格分析及预测

2017 年，山西长治地区铸造焦价格由年初的 2800 元/吨涨至年末的 3100 元/吨，涨幅达 10.7%，全年均价为 2607 元/吨，同比增长 49.5%。据此可以预测，2018 年铸造焦需求量将增加，供应仍将受到环保等因素的抑制，价格仍将维持高位。但经历了 2017 年的强环保政策的执行，焦企环保设备水平相对有所提升，环保对产量的影响较 2017 年或将有所减弱，产量将有所恢复，预计全年均价或从当前绝对高位有所回落至 2500 元/吨左右（见图 3－9）。

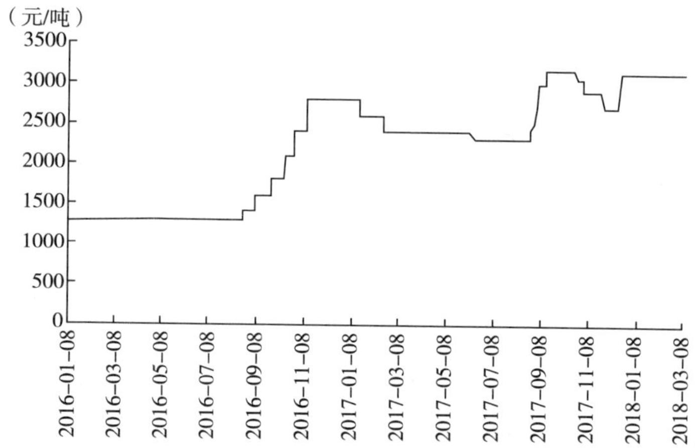

图 3－9　2016—2018 年山西长治地区铸造焦价格

资料来源：汾渭能源

第三章　中国半焦行业 2017 年发展情况

一、半焦产业发展情况及趋势

(一)半焦产业发展历程

半焦由神府煤田盛产的优质侏罗精煤块烧制而成,肇始于 20 世纪 90 年代,最先产出地为陕西北部的府谷、神木及内蒙古的鄂尔多斯一带。这些地区藏有极其丰富的褐煤、长焰煤、不粘煤、弱粘煤等年轻煤种资源,地质储量达 5000 多亿吨,20 世纪 80 年代后期,随着焦炭价格的逐步提高以及神府煤田的大规模开发,以侏罗纪不粘煤和弱粘煤为原料烧制而成的半焦应运而生。作为一种新型的碳素材料,半焦所具有的"三高四低"的特点为大家所公认,即"固定碳高、化学活性高、比电阻高,灰分低、铝低、硫低、磷低"等特性,因这些特性,半焦在电石、铁合金、硅铁、碳化硅及合成氨行业得到广泛应用。

随着国家环保法规的健全和民众环保意识的提高,半焦生产地"黑三角"的环境污染逐渐成为社会关注的焦点。从 2004 年起,国家有关部门开始对"黑三角"环境污染问题挂牌督办,并出台了一系列调控政策。其中,仅 2004—2006 年全国就取缔土法炼焦和小立式炭化炉 500 余座,涉及产能 6500 万吨;2007—2008 年,全国又分 3 批淘汰关停了半焦企业 327 家,淘汰产能 1748 万吨。

不仅如此,鉴于与半焦相伴而生的严重的资源浪费和污染问题,社会上甚至出现了"半焦产业有无存在必要"的质疑和讨论。在此背景下,2008 年 4 月,国家发改委委托中国炼焦行业协会组织煤炭科学研究总院北京煤化工研究分院、中钢集团鞍山热能研究院、陕西省冶金设计研究院等单位,对半焦生产与发展状况进行了全面调研。调研组最终得出结论:

半焦产业是符合中国国情的特色产业，有其存在的必要性、合理性。但其发展必须符合国家节能降耗相关产业政策规定，污染物排放必须符合国家环保要求，煤炭资源必须得到综合利用。

调研组的这份报告，对半焦产业的去留起到了关键作用。加上地方政府的据理力争，最终使饱受争议的半焦产业在2008年修订《焦化行业准入条件》时，被正式纳入国家产业目录，有了“半焦”这一合法身份。2010年，国家质监总局与国家标准化管理委员会联合发布半焦国家标准，半焦产业终于得到了国家的认可。

（二）半焦产业发展现状及趋势

半焦可代替焦炭（冶金焦）广泛用于化工、冶炼、造气等行业，在生产金属镁、铁合金、硅铁、硅锰、化肥、电石等产品过程中优于焦炭，在提高下游产品质量档次、节约能源、降低生产成本、增加产量等方面，具有更高的应用价值。

近年来，我国很多城市的雾霾天气与燃煤密切相关，半焦作为一种环保燃料，各项指标均优于烟煤和无烟煤，其广泛应用能减少有害物质的排放，提高空气质量，是减少大气污染、治理雾霾天气的首选煤种。现在北京、上海、天津、河北等地为减少燃煤对城市的污染，极力提倡各用煤单位使用榆林半焦，全国其他城市也在推广之中。

半焦的应用领域越来越广泛，也逐步向规模化、大型化发展。未来，半焦生产企业将逐渐形成半焦加工、副产煤焦油深加工及荒煤气发电整条循环经济产业链，将形成节约型、清洁型、有市场竞争力的大型煤化工企业。对于副产煤焦油和荒煤气，采用国内先进的、成熟的荒煤气制氢技术和煤焦油加氢技术，生产清洁燃料油（汽油、柴油），并副产化工产品，实现资源综合利用，提高产品的附加值，延伸产业链，促进产业升级，以达到低碳环保、零排放的目的。小规模半焦企业将逐步被淘汰，通过整合实现资源合理分配，同时配套建设煤焦油深加工和煤气综合利用等综合项目是未来半焦循环经济产业发展的方向。

二、半焦总供应及发展趋势

(一)中国半焦产能分析

截至2017年底,中国半焦产能约为8140万吨,其中,陕西省4000万吨左右、新疆维吾尔自治区1500万吨左右、内蒙古自治区1000万吨左右。上述三省区合计占全国半焦总产能的80%左右(见图3-10)。

中国半焦主产地为陕西省榆林市,其中神木县半焦产能最大。据不完全统计,年产能60万吨以上的企业约为30家,年产能约为2000万吨;府谷县半焦企业在20家左右,年产能约为1500万吨;其余如佳县、靖边、横山、榆阳区等,年产能约为500万吨。

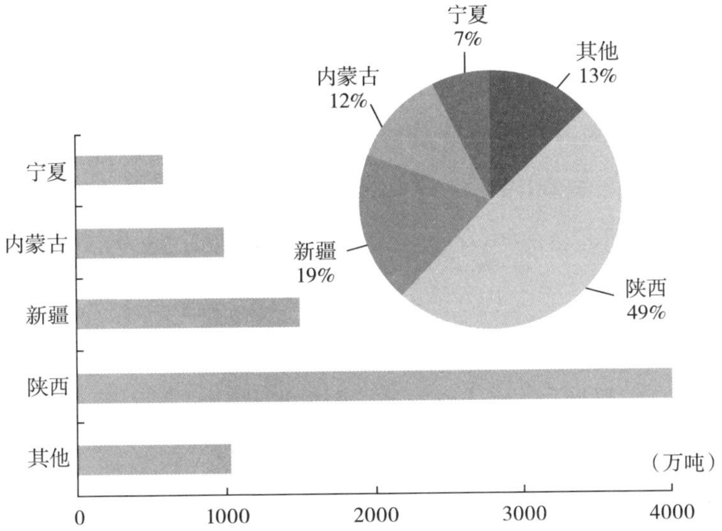

图3-10 2017年中国半焦产能分布情况

资料来源:中国煤炭资源网

(二)半焦消费分析及预测

2017年,中国半焦行业消费量为4020万吨,同比增长1.1%。其中,化工行业消费量为1430万吨,占比为36%;铁合金行业消费量为1110万吨,占比为28%;电石生产消费量为861万吨,占比为21%;钢铁冶金行业消费量为

320 万吨，占比为 8%；民用及其他行业消费量为 299 万吨，占比为 7%。

随着半焦在化工和民用清洁燃料领域的推广，预计 2018 年中国半焦消费量将提升至 4100 万吨，同比将增长 9.3%（见表 3－8）。

表 3－8　中国半焦行业消费量　　单位：万吨

年份	2013	2014	2015	2016	2017	2018E
电石生产	1048	1040	904	881	861	857
铁合金	1274	1278	1237	1201	1110	1080
化工	1118	1284	1307	1390	1430	1494
钢铁冶金	320	321	311	315	320	318
民用及其他	140	150	170	190	299	350
合计	3900	4073	3930	3978	4020	4100

数据来源：汾渭能源

（三）半焦供应分析及预测

2017 年，中国半焦产量约为 4020 万吨，同比增长 1.1%（见图 3－11）。半焦产能利用率约为 49.4%。其中，陕西省榆林市半焦产量长期居于全国首位，2017 年，榆林市半焦产量约为 2199.5 万吨，约占全国半焦总产量的 54.7%。

由于中国半焦主要集中于陕西、新疆维吾尔自治区、内蒙古自治区、宁夏回族自治区等地区，上述地区在 2017 年尤其是进入冬季取暖季后基本未受到环保限产影响，故半焦生产企业在下游有持续需求的情况下半焦产量出现明显增长。

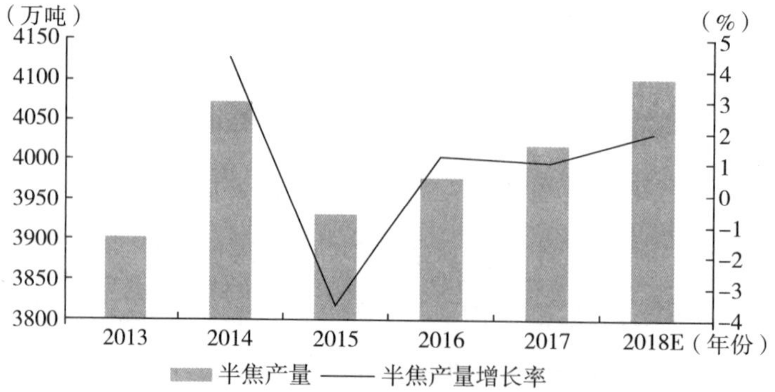

图 3－11　2013—2018 年中国半焦产量及增长率

资料来源：汾渭能源

国内最大的半焦生产地榆林市将要打造“榆林兰炭”洁净煤品牌，规划形成5000万吨的年产能规模，此举将推升中国兰炭产量。预计2018年中国半焦产量将随需求量增至4100万吨，同比将增长9.3%。

三、2017年半焦企业经营情况分析

（一）原料供应紧张

2017年，生产半焦所需的原料煤价格上涨，同时供应紧张。生产半焦对原料煤的粒度要求较高，以陕西榆林为例，当地半焦生产普遍采用方型直立炉，由于炉型自身技术特点，原料必须是大于20毫米的块煤。但是全市煤矿机械化开采程度高，块煤产率仅为20%左右，2017年榆林块煤供应持续紧张且价格较混煤每吨高出100元左右，导致半焦的生产成本增加。

（二）下游需求良好

作为半焦的主要消费领域，电石和铁合金市场在2017年均表现良好。自2017年6月开始，电石价格一路上涨，最高涨幅达19.7%，虽然年底价格小幅回落，但全年涨幅仍达到了9.0%。虽然受环保督察影响，但2017年电石产量仍然小幅增加，企业经营情况改善，对原材料价格接受程度较高。

另外，钢材市场回暖，带动铁合金价格飙升，2017年，铁合金量价齐涨。全国铁合金产量为3288.7万吨，同比增长0.5%。铁合金市场回暖，对原材料半焦价格形成有力支撑。

进入冬季取暖季，随着民用市场的进一步扩大，半焦作为清洁民用燃料，主要销往北京、山东等地区。民用市场需求带动，进一步加剧了半焦供不应求的局面。据榆林市统计局数据，2017年，全国最大的半焦生产基地榆林市累计生产半焦3143万吨，同比增长7.3%。

（三）半焦企业盈利转好

2017年主要产地半焦企业经营情况明显改善，生产负荷较高，利润

远高于往年。据不完全统计,2017 年陕西半焦企业平均利润在 300 ~ 500 元/吨,吨焦利润同比增加 100 ~ 200 元/吨。

四、2018 年半焦价格趋势预测

(一)2017 年价格涨幅达 12.3%

从陕西神木地区的半焦出厂含税价来看,受市场需求转好影响,神木半焦价格 2017 年呈上涨态势,由年初的 750 元/吨涨至年末的 900 元/吨,涨幅达20%(见图 3 - 12)。全年均价为816 元/吨,涨幅高达51.8%。

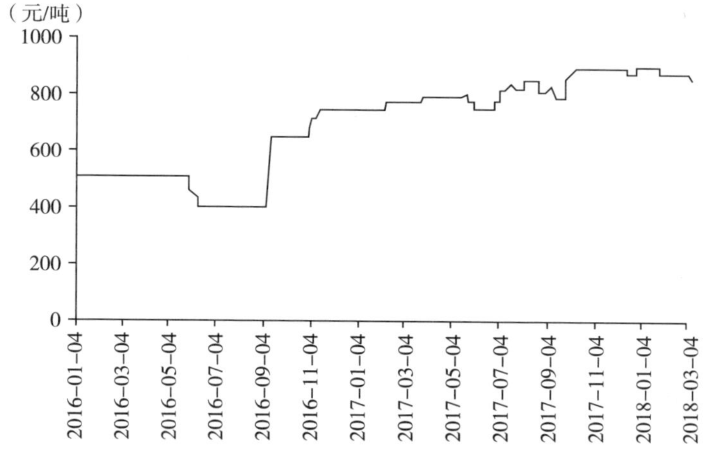

图 3 - 12　2016—2018 年陕西神木半焦价格走势

资料来源:中国煤炭资源网

(二)2018 年价格或有回落但仍将延续高位

从需求端来看,2018 年,电石、合金和冶金行业在环保和需求回落的背景下产量难有大幅度提升,影响半焦行业的需求,但半焦在化工和民用行业的推广或将拉动 2018 年半焦的需求量。

从供应端来看,随着供给侧结构性改革的推进,落后产能将继续退出市场,但是半焦行业经过过去几年的调整,很多产能落后企业已经停产或减产,2018 产能降幅有限。受利润驱使,2018 年,半焦企业开工率有望进一步提升,产量或有增加的趋势。

2018 年,半焦行业供应或将继续偏紧,价格将维持高位,但较 2017 年均价或将有所回落,预计 2018 年全年半焦均价将在 750 元/吨左右。

第四章　中国化产行业 2017 年发展情况

一、化产产业发展情况及趋势

焦炉生产主要的基础化产品包括煤焦油、粗苯、硫酸铵、焦炉煤气等，以及以上副产品进一步加工得到的化产品。

受宏观经济增速放缓、产能过剩等周期性、结构性因素影响，焦化行业面临着严峻的生存挑战和考验，焦化企业加快了转型升级的步伐。焦企的化产加工不再仅停留在初级加工阶段，逐渐向化产精细加工产业发展。目前，山西、内蒙古、陕西等地焦企所生产产品种类相对单一，化产品产业链较短。山东、江苏等经济较为发达的地区，焦企化产加工能力较强，化产率远高于北方其他省份。

未来，煤化工产业将进一步壮大，更加侧重于焦化副产品深加工产业链将进一步拉长，工艺技术由粗加工向精深加工转变，产品品种由低端向中高端转变。以煤气综合利用、煤焦油深加工、粗苯精制三大产业链为基础，推动化产集中加工，并向精、特、细、新方向延伸，实现初级加工规模化、中间链条特色化、终端产品精细化。

（一）焦炉煤气的综合利用

焦炉煤气是炼焦过程中产生的主要副产品，正常情况下除回炉自用后，每吨焦炭还可副产约 200 立方米的焦炉煤气。焦炉煤气富氢，可与煤制气实现耦合，延伸发展现代煤化工，其综合利用价值较为可观。利用焦炉煤气生产甲醇、天然气、乙二醇、合成化学品、合成氨等基础化工原料，进一步可制取烯烃、芳烃、油品、PET、合成蜡等高附加值产品。

（二）煤焦油的综合利用

煤焦油的精细加工化学品包括洗油、酚油、萘油、蒽油等馏分的后续，进一步加工有沥青制针状焦及超高功率石墨电极、特种炭黑、核石墨、沥青基碳纤维等高附加值碳素材料。

(三)粗苯的综合利用

焦化粗苯深加工产品有顺酐、噻吩及其衍生物、己二酸、己内酰胺等精深加工产品,进一步延伸产品包括尼龙系列、新型工程塑料等新型材料。

二、化产总供应及发展趋势

(一)硫酸铵

我国52%的硫酸铵来自焦化行业,其余来自己内酰胺、氰尿酸、电厂氨法脱硫等其他行业。其中,焦炉气和己内酰胺的副产量合计占硫酸铵总生产能力的85%以上,是我国硫酸铵的主要来源(本书主要介绍焦化级硫酸铵)。

1. 硫酸铵(焦化级)产能情况

受焦化产能下降影响,2016 年开始,硫酸铵(焦化级)产能呈现逐年递减的态势,根据中国煤炭资源网测算数据,2017 年硫酸铵(焦化级)产能约为 735 万吨。

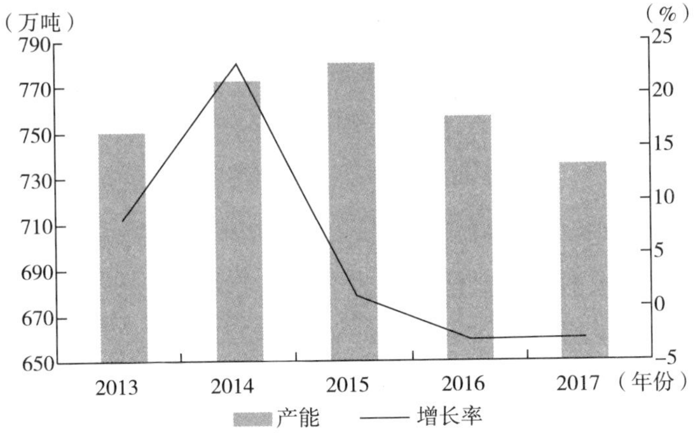

图 3-13　2013—2017 年全国硫酸铵(焦化级)产能及变化趋势

资料来源:中国煤炭资源网

2. 硫酸铵(焦化级)产量情况

2017 年随着焦炭产量小幅下降,硫酸铵(焦化级)的产量也呈现下降趋势。2017 年,硫酸铵(焦化级)产量约为 475.2 万吨,同比下降 2.9%(见图 3－14)。

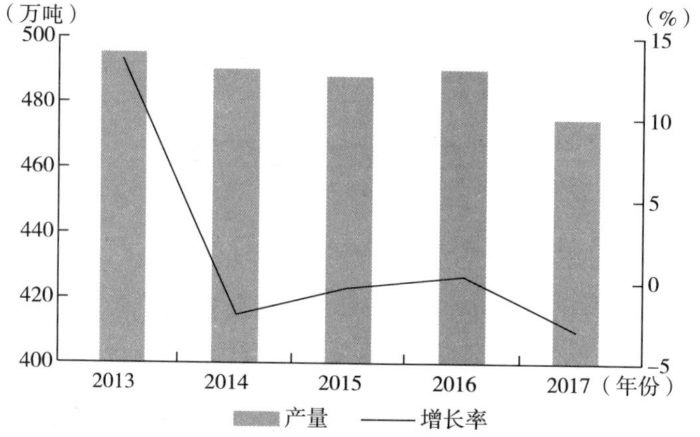

图 3－14　2013—2017 年全国硫酸铵(焦化级)产量及变化趋势

资料来源:中国煤炭资源网

3. 硫酸铵消费量分析

硫酸铵主要用于三大需求——出口、稀土及化肥市场。出口需求占全国硫酸铵总产量的比重相对较大,内需占比较小(见表 3－9)。

表 3－9　硫酸铵消费领域

<table>
<tr><th colspan="2">消费领域</th><th>所占比例</th></tr>
<tr><td colspan="2">硫酸铵产量</td><td>100%</td></tr>
<tr><td colspan="2">出口</td><td>60%</td></tr>
<tr><td colspan="2">国内消费总量</td><td>40%</td></tr>
<tr><td rowspan="2">农业消费</td><td>直接施肥</td><td rowspan="2">占国内消费的 80%</td></tr>
<tr><td>复混肥原料</td></tr>
<tr><td colspan="2">工业消费(稀土开采)</td><td>占国内消费的 20%</td></tr>
</table>

(1)出口

硫酸铵在世界各国被普遍使用,2017 年,国际贸易量约占总产量的

60%。自2008年12月1日起,我国对硫酸铵出口免征出口关税,实行零关税,硫酸铵出口呈逐年增加态势。2017年,全国硫酸铵出口584万吨,同比增长16.3%(见图3-15)。

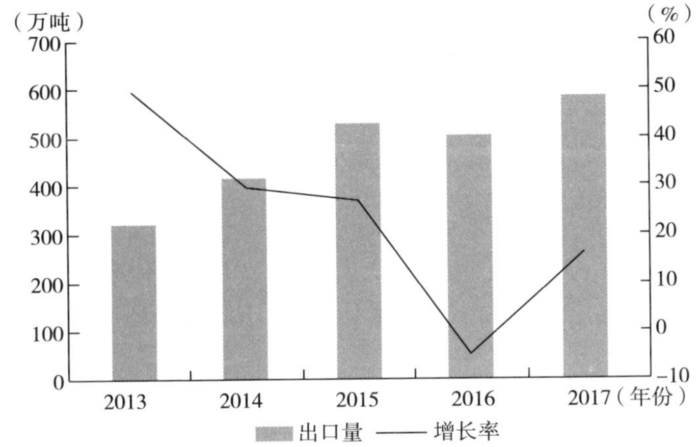

图3-15　2013—2017年全国硫酸铵出口量及变化趋势

资料来源:海关总署

(2)化肥

我国对硫酸铵需求量最大的领域是农业消费,约占总需求量的80%。2017年,由于受到环保督察等因素影响,化肥开工率降低,化肥产量下降,整体价格也高于往年。

(3)稀土

我国是世界上最大的稀土生产国和出口国,我国稀土有南北之分,南方地区稀土矿开采使用硫酸铵做原料,每开采生产1吨稀土原矿需5~8吨硫酸铵。江西赣州地区是我国南方地区最大的稀土矿所在地,每年开矿用硫酸铵需求量在15万吨左右,加上广东、广西、湖南等其他地区的需求量,每年开采稀土需用硫酸铵总量超过25万吨。

(二)煤焦油

1. 煤焦油产能情况

煤焦油作为炼焦的主要副产品,其产能和产量与焦炭密切相关。

2017 年，我国煤焦油产能约为 2400 万吨，同比下降 3.5%。

从分布区域来看，我国煤焦油深加工行业产能分布仍向原料、下游集中的华东、华北两个区域靠拢。其中，华东约占 29%，华北约占 46%，两地区煤焦油的生产能力接近全国总生产能力的 75%。而华中地区由于新扩建产能的释放，煤焦油总产能也占到了 9%。

而从全国各省市所占产能比例来看，华东地区煤焦油产能主要分布在山东，占全国产能的 16.6%；华北地区主要分布在山西和河北，其中山西所占比例最高，达到了 27.3%，河北占全国产能的 18.4%；华中地区主要分布在河南，占全国产能的 6.7%（见图 3－16）。西北、西南地区部分深加工产品本地消化能力依然偏弱，多以销往主产区消化为主，市场竞争压力依然较大。

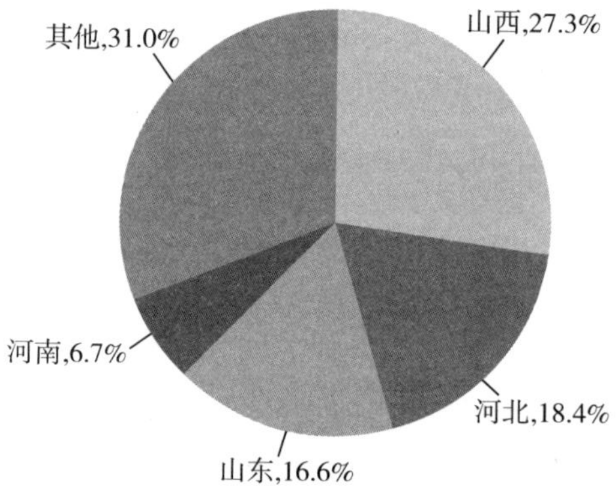

图 3－16　2017 年全国煤焦油产能区域分布图

资料来源：中国煤炭资源网

2. 煤焦油产量情况

据统计，2017 年中国焦炭产量为 4.36 亿吨，煤焦油产出按 0.03 左右计算，刨除少量中温煤焦油，煤焦油产量在 1300 万吨左右，较 2016 年下降 2.7%。2017 年上半年整体产量明显高于下半年，下半年焦企受环保限产影响，整体开工负荷较低。

3. 煤焦油消费量分析

我国煤焦油的消费市场可分为三部分，一是用于深加工制取工业萘、洗油、蒽油和煤沥青等产品；二是将粗煤焦油作为替代重油的燃料，用于玻璃、陶瓷等热能行业以及作为生产炭黑的原料；三是出口。

据不完全统计，2017 年我国煤焦油深加工淘汰产能 112 万吨，而新增产能仅有 20 万吨，创近 7 年来增量新低。总产能约在 2388 万吨，连续两年出现下降走势。我国煤焦油深加工规模在 30 万吨以上的企业达 39 家，占全国深加工企业数量的 35%；50 万吨以上的企业达 12 家，占全国深加工企业数量的 11%。

2017 年，我国煤焦油深加工市场开工率约为 49%，同期相比提高 2 个百分点，已经连续两年开工率出现回升态势，但总体来看市场利用率偏低，仍说明该行业产能严重过剩。

出口方面，受国家控制煤焦油等资源性产品出口政策的影响，以及国内市场需求良好，我国煤焦油出口量逐年下降。2017 年，煤焦油出口量为 31.3 吨，同比下降 51.2%。自 2018 年 1 月起，我国煤焦油出口关税从 15% 下调至 10%，2018 年煤焦油出口量有望恢复。

（三）粗苯

1. 粗苯产能情况

全国粗苯产能从 2016 年开始出现下滑。2017 年，我国粗苯产能在 600 万吨左右（见图 3－17）。

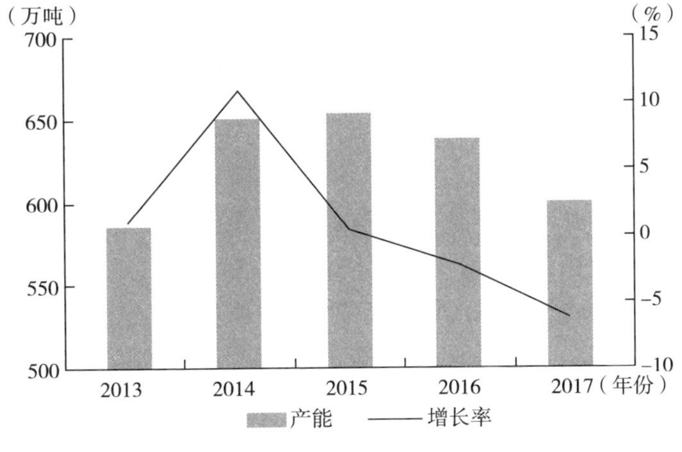

图 3－17　2013—2017 年全国粗苯产能及变化情况

资料来源：中国煤炭资源网

粗苯生产主要分布在华东、华北两个区域，其中华东地区产能占到全国总产能的26%，华北地区占总产能的43%，两地区粗苯的生产能力接近全国总生产能力的69%。而华中地区由于新扩建产能的释放，粗苯总产能也占到了8%（见图3－18）。华东地区产能主要分布在山东，其产能占全国总产能的16.59%。华北地区主要分布在山西和河北，其中山西所占比例最高，占全国总产能的25.67%；河北占全国总产能的17.10%。华中地区粗苯主要分布在河南，占全国总产能的6.62%。

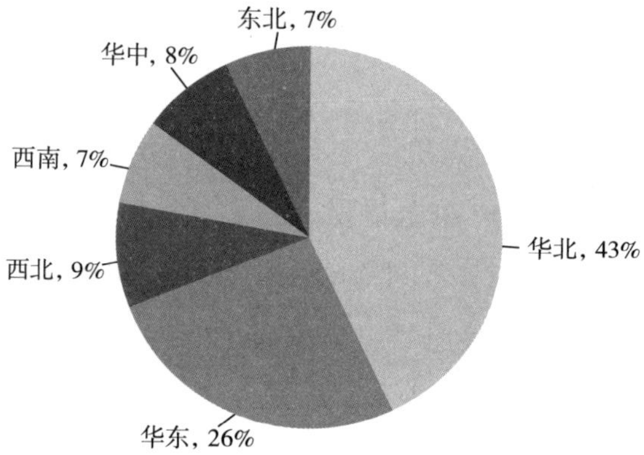

图3－18　全国粗苯产能分布

资料来源：中国煤炭资源网

2. 粗苯产量情况

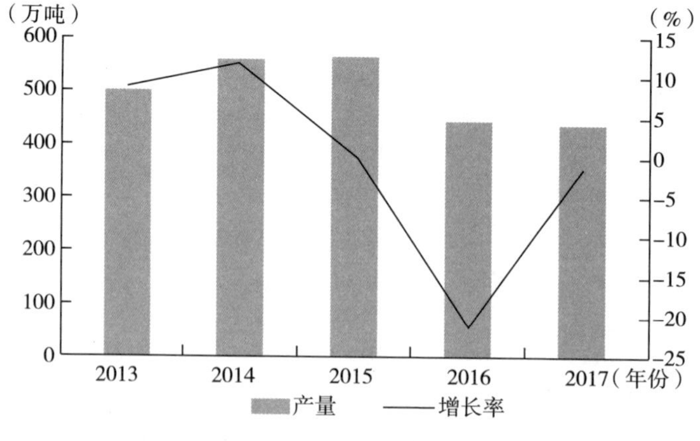

图3－19　2013—2017年全国粗苯产量及增长情况

资料来源：中国煤炭资源网

2017 年,我国粗苯产量约为 435.6 万吨,同比下降 1.6%,下半年随着焦化厂开工受限,粗苯产量大幅下降(见图 3-19)。

3. 粗苯消费量分析

近几年国内粗苯加工能力呈爆发式增长,并在 2010 年增长率达到 19%,迎来高峰。但由于焦企产能跟不上苯加氢发展步伐,致使粗苯供应缺口越来越大,加氢苯原料短缺问题日益突出,同时加氢苯自身行业间的竞争压力也越来越激烈。粗苯加工产能增长速度逐步放缓,2016—2017 年增长基本停滞。

目前,粗苯消耗主要集中在下游加工加氢苯。由于近年来国内粗苯价格水涨船高,外商在国内采购粗苯缺乏价格优势和动力,出口已经基本停止。

氢苯是作为石油苯的替代物出现的。目前,生产苯、甲苯、二甲苯的主要原料还是石油催化重整的重整油、石油裂化的高温裂解汽油,这两者占到了国内三苯原料的 80% 以上。

粗苯加氢装置的主产物有加氢苯、加氢甲苯、加氢二甲苯、重苯和非芳烃。2017 年,焦化苯产量约为 69 万吨,大概消耗粗苯 115 万吨;加氢苯产量约为 220 万吨,大概消耗粗苯 320 万吨。

(四)焦炉煤气

按煤料加工的重量转换计算,焦炉煤气是仅次于焦炭的炼焦产品,每吨焦炭可副产 400 多立方米的焦炉煤气。这些焦炉煤气除焦炉自身加热使用外,每生产 1 吨焦炭还有 200 多立方米的富余。

焦炉煤气利用不仅是炼焦生产资源综合利用的重要方式,也是焦化行业节能减排的必要途径。我国钢铁和焦化行业对焦炉煤气的利用方式主要有燃气化利用和资源化利用两种。燃气化利用主要是将焦炉煤气作为燃料,用于工业加热、城市燃气和发电;资源化利用主要是将焦炉煤气作为原料,有效利用其中的化学成分,如制氢、高炉喷吹、制备化工产品、生产直接还原铁等。

焦炉煤气是一种优质的化工原料,目前,我国焦炉煤气合成化工产品主要包括合成甲醇、合成氨、低温分离制 LNG 联产氢气、甲烷化制天然气、氨醇联产等。利用焦炉煤气进一步合成高附加值的精细化工产品比如烯烃、芳烃、油品、PET、合成蜡等，也受到越来越多焦化企业的青睐。

三、2017 年化产品价格波动及分析

（一）硫酸铵

2016—2017 年，国内硫酸铵市场表现良好。在化肥需求及出口量的支撑下，硫酸铵市场走出了一波向好行情。尤其是 2017 年 10 月以后京津冀及其周边山东、河南地区受环保政策影响，焦企整体开工受限，加剧了硫酸铵供应紧张的局面，硫酸铵价格出现了大幅上涨（见图 3－20）。

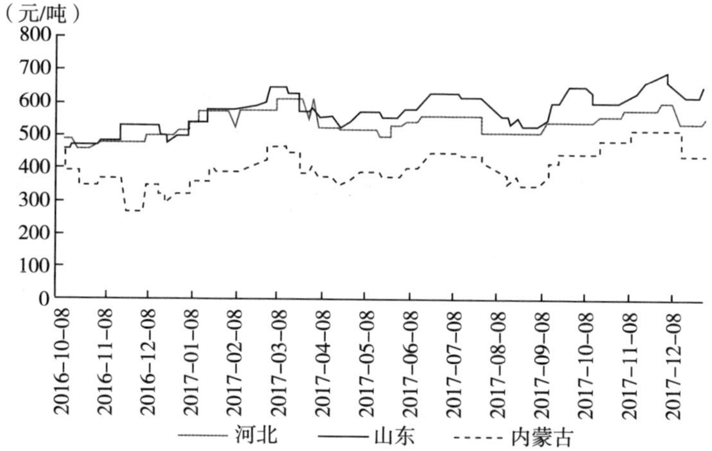

图 3－20　2016—2017 年全国硫酸铵主产地价格走势

资料来源：中国煤炭资源网

（二）煤焦油

2017 年，国内煤焦油市场走势喜人，焦企限产是最大支撑。自 2016 年 10 月起，煤焦油市场开始了反弹之路，至 2017 年初价格一举达到近年来高点，尽管随后市场开始频繁波动，但均在 2400 元/吨以上。10 月以后焦企限产，煤焦油供应再度趋紧，主产区煤焦油价格拉上新的高度，最高价格刷新近几年历史新高，华东及河北邯郸地区主流价格均在 4000 元/吨以上，且持续在高位运行。山西地区的高温煤焦油价格从年初的

1390 元/吨上涨至年末的 2710 元/吨,涨幅高达 95.7%(见图 3-21)。

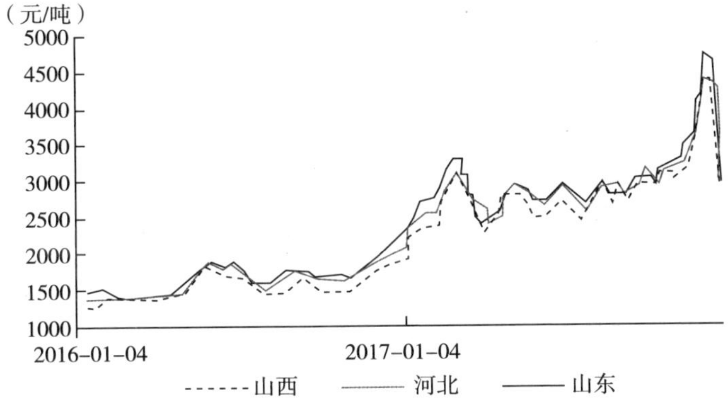

图 3-21 2016—2017 年全国煤焦油主产地价格走势

资料来源:中国煤炭资源网

(三)粗苯

2017 年,粗苯整体供应偏紧,全年价格高位震荡。2017 年河北地区粗苯全年均价为 5295.56 元/吨,同比增长 23.0%。2017 年末,粗苯价格均价为 5243.75 元/吨,下跌了 0.98%。最高点出现在 2 月中旬,价格是 6557 元/吨;最低点出现在 8 月中旬,价格是 4679 元/吨,下跌幅度为 1.28%(见图 3-22)。

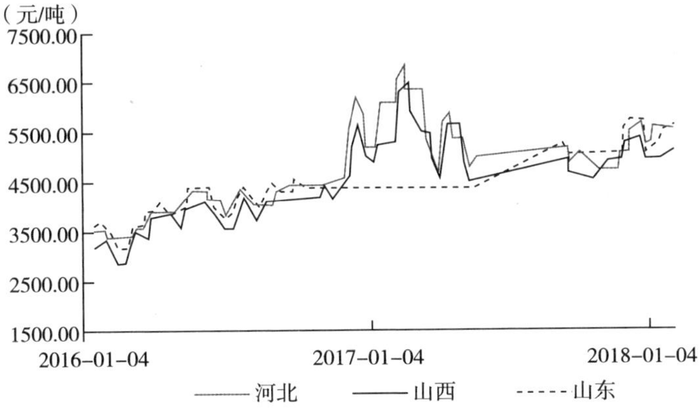

图 3-22 2016—2017 年全国粗苯主产地价格走势

资料来源:中国煤炭资源网

四、2017 年化产企业经营情况分析

2017 年，主要化产价格均出现不同程度上涨。基础化产品中，煤焦油价格刷新近几年历史新高，山西地区的高温煤焦油全年均价为 2837 元/吨，同比涨幅达 83.9%。粗苯价格也强势上涨，2017 年，河北地区粗苯全年均价为 5295.56 元/吨，同比上涨了 23.0%。

深加工产品中，甲醇、天然气等产品 2017 年均呈现大幅上涨行情。尤其是天然气，供暖季“煤改气”政策导致天然气消费持续放量，但供给端受制于中亚管道气进口缩量等因素，增长有限，导致天然气价格暴涨。11 月，液化天然气价格疯涨了 150%，12 月中旬价格一度飙升至1.2 万元/吨。

化工产品价格全线上涨，焦企化产利润明显转好。据汾渭调研统计数据，2017 年，山西焦企（无化产深加工）化产贡献利润为 225 元/吨，平均化产贡献利润约为 232 元/吨，同比增加了约 40 元/吨。其他区域，如内蒙古焦企平均化产贡献利润约为 210 元/吨，河北焦企平均化产贡献利润约为 250 元/吨，山东焦企平均化产贡献利润约为 265 元/吨。

五、2018 年化产品价格趋势预测

（一）硫酸铵

硫酸铵的生产工艺复杂，在我国占比最大的仍是焦化级硫酸铵。硫酸铵的另外一个重要供应来源是作为已内酰胺级硫酸铵的副产品，2017 年，新投产或扩产的已内酰胺副产硫酸铵设备，产能在 54 万吨左右，待 2018 年这些设备运行正常，会对硫酸铵供应造成一定冲击。但预计 2018 年生产企业环保限产仍将常态化，硫酸铵供应难有明显增量，或仍将延续偏紧态势。

硫酸铵的主要需求量是出口，2017 年初，国内部分大型的硫酸铵贸易遭到了美国的反倾销仲裁，出口美国外销的阻力增大。虽然美国并不

是我国硫酸铵的主要出口国，但是硫酸铵国际市场竞争严重，未来硫酸铵出口进一步增加的难度较大，预计2018年硫酸铵出口量将维持平稳或者微降。另外，受环保影响较大的化肥行业2018年产量或将难有明显增量，硫酸铵需求将维持稳定。

在供需均偏紧的背景下，预计2018年硫酸铵价格相比2017年难有大的变动，2018年市场价格将以窄幅震荡为主。

（二）煤焦油

从2017年冬季以来，供暖期间焦化企业限产，以及中央和省级巡视组轮流进行环保督察，对焦企开工造成了较为严重的影响。2018年，环保力度只强不弱，山东、山西、河北三大产区受环保限产的影响，煤焦油产量或将延续供应紧张的态势。

我国煤焦油深加工行业面临的挑战依旧严峻，因产能过剩矛盾突出，深加工市场近几年持续低开工水平，国家对深加工行业审批难度或将提升，近几年新增煤焦油加工企业数量持续下降。但是煤焦油深加工开工率近两年呈现回升趋势，2018年在市场经济回暖带动下，市场开工有望继续回升。

另外，自2018年1月起，我国煤焦油出口关税从15%下调至10%，必将提振出口市场，2018年煤焦油出口量有望恢复，2018年，我国煤焦油市场继续呈现易涨难跌态势的可能性较大。

（三）粗苯

沙特阿拉伯和俄罗斯在欧佩克会议上承诺延长减产，对原油市场供应面提供了利好支撑，高盛、瑞银等投行纷纷上调了原油预期价格。预计2018年原油市场仍然向好，然而继续上冲的空间很小，全年国际原油价格可能在45~70美元/桶区间内运行。原油市场对纯苯价格支撑力度较大，2018年，石油产品中提取苯的成本依然较高，焦化粗苯的需求有望增加。

2018年，中国环保形势依旧严峻，焦企开工负荷将继续维持低位，焦企粗苯供应不会有明显放量。整体来看,在供应偏紧的市场下,粗苯价格支撑力度较大,或刺激市场价格继续走高,预计 2018 年粗苯均价较 2017 年仍有上涨空间。

第四篇

区域系统研究报告

第一章 山西省焦化行业研究

一、山西省焦炭市场发展情况分析

（一）资源保障能力与渠道优势

1. 山西是全球最重要的炼焦煤供应基地

山西省炼焦煤具有资源埋藏浅、储量大、煤种全、煤质好、易开采、易洗选的特点，山西是全国乃至世界最重要的炼焦煤生产基地，经过资源整合后的山西炼焦煤供应更有保障。

山西省炼焦煤的储量和产量均居全国首位。根据山西省煤炭地质局普查的数据，截至2010年底，山西炼焦煤查明保有资源储量1695亿吨，占全国炼焦煤查明保有资源储量的61.3%，约占全球炼焦煤查明保有储量的15%（见图4-1）。

山西优质焦煤资源主要分布在河东煤田（离柳矿区和乡宁矿区）、西山煤田（古交矿区）、霍西煤田（霍州矿区和汾西矿区）、宁武煤田（宁武矿区）和沁水煤田（霍东矿区）。山西炼焦煤资源不仅储量巨大，而且煤种很全，炼焦工业所需要的所有煤种在山西都有生产。各炼焦煤种的储量均在全国名列前茅（见表4-1）。

表4-1 山西炼焦煤分煤种储量情况表

煤种	总资源量		探明保有储量		预测储量		探明保有储量在全国的名次
	数量（亿吨）	占全省炼焦煤资源比重（%）	数量（亿吨）	占全省炼焦煤资源比重（%）	数量（亿吨）	占全省炼焦煤资源比重（%）	
气煤	968.41	31.6	898	53	70.41	5	3

续表

煤 种	总资源量		探明保有储量		预测储量		探明保有储量在全国的名次
	数量（亿吨）	占全省炼焦煤资源比重（%）	数量（亿吨）	占全省炼焦煤资源比重（%）	数量（亿吨）	占全省炼焦煤资源比重（%）	
肥煤	511.26	16.5	165	9.74	346.26	24.9	1
焦煤	881.5	28.5	358.5	21.15	523	37.5	1
瘦煤	726.25	23.5	273.2	16.1	453.05	32.5	2
合计	3087.42	100	1694.7	100	1392.72	100	1

数据来源：山西省煤炭地质局、国家煤矿安全监察局、中国煤炭资源网

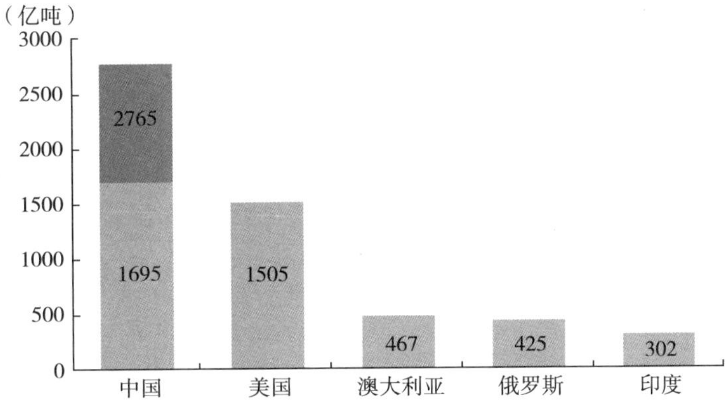

图 4－1　2010 年世界各主要炼焦煤生产国保有储量对比

资料来源：中国煤炭资源网

虽然已高强度开采了 60 余年，但截至目前，山西省的炼焦煤储量比全球排名第二的美国全国的储量都要多，更是世界主要炼焦煤出口国澳大利亚的 3.63 倍，加之其庞大的生产能力，山西作为世界最重要的炼焦煤基地的地位在很长一段时间内都不会改变。

2. 山西炼焦煤供应情况

截至 2017 年，山西总设计产能为每年 5.50 亿吨，生产矿井 3.14 亿吨/年，改扩建矿井 1.19 亿吨/年，新建矿井 0.72 亿吨/年（见表 4－2）。

分煤种来看，山西地区炼焦煤煤种齐全，完全可以满足当地及周边焦企

生产使用。作为骨架煤种的焦煤,2017 年总设计产能为 2.69 亿吨,占山西总产能的 48.8%,接近一半。而在全国炼焦煤产能中,焦煤的占比为 33.5%。

表 4-2　2017 年山西省炼焦煤分煤种产能　单位:万吨

山西省	改扩建矿井	取消公告	生产矿井	试运转矿井	新建矿井	总计
焦煤	5205	720	14620	2080	4235	26860
1/3 焦煤	2605	120	4010	240	300	7275
肥煤	2040	180	3280	420	1215	7135
瘦煤	990		3870	165	705	5730
气煤	420		3100		400	3920
贫瘦煤	480	180	2320	300	300	3580
气肥煤	180		240		90	510
总计	11920	1200	31440	3205	7245	55010

资料来源:中国煤炭资源网

受供给侧改革的影响,2016 年,山西炼焦原煤与精煤产量呈现下降态势,精煤总产量比 2015 年下降了 11.2%;2017 年由于去产能政策相对放开,炼焦精煤的产量有所回升,但比起 2015 年还是下降了 5.4%(见图 4-2)。

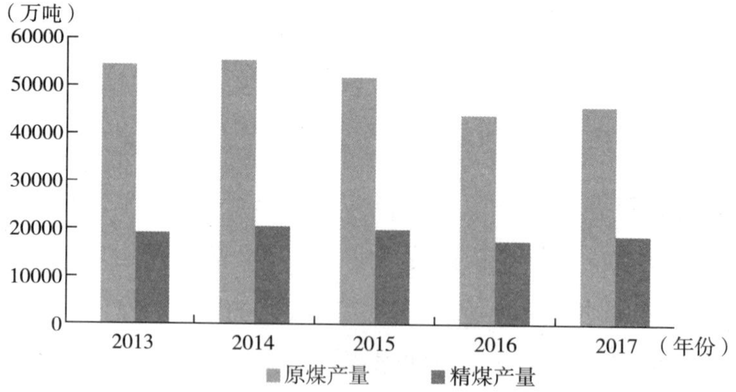

图 4-2　2013—2017 年山西省炼焦煤产量

资料来源:汾渭能源

分煤种来看,焦精煤供应量达到 7982.1 万吨,占总供应量的 42.35%;其次为肥煤和 1/3 焦煤,供应量分别是 2382.3 万吨和 1808.3

万吨。气煤大部分作电煤用，用于炼焦配煤的仅有兴县和怀仁的部分煤源，2017 年，气精煤供应量为 2391.4 万吨（见表 4－3）。

表 4－3　2017 年山西省炼焦煤各煤种及总产量　　单位：万吨

煤种	贫瘦煤	瘦煤	焦煤	肥煤	1/3 焦煤	气肥煤	气煤	总产量
炼焦原煤	4842.5	3239.2	12500.9	3647.1	3114.4	1707.8	16878.1	45930.1
炼焦精煤	1521.2	1646	7982.1	2382.3	1808.3	1115.7	2391.4	18847.1

数据来源：中国煤炭资源网

山西省内焦化行业目前所消耗的炼焦煤仅为全省总产量的 60% 左右，而且相对于国内其他省份，山西炼焦煤的开发强度还比较低，未来山西炼焦煤产量完全可以保障全省焦化产业的发展。

（二）山西焦炭供应情况

1. 山西焦炭供应能力

2015 年，国家开始淘汰过剩及落后产能，同时当年焦炭市场长期弱势运行，焦化企业大面积亏损，部分亏损企业自动退出，山西焦炭产能开始下降。截至 2017 年，山西焦炭在产产能为 12918 万吨，主要分布在吕梁、临汾、长治、晋中及运城等地。

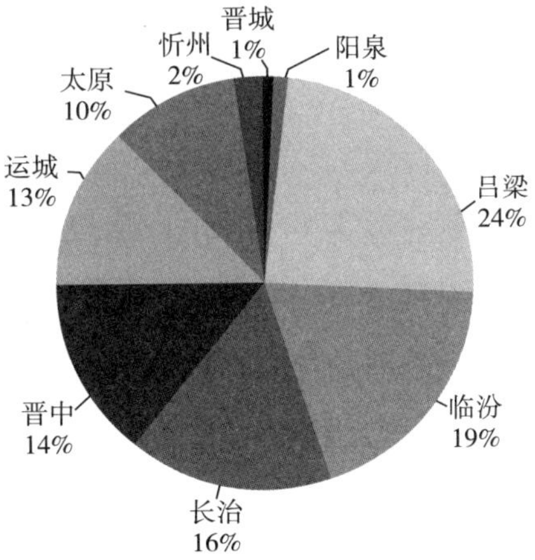

图 4－3　山西焦炭产能分布

资料来源：中国煤炭资源网

2. 焦炭生产情况

2017 年，除了供给侧结构性改革，环保对焦化行业的去产能也起到了作用，环保检查严格，使得部分环保设施不合格的企业关停，中国焦炭产量急剧下降。与之相反的是山西焦炭产量的变化，通过近几年山西省焦化产业政策的调整，近三年山西焦炭产量呈现上升趋势，占全国焦炭产量的比重也逐年上升。2017 年，山西焦炭产量为 8383.1 万吨，同比上涨 2.4%，占全国焦炭产量的 19.43%（见图 4－4）。山西焦化企业靠近原料产地，占据资源优势，因此从整体上看，山西焦炭产业的竞争力在未来的发展中仍将处于优势地位。

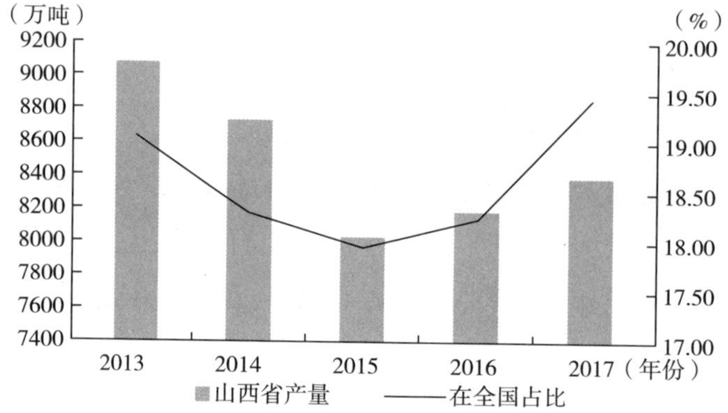

图 4－4　2013—2017 年山西焦炭产量及占比

资料来源：国家统计局

分地市来看，山西焦炭产量集中在吕梁、临汾、长治及晋中区域。四个区域焦炭产量为 5868 万吨，占全省焦炭产量的 70%（见图 4－5）。

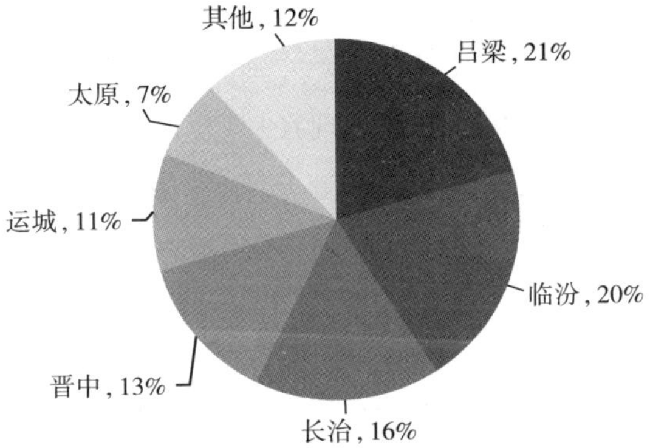

图4－5　2017年分地市焦炭产量

资料来源：各地市统计局

（三）山西省焦炭消费情况

1. 山西省内钢铁产业现状分析

山西省是中国位于河北、江苏、山东、辽宁之后的第五大钢铁生产省份，2017年，粗钢和生铁产量分别为4430万吨和3952万吨，分别占全国产量的4.8%和5.6%。2014年之前，山西省生铁、粗钢产量占全国的比重比较稳定，2015—2016年略有下降，一方面因华东区域产量占比增加，另一方面是去产能政策影响导致（见图4－6）。

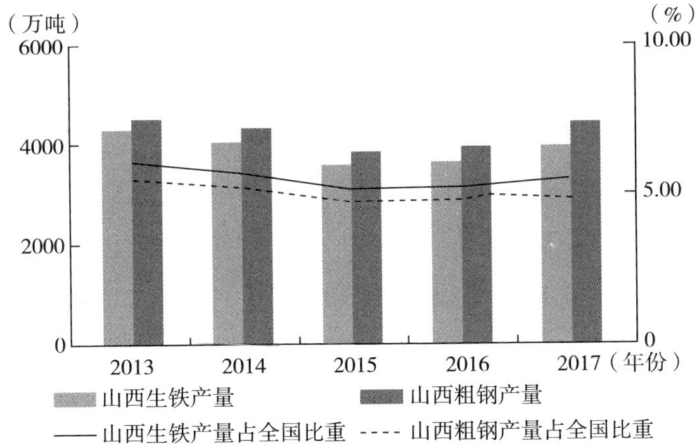

图4－6　山西钢铁产量及占全国比重

资料来源：国家统计局

在全国性钢铁产能过剩的背景下，山西省钢铁行业同样存在产能过剩严重的问题，除此以外，山西省钢铁产业粗放发展特征依然明显，产业结构调整的任务依然较重。主要表现在：技术装备水平参差不齐，先进装备占比较小；产业链条短，高技术含量、高附加值产品少；自主创新能力不足，资源保障水平较低，节能减排压力较大；受产能过剩、金融环境及企业管理等内外部因素影响，全行业出现总体亏损，企业生产运行困难，部分企业甚至进入破产重整。

近年来，山西省通过产能等量置换的方式淘汰了大量的小高炉，大大优化了省内钢铁产能的结构。但目前山西省的高炉仍以1000立方米以下的高炉为主（全省1000立方米以上高炉数量占比不到10%），可以优化的空间还很大，产能等量置换变小高炉为大高炉的过程仍将继续。随着大高炉数量的增加，资源利用的效率将得到提高，入炉焦比也将逐年降低。

山西省拥有丰富的煤铁资源，发展钢铁工业具备得天独厚的优势。但作为中国的能源重化工基地，山西省的污染程度已经非常严重，环境承载能力已达到极限，山西省政府对省内钢铁行业采取的政策是鼓励不锈钢等高端钢材产品发展而抑制低附加值的粗钢生产。从市场的角度来看，山西省目前的钢铁产量已出现过剩，而且山西省周边都是钢铁生产大省，在这种形势下，作为微观主体的钢铁企业也会控制产能产量增长。

2. 山西焦炭省内消费分析

目前，山西省内共有大中型容积高炉60余座，年设计产能4680万吨以上，约占总体产能的75%。其中大型高炉有太钢4350立方米高炉两座、1800立方米高炉一座、1650立方米高炉一座；建邦钢铁1860立方米高炉一座；中阳钢铁1780立方米一座、1280立方米两座；晋钢钢铁1380立方米高炉两座；宏达钢铁1308立方米高炉一座；新泰钢铁1250立方米高炉一座；中升及高义钢铁1380立方米高炉各一座。

总体而言，山西大中型容积高炉数量占比较大，落后产能相比于全国部分炼钢大省较少。根据中国煤炭资源网的综合测算，2017年，山西炼铁高炉消耗焦炭约2035万吨。

山西省的氧化铝、金属镁、铬铁、镍铁等多种有色金属与铁合金产业在全国占有重要地位，其中不少产品的产量位居全国第一，同时，山西也是全国重要的化工产业基地。山西生铁以外行业消耗焦炭的比例要高于全国平均水平，约占12%。由此可以推算出山西省2017年实际消耗焦炭量约为2312万吨，消费量占全省产量的比例还不到30%，除去焦炭产地的库存外，绝大部分都外调出省。

未来，一方面，随着山西对于钢铁基地的建设，钢铁产能将进一步集中，相应地如焦铁比等技术参数也会有所下降，所以山西省生铁产业耗焦量也将相应下降；另一方面，目前钢材市场趋于饱和，生铁增产的空间有限，同时山西省正大力淘汰、迁出有色、化工等行业的落后产能企业。未来，山西省焦炭实际消耗量增长有限。

3. 山西焦炭向省外输送分析

山西省焦炭调出量可达到山西省焦炭总产量的近72%。

山西省调出的焦炭只有约8.42%用来出口，绝大部分供应了国内其他兄弟省份，有力地支持了兄弟省份的经济建设，其地位举足轻重。

2017年，山西省通过铁路调出焦炭2366.7万吨，其调往主要流向地及其所占山西铁路总调出焦炭数量的比例如图4－7所示。

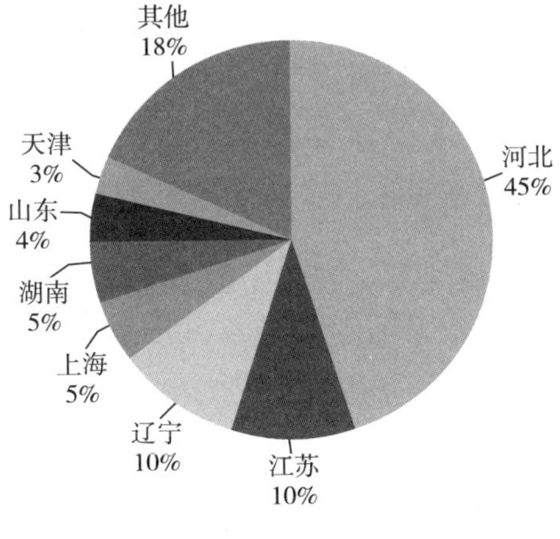

图4－7　2017年山西铁路调出焦炭流向地及占比

资料来源：山西焦煤集团

公路运输机动灵活，随着基础建设的增加，山西省公路调出焦炭量超过铁路，2017 年，山西省通过公路调出焦炭量为 2892.6 万吨（国内消费部分），调往主要流向地数量所占山西公路总调出焦炭数量的比例如图 4-8所示。

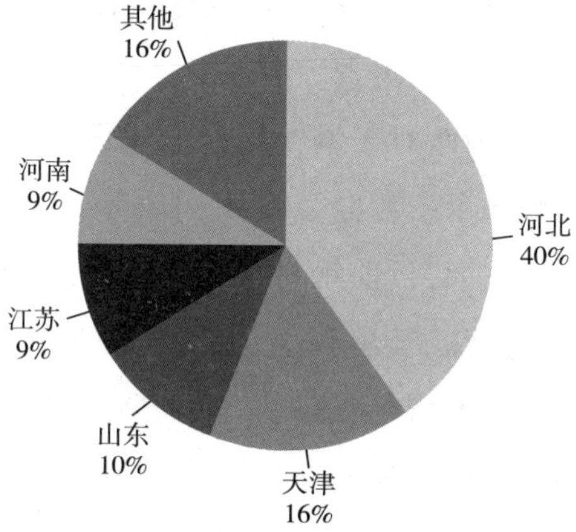

图 4-8 山西公路调出焦炭流向地及占比

资料来源：中国煤炭资源网

可以看出，国内主要钢铁生产省份都需要从山西大量调入焦炭。河北是调入山西焦炭最多的地方，其次是天津和江苏。

2012 年 12 月新出台的《关于 2013 年关税实施方案的通知》中取消了焦炭 40% 的出口关税及配额限制，焦炭出口量稳步回升，2013—2015 年呈现上升趋势，绝大部分从天津港出口。2017 年，因国内焦炭价格高昂，出口受到影响，全年焦炭出口量为 534.3 万吨，同比下降 30.19%（见图 4-9）。

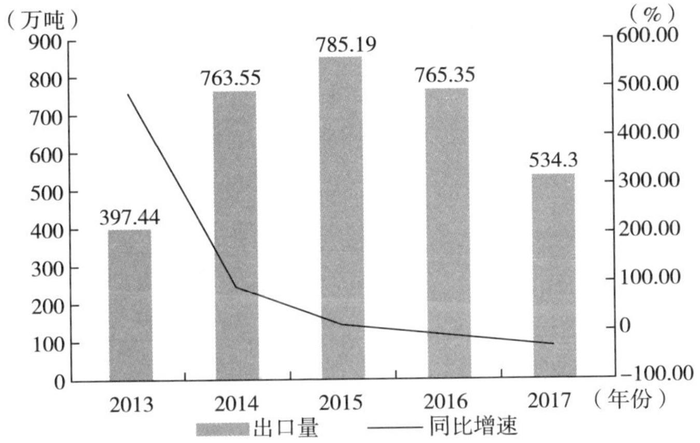

图 4－9　2013—2017 年山西焦炭出口量及增长率

资料来源：海关总署

二、山西省焦炭品质发展情况分析

（一）山西煤质特点分析

山西各煤种炼焦煤的煤质在全国也是最好的。总的来说，山西炼焦煤不仅具有低灰、低硫、可选性好的优点，而且相对于其他省份的炼焦煤，山西炼焦煤挥发分偏低但黏结性好，煤灰成分以硅、铝含量为主，碱金属含量较低，镜质组组分含量较高惰性组分相对较少，煤的空隙结构中大孔比例偏少。这些特性决定了国内其他地区炼焦煤品质整体上无法超过山西炼焦煤。山西的柳林 4 号焦煤、古交 2 号焦煤、灵石肥煤更是享誉世界的优质稀缺炼焦煤煤种。

1. 煤灰成分

山西区域炼焦煤煤灰成分以硅、铝含量为主，碱金属含量除个别区域含量高外，其他区域含量均较低，决定了其在焦炭热强度性能的表现中能起到正向的作用。从区域分布来看，离柳矿区、西山矿区 Fe_2O_3、CaO、MgO、Na_2O 及 K_2O 等碱金属含量处于低位，而霍州矿区、乡宁矿区和潞安矿区含量相对较高（见表 4－4）。

表4-4　山西部分矿区炼焦煤煤灰成分数据(%)

所属矿区	SiO_2	Al_2O_3	Fe_2O_3	CaO	MgO	Na_2O	K_2O	TiO_2	P_2O_5
岚县矿区	40.99	38.93	2.81	6.52	0.72	0.34	0.29	1.70	0.53
离柳矿区	45.15	42.21	2.05	2.83	0.24	0.84	0.01	1.33	1.92
霍州矿区	44.55	37.88	4.83	4.81	0.61	0.40	0.17	0.93	0.65
乡宁矿区	52.13	34.08	3.16	2.30	0.50	0.36	0.69	1.34	0.22
西山矿区	51.39	38.85	3.46	1.71	0.37	0.42	0.24	0.73	0.19
潞安矿区	42.97	37.23	4.43	5.76	1.05	1.64	0.25	1.41	0.12

数据来源：中国煤炭资源网煤质数据库

2. 煤岩组分

变质程度越高，煤种镜质组含量越高，但是，根据研究，镜质组与惰质组含量在合理范围内，焦炭性能才能表现为最佳。山西部分区域煤岩显微组分含量如表4-5所示。

表4-5　山西部分区域煤岩显微组分含量

矿区	煤岩显微组分(以有机质计)(%)		
	镜质组 V	惰质组 I	壳质组 E
西山矿区	73.75	22.35	0.45
离柳矿区	75.05	24.38	2.30
岚县矿区	70.50	23.80	5.70
潞安矿区	56.00	42.30	0.00
霍州矿区	60.10	30.90	9.00
乡宁矿区	42.40	56.20	0.40

数据来源：中国煤炭资源网煤质数据库

山西区域的煤质特点决定了使用该区域煤炼出的焦炭质量热强度高，反应性低，抗碎及耐磨强度均优于其他区域，适合于3000立方米以上的大高炉使用。因此，山西焦化厂的重点在于如何充分发挥当地煤源煤质的优势，合理搭配弱粘煤或不粘煤等质量较差的煤来降低成本，提高该区域综合竞争力。

（二）山西区域焦化厂配煤结构分析

目前，山西各地区捣固焦炉根据地域特点、产品要求、技术水平、采购能力的差异等因素，有不同的配煤理念和思路，以下为几种使用单种煤炼焦的捣固焦企业的配煤思路。

1. 以长焰煤为主的配煤思路

目前的吕梁、清徐部分焦化企业采取的配煤思路为：大量使用陕西榆林地区 G 值在 10 左右的长焰煤，最高比例为 28%。不再使用气煤，其余主要煤种为临县 5 号高灰肥煤、柳林高硫主焦煤。部分企业还同时使用少量长治地区贫瘦煤（见表 4－6）。

表 4－6　以长焰煤为主的配煤思路

煤种	配比	Ad	V_{daf}	St. d	G	X	Y
SM	12	9.85	17.5	0.92	64	25	6
FM	10	11.4	33.3	0.7	90	30	21
CY	25	5.3	39	0.45	10	56	0
1/3JM	36	10	31	0.65	90	30	20
JM	17	10.5	23.8	0.75	88	30	16
配合煤	100	9.74	30.24	0.72	65	36.6	11.4
焦炭质量	Ad	St. d	M40	M25	M10	CSR	CRI
	12.9	0.62	82	91.2	7.16	60	29.9

数据来源：中国煤炭资源网

2. 以气煤为主的配煤思路

临汾地区部分捣固焦企业采取的配煤思路为：大量使用陕西黄陵气煤，或者山西兴县气煤，配入比例最高为 45%，另一主要煤种为柳林地区高硫主焦煤，配入比例为 40%～45%，另外配入少量霍州接近肥煤的1/3焦煤，有时配入少量乡宁贫瘦煤（见表 4－7）。

表 4－7　以气煤为主的配煤思路

煤种	配比	Ad	V_{daf}	St. d	G	X	Y
FM	8	12	34	1.17	90	20	19
JM1	8	10.5	23	0.5	72	20	12
JM2	40	10.5	23	1.93	88	18	15
QM	44	9.8	36	0.7	55	44.9	8

续表

煤种	配比	Ad	V_{daf}	St. d	G	X	Y
配合煤	100	10.31	29.6	1.21	72.36	30.16	12
焦炭指标	Ad	St. d	M40	M25	M10	CSR	CRI
	14.38	1.14	84.15	91.98	6.02	60.21	28.79

数据来源：中国煤炭资源网

3. 同时大量配入气煤和贫瘦煤的配煤思路

运城地区的部分捣固焦企业采取的配煤思路为：配入 20% ~30% 乡宁、河津、韩城贫瘦煤、瘦煤，配入 20% 以上陕西黄陵气煤，其余煤种辅以临汾、霍州地区强肥煤，以及部分蒲县 1/3 焦煤，少量古县、安泽主焦煤，有时同时还配入 3% ~5% 的少量长焰煤（见表 4 –8）。

表 4 –8　同时大量配入气煤和贫瘦煤的配煤思路

煤种	配比	Ad	V_{daf}	St. d	G	X	Y
SM	40	9.79	17.39	0.47	63.75	21	8.1
QM	30	10.14	37.63	0.66	69	34.9	9
PS	15	10.5	16	0.6	10	25	0
FM	15	9.8	25	1.62	92	30	25
配合煤	100	9.76	23.93	0.69	60.6	29.09	9.99
焦炭指标	Ad	St. d	Fcad	M40	M10	CSR	CRI
	12.58	0.62	86.22	85.9	6.89	65.41	25.09

数据来源：中国煤炭资源网

4. 大量配入贫瘦煤的配煤思路

长治地区部分企业，以当地贫瘦煤作为主要煤种，配入量为 30% 左右，辅以临汾、灵石强肥煤，少量古县、安泽主焦煤等（见表 4 –9）。

表 4 –9　大量配入贫瘦煤的配煤思路

煤种	配比	Ad	V_{daf}	St. d	G	X	Y
FM	13	9.5	32.5	1.72	90	23	25
1/3JM	15	10	36	0.95	90	23.1	22
PM	24	10.5	14	0.45	10	12	0

续表

煤种	配比	Ad	V_{daf}	St. d	G	X	Y
JM	13	9.5	20.05	0.45	85	23	15
QM	35	10	37	1	60	30	12
配合煤	100	9.99	28.54	0.88	59.65	22.8	12.7
焦炭指标	Ad	St. d	Fcad	M40	M10	CSR	CRI
	13.6	0.73	85.1	80.4	7.5	60.5	29.45

数据来源：中国煤炭资源网

三、山西省焦化行业综合能力评估

山西是中国焦炭第一大省，产量、外调量、出口量均位居全国第一。2017 年，山西焦炭产量为 8383.1 万吨，其中本省消费量为 2312.7 万吨，出口量为 534.3 万吨，外省消费量为 5259.3 万吨。在全国焦化行业中，具有举足轻重的地位。

山西焦炭不仅在供应能力上位居第一，从质量角度来看，其也占有重要位置。山西因拥有全球优质的炼焦煤资源，煤种丰富且齐全，炼焦煤供应充足，使其配煤结构相对灵活，可生产满足所有高炉热强度需求的焦炭，尤其是沿海大高炉。在山西省外调的焦炭中，50% 属于一级焦或特级焦，供宝钢、沙钢、首钢等大高炉作补充使用。

山西焦化行业的重点在于如何充分发挥当地煤源煤质的优势，合理搭配弱粘煤或不粘煤等质量较差的煤来降低成本，并利用科学的数据化管理，在实际生产经营中实现企业自身的不断优化与有效控制，从而提高其竞争力。

第二章　河北省焦化行业研究

一、河北省焦炭市场发展情况分析

（一）河北资源保障能力与渠道优势

1. 河北省炼焦煤情况分析

河北省是我国最早开发利用炼焦煤的省份，是我国重要的炼焦煤生产基地。开滦集团和冀中能源是河北炼焦煤生产的主体，其产量约占全省产量的95%。

截至2017年底，河北省炼焦煤保有储量为73.8亿吨（根据国家安全生产监督管理总局数据推算），约占全国的3%，居山西、安徽、山东、贵州、黑龙江、新疆、河南之后，位列全国第八位。河北省内炼焦煤种类齐全，主要分布在开滦、邢台、峰峰、井陉等矿区。其中位于开滦矿区东南翼的开滦集团所属煤田总面积890平方公里，是我国最早开始工业化开发的矿区，也是我国最重要的肥煤和焦煤产区之一，2012年，炼焦煤保有储量约为62亿吨，约占河北省炼焦煤保有储量的75%，该矿区所产的开滦肥煤是世界知名的优质煤种。

2017年，河北省共生产炼焦原煤约为3906万吨，炼焦精煤约为1955万吨（见图4-10），炼焦精煤产量约占全国的4.4%。开滦集团和冀中能源两大集团是河北省煤炭工业的主体，它们所产炼焦煤占河北总产量的95%以上。目前，开滦集团在河北省内有炼焦煤矿9座，核定产能2925万吨。冀中能源在河北省内有炼焦煤矿22座，核定产能2229万吨。受资源条件限制及煤炭市场低迷影响，两大集团的产能并未得到完全释放。

河北省焦化行业每年存在巨大的炼焦煤供需缺口，2017年，河北省焦炭产量为4813万吨，需要炼焦精煤至少6497万吨。加之河北省调出一部分炼焦煤到鞍钢、本钢、宝钢、沙钢等钢铁厂以及出口 80 余万吨，炼焦煤缺口超过 4000 万吨，需要从山西、内蒙古、澳大利亚、加拿大、俄罗斯等地大量补充。

2016 年，受去产能及供应侧改革政策的影响，河北炼焦煤产量有所下降，比 2015 年下降了 12.5%，2017 年继续执行去产能政策，导致 2017 年产量比 2015 年下降了 28.3%，严重影响了河北省的炼焦煤生产。

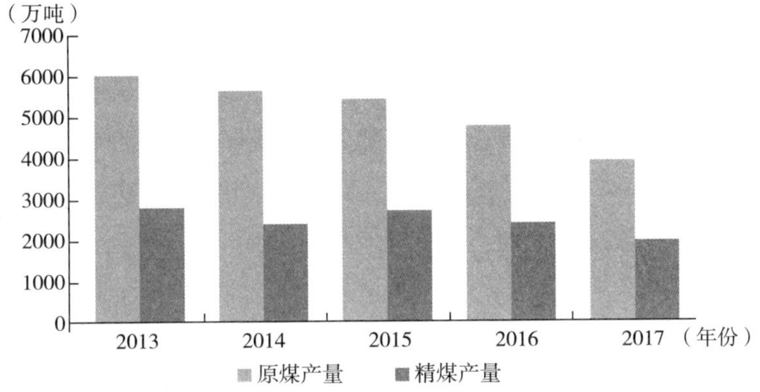

图 4－10　河北省炼焦原煤与精煤产量对比

资料来源：中国煤炭资源网

河北省煤种比较齐全，各个煤种都有生产，但产量不大。分煤种来看，肥精煤供应量为 758.39 万吨，占总供应量的 38.7%；其次为 1/3 焦煤和焦煤，供应量分别为 428.58 万吨和 295.4 万吨（见表 4－10）。由于河北矿区炼焦煤产量较小，无法满足本省焦化生产的需求，为满足本省钢铁企业对焦炭的需求，需要从其他省份及海外调入大量炼焦煤，以弥补本省炼焦煤的短缺。

表 4－10　2017 年河北省炼焦煤各煤种及总产量　　单位：万吨

煤种	1/3 焦煤	肥煤	焦煤	贫瘦煤	气肥煤	气煤	瘦煤	总量
炼焦原煤	630.23	1685.3	537.08	259.53	142.68	511.62	140.09	3906.53
炼焦精煤	428.58	758.39	295.4	134.95	60.99	204.65	72.86	1955.82

数据来源：中国煤炭资源网

山西省是河北省的近邻，也是世界最重要的炼焦煤产地，从山西调入炼焦煤自然是河北的首选。根据中国煤炭资源网的实地调研测算，2017年，河北省累计从外地调入炼焦煤近3240万吨，其中从山西省调入约1500万吨，约占河北省炼焦煤总调入量的60%（见图4－11）。

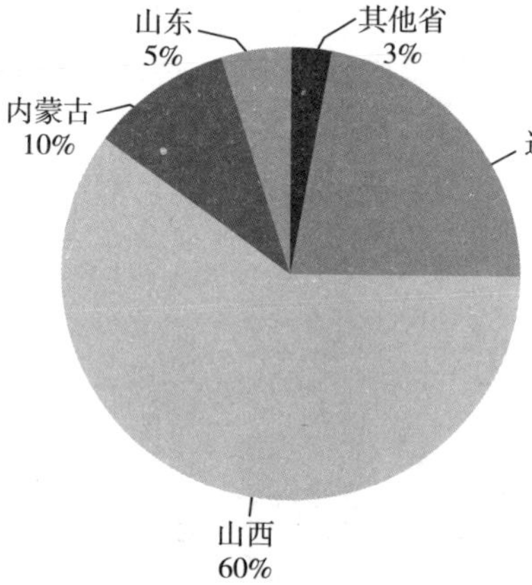

图4－11　2017年河北省调入炼焦煤各来源所占比例

资料来源：海关总署、山西省煤炭运销协会、中国煤炭资源网

毫无疑问，在可以预见的将来，全国没有任何一个地区可以取代山西作为河北炼焦煤最重要的省外来源的地位。进口煤虽然也具备优势，但短期内也不会撼动山西的地位。

2. 河北省进口炼焦煤情况分析

河北省是沿海省份，具备良好的港口条件与基础设施，又是中国炼焦煤缺口最大的省份，自然成为中国进口炼焦煤较多的省份。

从图4－12可以看出，2014年以前，随着中国国内炼焦煤消耗量的不断增长，进口炼焦煤数量逐年增加。河北省从2012年开始每年进口炼焦煤就已超过1000万吨，占全国进口炼焦煤总量的比例超过1/5。

除了直接进口炼焦煤，河北省还从内蒙古甘其毛都口岸和策克口岸调入大量的蒙古炼焦煤（见图4－13）。根据中国煤炭资源网的统计，每年中国进口蒙古炼焦煤的20%左右最终流向了河北省。2017年，河北省利用蒙古炼焦煤约110万吨。

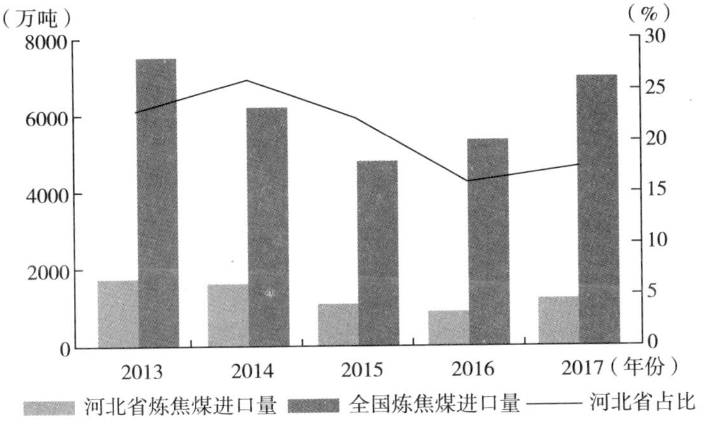

图 4－12　2013—2017 年河北及全国历年炼焦煤进口量

资料来源：海关总署

2017 年，河北总共利用进口炼焦煤约 1213 万吨，占其炼焦煤总调入量的 26.7%，占炼焦煤总消耗量的 18.6%，进口炼焦煤依然是河北焦化工业不可或缺的重要补充。

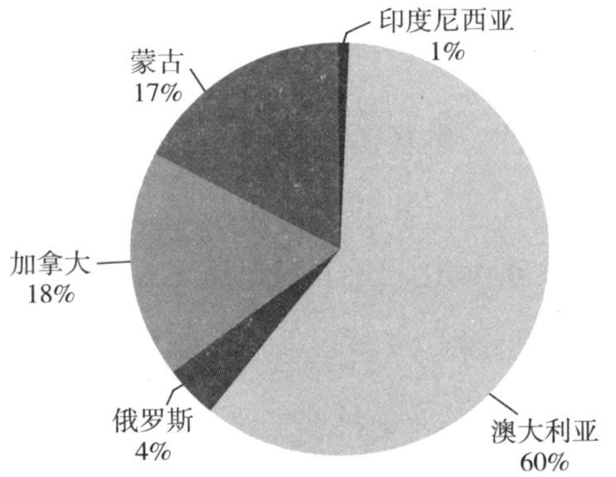

图 4－13　河北利用进口炼焦煤各来源国数量占比

资料来源：海关总署，中国煤炭资源网

随着国内煤炭开采成本的逐渐提高，目前，进口炼焦煤在中国市场的竞争力正逐渐增强，河北省利用进口炼焦煤的数量将来会呈上升趋势。同时，以曹妃甸为代表的河北港口基础设施建设水平不断提高，也为进口煤大量增加创造了条件。

(二)河北省焦炭供应情况

河北省钢铁工业发达,是中国焦炭需求第一大省,也是我国仅次于山西的焦炭生产第二大省。受河北钢铁业快速发展的影响,近年来焦炭产量增长迅速,虽然近几年受产业政策的影响,产量略有下降,但占全国的比重一直比较稳定,平均约为12%(见图4-14)。

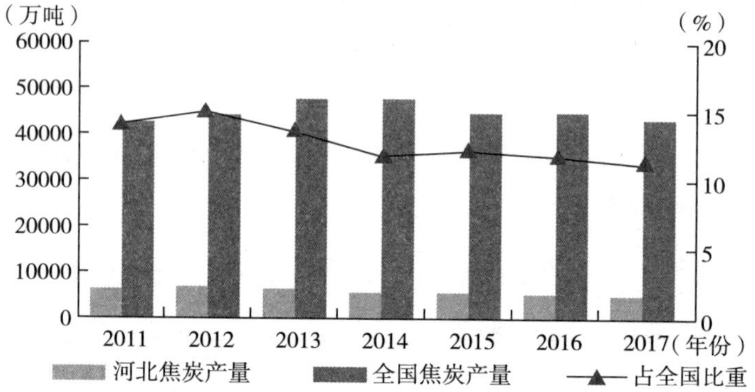

图4-14　2011—2017年河北省焦炭产量及占全国比重

资料来源:国家统计局、中国煤炭资源网

河北省作为钢铁大省,焦炭需求量巨大,但由于质量、价格等优势,山西的焦炭大量调入河北,对河北的焦炭市场造成了巨大冲击,除钢厂配套焦化厂生产正常外,独立焦化厂开工率严重不足,经营困难。

(三)河北焦炭消费分析

1.河北省内钢铁产业现状分析

河北省是我国钢铁生产第一大省,钢铁产业是河北省的第一主导产业。目前,全省共有钢铁企业近100家,2017年,全省粗钢产量为1.79亿吨,同比下降了2.2%,占全国总产量的22.9%(排名第二的江苏省仅占11.4%),生铁产量1.9亿吨,同比下降0.7%,占全国总产量的25.3%(排名第二的江苏省仅占9.6%)。毫无疑问,河北省作为中国钢铁第一大省的地位在可以预见的将来无法被撼动。

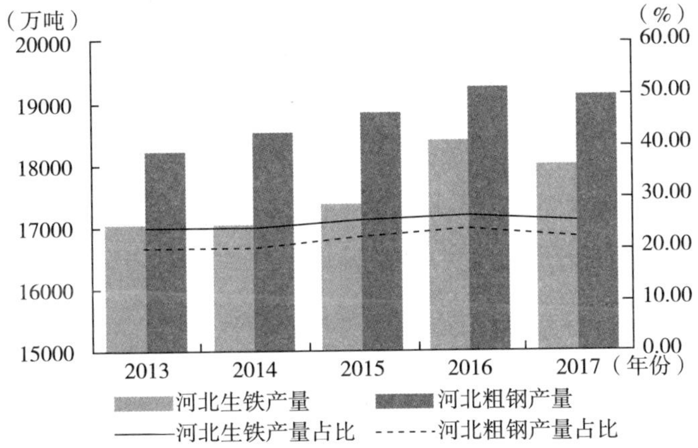

图 4－15　2013—2017 年河北生铁、粗钢产量及占全国比重

资料来源：中国煤炭资源网

作为占全国产量 1/4 的第一大钢铁生产省，河北省也是焦炭消耗第一大省。根据中国煤炭资源网按基于各钢厂入炉焦比的综合测算，2017 年，河北省钢铁行业共消耗焦炭约 5800 万吨，同比下降了7.2%，其中唐山市约占 50%，邯郸市约占 25%，剩余的 25% 主要消耗于承德、张家口、廊坊等地方。

目前，河北省内有色金属、铁合金、化工等产业所消耗的焦炭约占全省总消耗量的 8%，2017 年，河北省共消耗焦炭约 6300 万吨。2017 年，河北省焦炭累计产量为 4813.8 万吨，供需缺口约为 1500 万吨，缺口的绝大部分由山西焦炭来补充。

2. 河北省内调入调出情况分析

河北省焦炭主要用于本省钢铁企业消耗，调出情况基本在本省内进行运输消耗；如表 4－11 所示，2017 年河北省年产焦炭 4813.8 万吨，所需焦炭量 6300 万吨，焦炭缺口为 1486.2 万吨，需要调入大量焦炭。河北省主要通过山西、陕西、内蒙古、河南等地调入焦炭，弥补本省焦炭不足的缺陷。

表 4-11　2017 年全国部分地区焦炭产能及输出量　　单位：万吨

地区名称	焦炭需求量	焦炭产量	净输出量
河北	6300	4813.8	-1486.2
山西	2312.7	8383.1	6070.4
陕西	256.9	4050.4	3793.5
内蒙古	1400	3046.4	1646.4
山东	3154.1	3934.1	780
河南	1392	2290.8	898.8

数据来源：中国煤炭资源网

二、河北省焦炭品质发展情况分析

河北省的炼焦煤资源主要分布在开滦和峰峰 2 个矿区内，开滦矿区的资源量达 44 亿吨，变质程度由北向南逐渐加深，煤质由气煤、1/3 焦煤向肥煤、焦煤转变。其中肥煤、焦煤、1/3 焦煤最多，约占总储量的 40%，肥煤和焦煤分别约占 24% 和 7%；其次是气煤，约占 29%。邯邢矿区的资源量亦达 53 亿吨，变质程度从南到北由肥煤逐渐递变为焦煤、瘦煤、贫瘦煤、贫煤到无烟煤。矿区以焦煤为主，约占 70%，而贫煤和无烟煤约占 30%。

（一）河北煤质特点分析

1. 煤灰成分

开滦矿区煤的灰分较高，平均在 25.5% 左右，通过洗选，灰分可达到 11.5% 左右；矿区硫含量较低，属于低硫煤，全硫平均含量在 0.5% 左右；煤灰成分以 SiO_2 和 Al_2O_3 为主，Al_2O_3 多在 30% 以上，两者之和占煤灰组成的 80%；而 Fe_2O_3、CaO 含量较低，Fe_2O_3 含量在 5% 左右，CaO 含量在 3.6% 左右。所以煤灰熔融性温度较高，ST 一般在 1500℃ 以上。

峰峰矿区受沉积环境的影响，山西组为陆相沉积煤层，故上部的小煤层和大煤层含硫较低，St.d 一般在 0.12%～1.00%，均值为 0.41%。而下部太原组属海陆交互沉积，含硫高，St.d 一般在 2.00%～3.50%，除下架煤层有机硫含量较高外，其他各层大部分以结核状的硫铁矿的形式存在，经洗选加工较易脱除。各煤层的灰分变化不大，Ad 一般在 15%~30%，经洗选加工后可降至 12% 以下。多属中等难选煤。其煤灰成分以 SiO_2 和 Al_2O_3 为主，二者多在 80% 以上，故而灰熔融性温度较高，ST 一般在 1400℃~1500℃。

表 4－12　河北部分地区炼焦煤工业指标

所属矿区	SiO_2	Al_2O_3	Fe_2O_3	CaO	MgO	Na_2O	K_2O	TiO_2	P_2O_5
开滦矿区	48.48	42	2.23	1.14	0.92	0.12	0.14	1.66	0.12
峰峰矿区	45.61	40.76	8.79	1.56	1.05	0.28	0.3	1.18	0.26
邢台矿区	53.95	34.96	3.38	1.7	0.5	0.29	0.63	1.4	0.34
井陉矿区	47.47	31.27	5.98	6.7	1.37	0.15	0.23	1.19	1.32
邯郸矿区	49.86	30.26	4.76	5.49	1.31	0.54	0.78	1.37	0.56
蔚县矿区	46.5	37.05	4.19	5.7	1.13	0.56	0.62	0.71	0.28

数据来源：中国煤炭资源网煤质数据库

2. 煤岩组分

如表 4－13 所示，煤种活性组分含量较高。河北的炼焦煤与山西的煤相似，都属于优质炼焦煤，所生产焦炭质量较好。

表 4－13　河北地区部分矿区煤岩组分

矿区名称	镜质组	惰质组	壳质组	最大反射率	煤类
峰二	69.03	30.86	0.11	1.24	焦煤
峰三	64.05	34.89	1.06	1.121	1/3 焦煤
峰四	72.22	27.78	0	1.586	瘦煤
峰黄沙	64.97	33.16	1.87	1.079	肥煤
开滦赵各庄	59.21	29.76	11.03	0.79	气煤
开滦范各庄	84.32	11.26	4.42	0.923	气肥煤
开滦唐山	60.15	34.72	5.13	0.934	1/3 焦煤
开滦林西	66.98	32.59	0.43	1.159	焦煤
邢台立井	53.47	38.78	7.75	0.821	1/3 焦煤
井陉三矿	52.63	47.37	0	1.458	瘦煤

数据来源：中国煤炭资源网煤质数据库

通过上述河北地区各矿区煤种指标分析，可以看出，河北矿区的煤属于优质炼焦煤，适合炼制优质焦炭，满足河北大型钢铁厂生产。

（二）河北区域焦化厂配煤结构分析

河北省靠近沿海，本省炼焦煤产量小，每年进口煤产量约为 1000 万吨，焦炭消耗量较大，每年约有 1500 万吨的缺口，利用地理优势，河北焦炭企业长期使用进口炼焦煤进行配煤，生产优质焦炭。

表 4－14　河北地区唐山某焦化厂配煤方案

煤种	配比	Ad	V_{daf}	St.d	G	X	Y
QM（进口）	10	7.42	40.6	0.42	60	40	12
JM1（进口）	35	10.5	22.1	0.28	80	25	15
JM2（进口）	10	10.5	27.7	0.45	50	38	9
JM2	20	11	27	1	80	25	14
SM1	9	9.58	15.8	1.08	9	17	0
SM2	6	10.7	17.9	2.18	62	20	7
1/3JM（进口）	10	9	29.6	0.9	98	27	18
配合煤	100	10.07	25.42	0.7	69.33	26.98	12.37
焦炭质量	Ad	St,d	M40	M25	M10	CSR	CRI
	13.24	0.6	86.49	91.31	6.27	67.4	22.6

数据来源：中国煤炭资源网

三、河北省焦化行业综合能力评估

依托省内丰富的煤炭资源，河北焦化行业近年来发展迅速，目前，焦炭产能位居全国第二，仅次于山西。2017 年，河北省焦炭产量约为 4813 万吨，所需焦炭 6300 万吨，缺口约为 1500 万吨；另外，在焦副产品的产能、产量及深加工方面也占有重要的位置。钢铁业占焦炭总需求量的 85% 以上，河北省不仅是我国钢铁第一大省，而且铁合金、电石、有色冶炼、机械制造等焦炭需求行业也在全国占有重要地位，河北省是我国焦炭需求第一大省。

河北省焦化企业配煤，多数使用进口炼焦煤，靠近山西的邯郸地区主要以山西炼焦煤为主,配合本地煤种生产焦炭。河北焦炭主要是由本省钢铁企业自己消耗,外调出口较少。主要从山西、陕西、内蒙古、河南调入焦炭,以弥补焦炭的缺口。

第三章　山东省焦化行业研究

一、山东省焦炭市场发展情况分析

（一）山东炼焦煤供应能力及资源渠道

山东省是我国仅次于山西的第二大炼焦煤生产省份。由新汶矿业集团、枣庄矿业集团、淄博矿业集团、肥城矿业集团、临沂矿业集团和龙口矿业集团组建而成的山东能源集团和兖州矿业集团是山东省内最大的两家炼焦煤生产集团，目前，两大集团年产炼焦原煤超过了9000万吨，占全省总产量的60%以上。

1. 山东是中国重要的炼焦煤生产基地之一，但结构失衡

截至2010年底，山东省炼焦煤保有储量为185.8亿吨（根据国家安全生产监督管理总局数据推算），约占全国总量的6.7%，居山西、安徽之后，位列全国第三。

山东省内炼焦煤资源主要分布在兖州、巨野、枣庄、新汶等地，其中，枣庄1/3焦煤和兖州气肥煤在国内具有一定的知名度。山东省炼焦煤种类相对单一，主要为气煤、气肥煤和1/3焦煤等中、低变质程度的煤种。肥煤的保有储量约占全省炼焦煤保有储量的4%，而主焦煤保有储量占比仅为0.1%。经过百年来高强度开发，山东省的炼焦煤资源已进入资源衰退期，未来产能和产量可以提高的空间很有限。

2017年，山东省共生产炼焦原煤约11722.8万吨，同比下降0.41%，其中一部分气煤作动力煤用。炼焦精煤产量为4251.97万吨，同比增长3.46%，约占当年全国精煤总产量44557万吨的9.5%，是我国仅次于山西的第二大炼焦煤生产省份（见图4－16）。炼焦精煤产量的增加主要来自气煤，2017年，原油价格高昂，化产利润显著提高，因此当地焦化厂提

高了气精煤的配入量（见表4－15）。

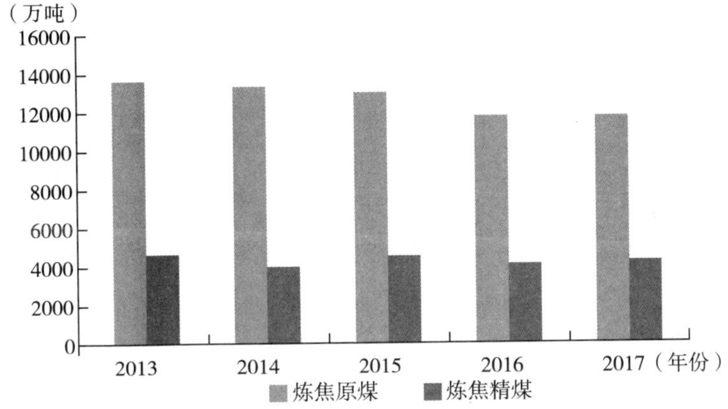

图4－16　2013—2017年山东炼焦煤产量

资料来源：海关总署

表4－15　2017年山东炼焦煤分煤种产量　　单位：万吨

煤种	1/3焦煤	肥煤	焦煤	贫瘦煤	气肥煤	气煤	瘦煤	总计
炼焦原煤	1753.25	939.43	52.45	104.95	2889.48	5944.8	38.32	11722.68
炼焦精煤	1139.61	563.66	28.83	39.37	1053.38	1406.05	21.07	4251.97

数据来源：中国煤炭资源网

受制于当地比较单一的炼焦煤资源赋存情况，山东省的炼焦煤产量总体过剩而结构失衡，一方面山东向安徽、河南等省外企业调出大量1/3焦煤、气肥煤等煤种，另一方面又需要从山西、河北、澳大利亚等地调入大量焦煤、肥煤等强粘结炼焦煤。

2. 进口炼焦煤占山东省炼焦煤供给的份额缩水明显

山东省是沿海省份，具备良好的港口条件与基础设施，又是中国强粘结炼焦煤缺口比较大的省份，目前是中国利用进口炼焦煤第二多的省份，仅次于河北省。

2015年，受国内炼焦煤价格下跌及沿海焦化厂调整配煤结构影响，炼焦煤进口量在2013年后逐年下降，目前，山东直接进口的炼焦煤份额已从2013年占全国炼焦煤进口总量的11.6%降至2.4%左右，2017年更是降至1.5%。

2017 年山东进口炼焦精煤 108 万吨，同比下降 22.76%（见图 4－17）。

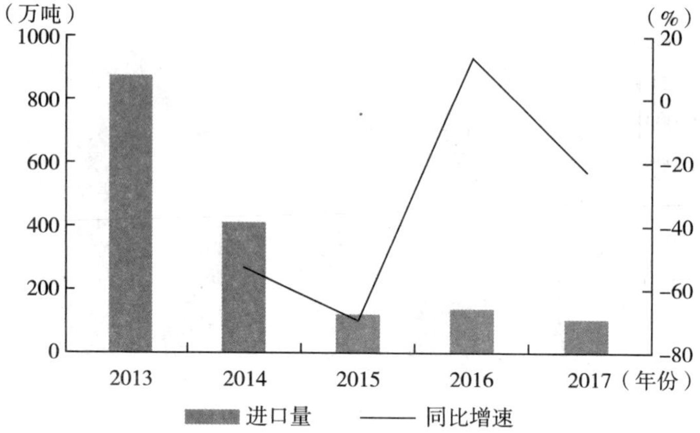

图 4－17　2013—2017 年山东进口炼焦煤数量及变化趋势

资料来源：海关总署

（二）山东焦炭供应情况

1. 山东焦炭产能现状及分析

截至 2017 年，山东省共有规模以上焦化企业 63 家，分布在全省 14 个地市，总产能达 6207 万吨，仅次于山西与河北。其中，工信部核准准入的企业共计 49 家，占全国已核准企业数量的 12.5%，总产能约为 5655 万吨。

目前，山东焦化工业已经形成鲁中（济南、淄博、潍坊、滨州、德州）、鲁西南（济宁、枣庄、菏泽、聊城）、鲁南（泰安、莱芜、临沂、日照）三大焦化产业集群，产能分别达到了 2480 万吨、1860 万吨和 1800 万吨（见图 4－18）。

近年来，在山东省政府的宏观调控下，山东省焦炭行业产能增长过快的势头得以有效遏制。目前，省内焦炭行业产能利用率正逐步提高，加快了落后产能淘汰的进程。

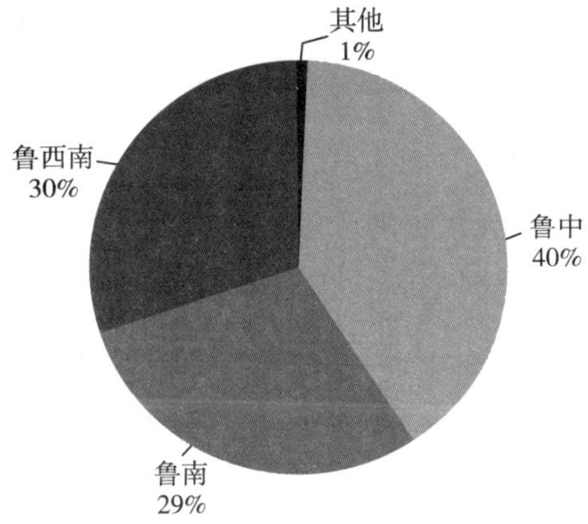

图 4 - 18 山东焦炭产能分布比例

资料来源：山东省焦化工业协会

2. 山东焦炭供应情况

受去产能及环保压力影响，2017 年，山东焦炭产量大幅下降，全年产量仅为 3934 万吨，同比下降 10.99%，全国排名下滑至第五。

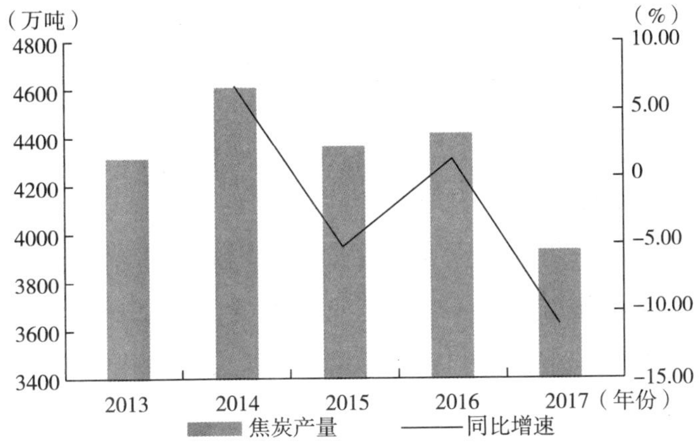

图 4 - 19 2013—2017 年山东省焦炭产量及占比变化趋势

资料来源：国家统计局

（三）山东焦炭消费量分析

1. 山东省内钢铁产业现状分析

山东省是中国仅次于河北和江苏的第三大钢铁生产省份，其中，生铁产量仅次于河北，位居全国第二。同时，山东省的有色金属冶炼工业在全国占有重要地位，其产量约占全国的9%。此外，山东的化工产业也很发达。山东省是中国仅次于河北的焦炭耗用第二大省。

2017年，山东生铁和粗钢产量分别为6561万吨和7147万吨，生铁产量同比下降3%，粗钢产量同比下降0.3%，生铁产量下降速度快于粗钢下降速度（见图4－20）。

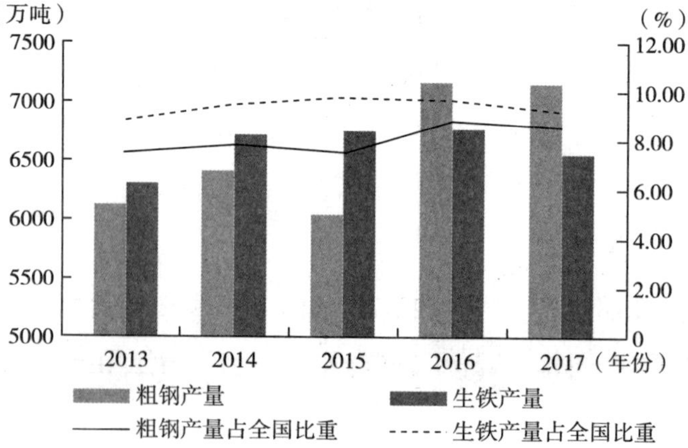

图4－20　山东钢铁产量及占全国比重

资料来源：国家统计局

“十三五”期间，山东省的钢铁产能将会被逐步控制在5000万吨以内，之后也不再增加；将更多钢铁产能向省内沿海地区转移，使沿海地区产能占全省的比重超过40%；提高产业集中度，培育山东钢铁集团成为世界一流的大型钢铁企业集团，使其粗钢产能达到3800万吨，占到全省总产能的76%以上。

由此可以推断：山东省未来钢铁产能与产量都会呈下降趋势，钢铁产量不会出现大幅增长。而在山东省内沿海地区钢铁产量将增长，内陆地区钢铁产量将减少。

2. 山东省焦炭省内消费分析

山东省是中国第二大焦炭耗用省份，根据中国煤炭资源网的现场调研与综合测算，山东省钢铁行业焦炭耗用量约为其焦炭总产量的86%，大约为3350万吨。其中,日照、莱芜、济南是山东省内焦炭消费最集中的地方,三地焦炭消费量占全省总消费量的60%以上。山东省内的焦炭消费格局中,冶金用焦占比为95%、铸造用焦占比为1%、有色金属用焦占比为3%、其他行业用焦占比为1%(见图4-21)。

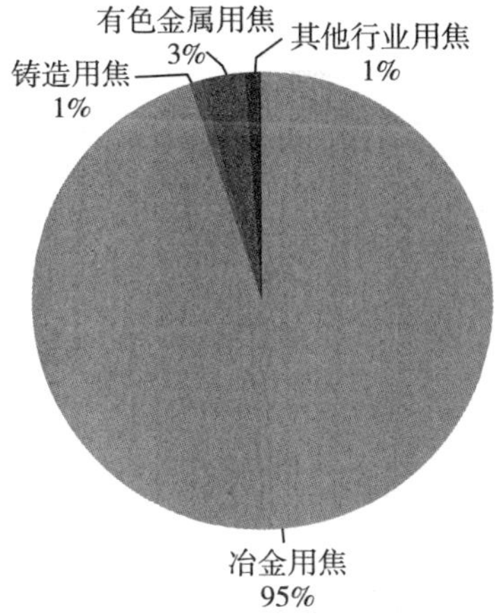

图4-21　山东焦炭分行业消费情况

资料来源:中国煤炭资源网

3. 山东省焦炭调入及调出情况

山东省受煤源限制,焦炭质量以二级焦为主,不能满足当地大型高炉对焦炭的需求,因此,除本地供应外,还需要调入大量的焦炭。当地剩余的焦炭主要调往江苏、上海、安徽等地。

山西是山东的主要焦炭调入省份,根据中国煤炭资源网的现场调研与综合测算,山东省调入焦炭总量约为420万吨,其中90%以上是从山西省调入。其余10%的调入量主要来自河北、内蒙古、陕西、河南等地。

从山西调入的焦炭量中,约有76%是通过公路调入,其余部分是通过铁路调入。公路已成为山东省焦炭调入的主要方式。

随着山东省内焦炭产业布局的进一步优化,其焦炭调入量将呈递减趋势。经中国煤炭资源网实地调研推算,2017年,山东省累计调出焦炭约为780万吨，占其当年焦炭总产量的20%。邻近山东的中国钢铁第二大省江苏省是调入山东焦炭最多的省份，约占山东调出焦炭总量的64%。除了江苏，山东焦炭还流向天津、上海、安徽、河南、河北、辽宁等地（见图4-22）。

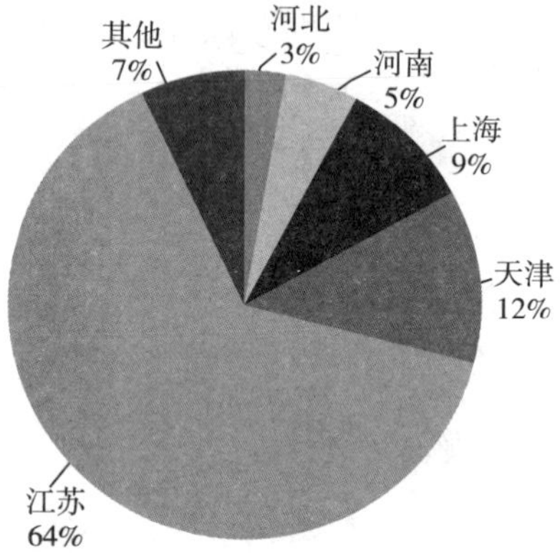

图4-22　山东调出焦炭主要目的地数量结构图

资料来源：中国煤炭资源网

此外，2017年山东省累计出口焦炭6.1万吨，较上年略有增长，出口目的地主要是韩国。

二、山东省焦炭品质发展情况分析

（一）山东炼焦煤资源特点分析

山东省内炼焦煤资源主要分布在兖州、巨野、枣庄、新汶等地，其中，枣庄1/3焦煤和兖州气肥煤在国内有一定的知名度。山东省炼焦煤种类相对单一，主要为气煤、气肥煤和1/3焦煤等中、低变质程度的煤种。山东炼焦煤具有以下特点：

1. 煤灰成分

煤灰成分中碱金属含量较高，以兖州矿区为例：兖州矿区主要含煤地层为石炭纪太原组和二叠纪山西组，山西组的煤质好于太原组，太原组硫分普遍较高，山西组煤灰成分中 Al_2O_3 含量多在30%以上，因而煤灰熔融性温度也较高，ST 一般在 1300℃以上，而且有不少高于 1500℃。太原组煤灰成分中 SiO_2 和 Al_2O_3 含量均很低，二者之和约为 40%，Fe_2O_3 含量较高，有的甚至超过了 20%。在炼焦的过程中，山东炼焦煤对焦炭热强度可起到抑制的作用（见表 4-16）。

表 4-16　山东部分矿区煤灰成分组成（%）

矿区	SiO_2	Al_2O_3	Fe_2O_3	CaO	MgO	Na_2O	K_2O	TiO_2
济宁矿区	37.5	25.2	7.11	7.16	0.827	0.465	0.683	3.97
兖州矿区	41.1	26.5	17.4	1.9	0.558	0.472	1.59	4.06
巨野矿区	42.8	33.91	15.95	1.74	0.61	0.14	0.43	1.16
新汶矿区	53.24	32.04	4.86	3.28	1.7	0.54	0.25	1.44
枣滕矿区	49.81	31.56	5.67	4.13	1.42	0.62	0.36	1.49
淄博矿区	42.56	36.63	8.6	4.63	1.06	0.88	0.29	1.9
临沂矿区	53.4	27.1	12.9	1.48	0.727	0.398	0.753	1.37

数据来源：中国煤炭资源网煤质数据库

2. 煤岩组分

山东地区部分矿区惰性组分含量较高，将会影响其在炼焦过程中的作用（见表 4-17）。

表 4-17　中国典型炼焦煤矿区煤中显微组分分布特征

矿区	煤岩显微组分（以有机质计）（%）		
	镜质组 V	惰质组 I	壳质组 E
济宁矿区	58.78	27.59	13.63
新汶矿区（新汶区）	61.98	27.71	10.31
新汶矿区（莱芜区）	80.7	18.5	0.8
黄河北矿区	75.57	14.77	9.66
巨野矿区	69.81	22.88	7.31
黄河北矿区	66.1	10	5.4
枣滕矿区	70.46	26.42	3.12
肥城矿区	84.84	11.7	3.46
兖州矿区	58.38	30.77	10.85

数据来源：中国煤炭资源网煤质数据库

炼焦煤资源的上述特点，决定了山东地区的焦炭产品质量反应后强度较差，化产品产率高，如果要生产反应后强度好的高端焦炭，必须从原料结构上进行优化，更多地选择使用挥发分低、催化指数低的煤质资源。

（二）山东区域焦化厂配煤结构分析

山东区域受煤源限制影响，大部分焦化厂生产二级焦或准二级焦，只能供当地或者南方小高炉使用。而生产一级或特级焦炭必须配入山西或进口优质主焦煤，降低挥发分和灰中的碱金属含量，提高焦炭热强度，同时还需配入一定量的瘦煤，以增加焦炭块度（见表 4－18）。

表 4－18　山东区域某焦化厂配煤方案及焦炭质量

煤种	配比	Ad	V_{daf}	St. d	G	X	Y
JM	37	10	24	0.4	80	25	15
FM	15	8	34.98	0.5	95	35	25
SM	10	8.14	18.18	2.61	40	19.3	9
QM	20	8.5	38.19	0.6	75	40	15
QF	9	8.5	39	0.4	88	42	26
1/3JM	9	8.5	36.35	0.8	80	35	13
配合煤	100	8.9	30.3	0.71	77.97	31.36	16.71
焦炭质量	Ad	St. d	M40	M25	M10	CSR	CRI
	11.6	0.78	83.5	91.6	6.45	67.2	22.8

数据来源：中国煤炭资源网

三、山东省焦化行业综合能力评估

2017 年，山东焦炭产量为 3934 万吨，其中本省消费 3556 万吨，出口量为 6.1 万吨，外省消费量为 780 万吨，调入量为 420 万吨。从消费结构及钢铁行业发展情况来看，山东仍是焦炭需求大省，然而，受炼焦煤资源禀赋的限制，当地用煤生产的焦炭质量并不能满足其健康长远发展，依然需要从省外调入优质焦炭或优质煤源。

从生产成本角度考虑，在运费相同的情况下，调入优质焦炭比调入优质煤源性价比更高。但是钢厂为了保证焦炭质量的稳定性,往往选择调入优质煤源。因此,如何以当地煤源为基础,在满足焦炭质量的前提下配入其他煤源成为山东焦企提高自身竞争力的关键,直接选择入炉煤或选择半入炉煤已成为未来的发展趋势。

第四章 内蒙古及西北区域焦化行业研究

一、内蒙古焦炭市场发展情况分析

（一）内蒙古炼焦煤供应能力分析

1. 内蒙古炼焦煤供应

内蒙古的煤炭储量位居全国第一，但炼焦煤储量仅集中在乌海及其周边的三个煤田（见表4－19）。截至2010年底，内蒙古查明保有炼焦煤储量70.3亿吨，仅占全国查明炼焦煤保有储量的2.5%。目前，内蒙古自治区炼焦煤的储采比为37，低于全国42的平均水平。

表4－19 内蒙古炼焦煤赋存煤田简介

煤田	简介
大青山煤田	位于包头市东北大青山内，面积约200平方千米。主产气煤、肥煤、焦煤，优点是硫分低
桌子山煤田	位于鄂尔多斯市西部，与宁夏隔黄河相望，含煤面积约400平方千米。中部以桌子山为界纵分煤田为东西两翼；东翼自北向南有千里山区、库里火沙土和阿尔巴斯勘探区；西翼自北向南有木耳沟矿区、卡布其矿区、骆驼山勘探区、滴沥帮乌素勘探区、白云乌素勘探区、棋盘勘探区、老石旦勘探区、公乌素矿区、雀儿沟矿区。主产气煤、肥煤、焦煤
乌达煤田	位于鄂尔多斯市西缘，东临黄河，为一南北向的近似椭圆形的构造盆地，面积约33平方千米。主产焦煤和1/3焦煤，缺点是难洗选

数据来源：中国煤炭资源网

内蒙古自治区虽然是中国第一大煤炭生产地区，但炼焦煤在其煤炭产量中的占比非常小。2017年，全区生产炼焦原煤5502.3万吨，仅占其煤炭总产量87857万吨的6.2%；而由于精煤产率低，2017年，全区炼焦精煤产量仅为2618.7万吨，约占全国精煤总产量的5.8%（见图4－23）。

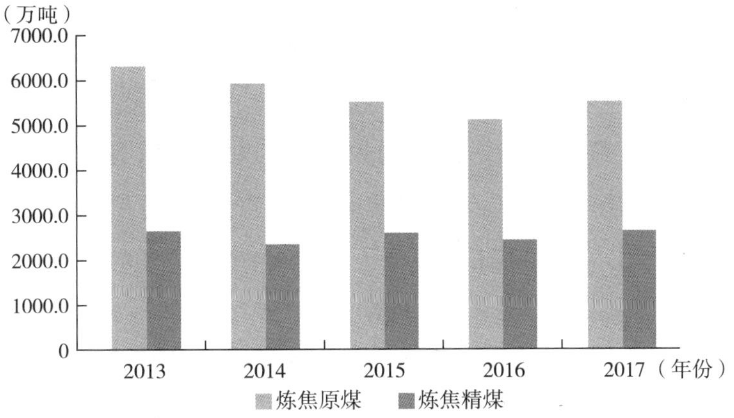

图 4－23　2013—2017 年内蒙古炼焦煤产量

资料来源：中国煤炭资源网

表 4－20　2017 年内蒙古炼焦煤分煤种产量　　单位：万吨

煤种	1/3 焦煤	肥煤	焦煤	贫瘦煤	气肥煤	气煤	瘦煤	总计
炼焦原煤	2094.5	348.7	2954.6	11.8	14.6	0.0	78.1	5502.3
炼焦精煤	1005.3	167.4	1418.2	3.6	0.0	0.0	24.2	2618.7

数据来源：中国煤炭资源网

内蒙古自治区炼焦煤不能自给，每年需要从外省大量调入。根据中国煤炭资源网的推算，2017 年，内蒙古炼焦精煤实际消费量约有 4300 万吨，供需缺口约达 1400 万吨；同时，内蒙古生产的炼焦煤品种结构失衡（见表 4－20），每年要调出多余的 1/3 焦煤等煤种 300 万吨，因此，2017 年内蒙古实际需调入炼焦精煤约 1700 万吨，煤种以主焦煤和肥煤为主。

中国煤炭资源网实地调查资料显示，内蒙古调入的炼焦煤中超过 50% 的部分是从蒙古国调入，其余部分从青海、陕西、宁夏、新疆、山西等地调入。

总体来看，内蒙古炼焦煤可选性差，大部分为难选、极难选煤，仅有桌子山煤田的骆驼山井田的炼焦煤属易选煤。因此，在可以预见的将来，内蒙古炼焦煤实际供应能力都难以有大的改善。

2. 蒙古煤对内蒙古焦化行业的影响

内蒙古自治区焦炭生产主要集中在乌海一带，该地区及周边虽然盛产炼焦煤，但主焦煤的产量远远不能满足生产的需求，需要从内蒙古以外的地区调入。蒙古国生产的主焦煤具有低灰、低硫、发热量高、结焦性强的优点，完全能够满足乌海一带焦炭生产需求，且蒙古国的主要煤矿与乌海的距离都在700公里以内，处于运输经济半径之内。2017年，进口蒙古煤3249万吨，同比增长24.24%。

当前，影响蒙古炼焦煤在内蒙古使用的重要因素主要有两点：第一，蒙古政府方面执政的随意性比较强；第二，由于蒙古原煤生产、储运、加工等各方面的管理水平不高，导致其出口炼焦煤的质量不稳定。因此目前在内蒙古乃至中国的焦炭生产中，都不放心将蒙古炼焦煤作为主要配入煤种使用。

随着中蒙经贸关系的进一步深入以及内蒙古地区运输能力的进一步提高，蒙古煤炭的质量与供应保障能力必将持续提高，未来，蒙古炼焦煤在内蒙古焦化产业中必将发挥更大的作用。

（二）内蒙古焦炭供应情况

1. 内蒙古焦炭产能现状及分析

截至2017年，内蒙古自治区共有规模以上焦化企业30多家，总产能达4350万吨，其中半焦产能近1000万吨。这些焦化企业多数集中在乌海及其周边的蒙西地区，其中乌海地区焦炭产能约为1900万吨，而乌海周边200公里范围内焦炭产能为1700万吨，另外，还有在建及拟建的焦炭产能500万吨（见图4－24）。

主要企业中神华下属焦化厂产能为713万吨，占内蒙古焦炭总产能的16.4%以上。

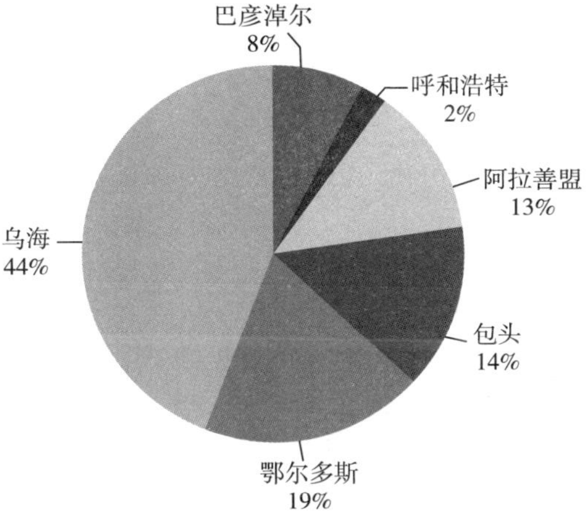

图 4-24 内蒙古自治区焦炭产能分布

资料来源：内蒙古焦化工业协会

2. 内蒙古焦炭生产情况

2017 年，内蒙古自治区共生产焦炭 3046 万吨，比 2016 年增长了 230 万吨，同比增长 7.5%，约占全国产量的 7%（见图 4-25）；其中，冶金焦产量为 2314 万吨，占全省焦炭产量的 76%，半焦产量为 630 万吨（见图 4-26）。

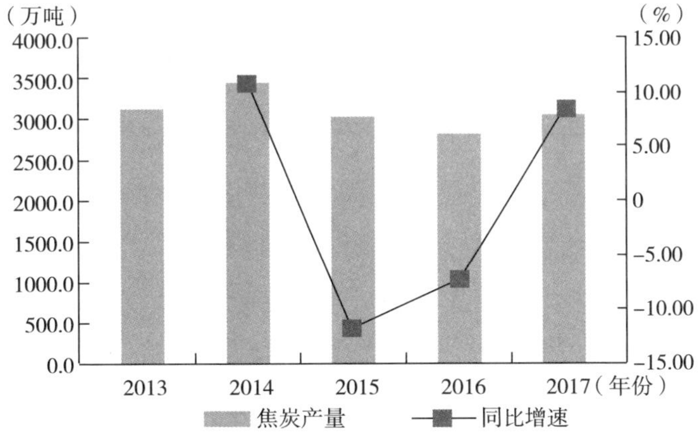

图 4-25 2013—2017 年内蒙古焦炭产量及同比增速

资料来源：国家统计局

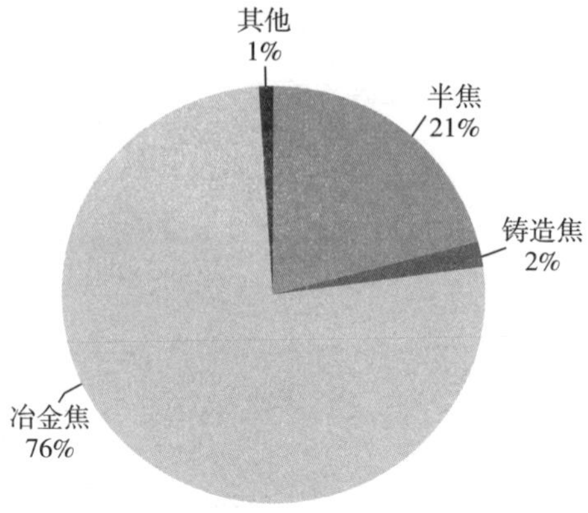

图4-26　内蒙古焦炭产量按产品分布

资料来源：内蒙古焦化工业协会、中国煤炭资源网

目前，内蒙古自治区焦炭行业总产能利用率为70%，其中，半焦产能利用率不到50%，产能过剩的问题和其他焦炭生产大省一样严重。受制于水资源短缺，内蒙古焦炭行业的化产率虽然很受重视，但一直没有大的进展。

（三）内蒙古焦炭消费分析

1. 内蒙古钢铁产业发展现状分析

截至2017年，内蒙古共有生铁产能1900余万吨，产能利用率约为76%。其中，蒙东生铁产能主要集中在乌兰浩特与赤峰两地，合计约有200万吨产能，其余全部集中在以包头为中心的蒙西地区，其中，包头市1300余万吨，乌海市、阿拉善盟、鄂尔多斯市等地合计约有400万吨产能。包头市是内蒙古最重要的钢铁生产地区，包头钢铁（集团）有限责任公司是内蒙古自治区最大的钢铁企业，目前已形成1850万吨以上铁、钢、材配套能力，占全自治区总产量的80%以上。

随着西部大开发的深入，依托自身资源优势与政府政策优势，内蒙古自治区钢铁产量逐年增加。2017年，内蒙古自治区粗钢和生铁产量分别为1983万吨和1550万吨，同比分别增长8.5%和5.2%，产量占全国的比重均小于2.5%（见图4-27）。

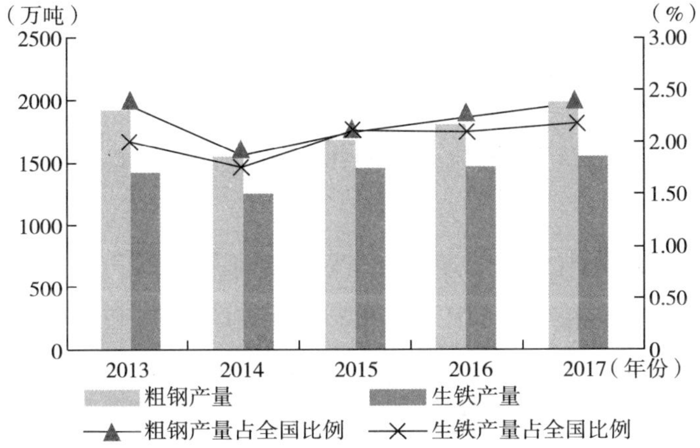

图 4－27　2013—2017 年内蒙古自治区钢铁产量及占全国比重

资料来源：国家统计局

2. 内蒙古焦炭区内消费分析

经中国煤炭资源网实地调研与综合测算，2017 年，内蒙古自治区焦炭消费量约为 1308 万吨，各行业消费量占比如图 4－28 所示。内蒙古化工与铁合金产业耗用焦炭量占全区焦炭总耗用量的比例远远大于其他省份。

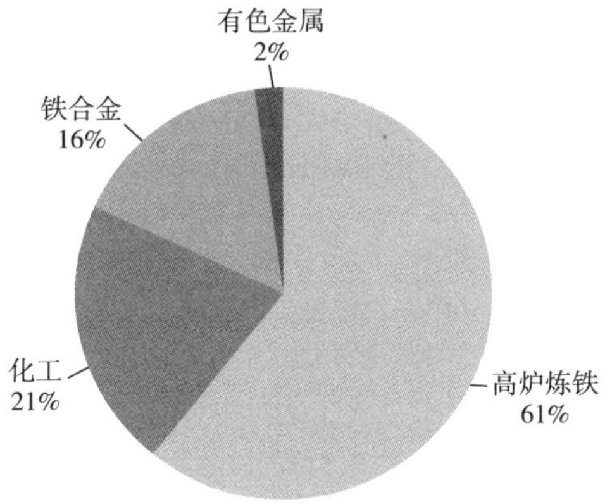

图 4－28　内蒙古自治区分行业焦炭消费量占比

资料来源：《内蒙古统计年鉴》，中国煤炭资源网

从消费区域看，内蒙古的焦炭消费主要集中在包头、乌海、阿拉善盟和鄂尔多斯四地，四地焦炭消费量占全区焦炭总消费量的95%以上。

3. 内蒙古焦炭向区外输送情况分析

内蒙古属于焦炭产量远大于需求量的地区，而且目前也是中国重要的焦炭调出地区。

实地调研以及中国海关总署的统计数据显示，2017年，内蒙古基本没有焦炭出口，可以推算出2017年内蒙古焦炭产量超过本省需求量1700多万吨。

内蒙古的焦炭外调量主要集中在乌海地区，乌海的焦炭产品80%以上销往河北唐山地区，已形成严重的市场依赖。

二、内蒙古焦炭品质发展情况分析

（一）内蒙古炼焦煤资源特点分析

内蒙古炼焦煤资源主要分布在鄂尔多斯含煤区内的大青山煤田和桌子山煤田，以焦煤和1/3焦煤为主，该区硫分较低，挥发分在大部分在28以上。

灰中碱金属含量较高，Fe_2O_3含量在4%～15%，除包头矿区和石炭井矿区CaO含量较低外，其他矿区含量均在5%以上。从灰成分数据对比来看，内蒙古炼焦煤焦化性能较山西差（见表4－21）。

从煤岩组分上看，乌海、万利及神东矿区惰性组分含量较高，会降低其本身的炼焦性能。

表4－21　内蒙古部分矿区灰成分数据（%）

矿区	SiO_2	Al_2O_3	Fe_2O_3	CaO	MgO	K_2O	Na_2O	TiO_2
乌海矿区	35.2	25.7	6.17	9.21	3.55	0.741	0.302	1.56
石炭井矿区	53.8	28.4	4.57	2.08	0.912	1.48	0.521	1.25
包头矿区	49.2	38.1	2.08	0.63	0.25	0.2	0.1	1.16
万利矿区	39.1	14.97	11.11	14.29	2.05	0.88	1.74	0.67
神东矿区（东胜区）	41.45	13.9	14.76	14.52	1.17	0.74	1.35	0.72

数据来源：中国煤炭资源网

表 4－22　内蒙古部分矿区煤岩组分数据

矿区	煤岩显微组分(以有机质计)(%)		
	镜质组 V	惰质组 I	壳质组 E
乌海矿区(海渤湾区)	58.77	39.46	1.77
石炭井矿区(呼鲁斯太区)	85.00	10.00	5.00
包头矿区	94.56	2.30	3.14
万利矿区	29.44	69.99	0.57
神东矿区(东胜区)	72.60	26.30	1.30

数据来源：中国煤炭资源网

炼焦煤资源的上述特点，决定了内蒙古地区的焦炭产品质量反应后强度较差，化产品产率高，因此，内蒙古地区焦化厂以生产二级焦为主，如果想生产反应后强度好的高端焦炭，必须从原料结构上进行优化，更多选择使用挥发分低、碱性金属含量更低的煤质资源。

(二)内蒙古区域焦化厂配煤结构分析

内蒙古炼焦以生产二级焦为主，在当地主力 1/3 焦煤的基础上，增加部分肥煤和弱粘煤。内蒙古当地某焦化厂的配煤结构及焦炭质量如表 4－23所示。

表 4－23　内蒙古某焦化厂配煤结构

煤种	配比	Ad	V_{daf}	St. d	G	X	Y
1/3JM1	3	9.82	33.66	0.74	73	29	10.7
1/3JM2	3	9.7	34.55	0.39	68	35	12.3
1/3JM3	36	10.37	32.68	0.97	89	30	17.6
1/3JM4	41	10.34	31.1	1	87	35	18.5
BN	10	4.84	34.67	0.19	0	40	0
CY	5	4.4	37.21	0.32	0	40	0
FM	2	10.5	32	1.8	90	30	25
配合煤	100	9.4	32.5	0.86	73.74	33.67	15.1
焦炭指标	Ad	St. d	M40	M25	M10	CSR	CRI
	13.7	0.71	83.4	92.2	6.6	50.4	39.5

数据来源：中国煤炭资源网

三、内蒙古焦化行业综合能力评估

2017年，内蒙古焦炭产量3046万吨，其中，本省消费1308万吨，剩余焦炭几乎全部外调至其他省份。当地钢铁行业发展较为落后，“十三五”期间去产能政策依然继续执行，未来对焦炭的需求不会太大。从质量要求上看，当地除包钢外其他钢铁厂多为小型钢铁厂，对焦炭的质量要求不高，因此，该省焦炭完全可满足当地需求。

目前，内蒙古焦炭主要销往河北区域，从河北2018年生产的钢材品种看，该省在钢材结构和品种上都发生了变化，品质有了明显提高，这就对焦炭质量有了更高的要求。而内蒙古受资源限制影响，以生产二级焦为主，当地用煤生产的焦炭质量并不能满足其健康长远发展的需要，因此，未来如何以当地煤源为基础，合理搭配配煤结构，提高焦炭质量，成为增强其竞争力的核心。

四、西北区域焦化行业研究

（一）西北区域焦炭市场发展情况分析

1. 西北区域炼焦煤供应能力

新疆炼焦煤资源丰富，总储量大，占全国炼焦煤总量的8.16%；煤质差异较大，地区分布不均衡；煤种齐全，高变质程度炼焦煤储量较少，主要以气煤储量为主。2017年，新疆焦煤精煤产量为402.07万吨，气煤精煤产量为553.32万吨。

宁夏炼焦煤主要分布于石炭井石嘴山矿区，以1/3焦煤为主。焦炭质量基本符合大型高炉的要求地，但存在部分煤层灰分偏高或硫偏高，焦粉量高的缺点，因此只适合做配焦煤。2017年，宁夏炼焦煤1/3焦煤精煤产量为268.33万吨。

陕西煤炭资源丰富，资源量达到1725亿吨。其中，陕北石炭二叠纪资源量达62亿吨，主要做炼焦配煤用，渭北石炭二叠纪煤田资源量为70亿吨，部分做炼焦配煤用。2017年，陕西炼焦煤精煤产量为412.25万吨，其中，贫瘦煤精煤产量243万吨，瘦煤精煤产量127.48万吨。另外，陕北神木区域有部分长焰煤可做配煤使用。

青海炼焦煤资源以焦煤和1/3焦煤为主，2017年，青海省焦煤精煤产量为128.85万吨，1/3焦煤精煤产量为128.85万吨。

西北区域炼焦煤受煤质与煤种所限，生产较高端冶金焦还需调入内蒙古、山西及蒙古优质主焦煤或肥煤，区外煤的配入量高达15%～30%。

2017年，西北区域炼焦原煤及炼焦精煤产量如表4－24、表4－25所示。

表4－24　2017年西北区域炼焦原煤产量　　单位：万吨

省份	1/3焦煤	焦煤	贫瘦煤	气煤	瘦煤	总计
宁夏	760.19	111.32	0	1.07	76.54	949.12
青海	183.27	183.27	0	0	0	366.54
陕西	0	0	1446.38	83.57	758.83	2288.78
新疆	0	670.14	0	2304.91	0	2975.05
总计	943.46	964.73	1446.38	2389.55	835.37	6579.49

数据来源：中国煤炭资源网

表4－25　2017年西北区域炼焦精煤产量　　单位：万吨

省份	1/3焦煤	焦煤	贫瘦煤	气煤	瘦煤	总计
宁夏	268.33	0	0	0	0	268.33
青海	128.85	128.85	0	0	0	257.7
陕西	0	0	243	41.77	127.48	412.25
新疆	0	402.07	0	553.32	0	955.39
总计	397.18	530.92	243	595.09	127.48	1893.67

数据来源：中国煤炭资源网

2. 西北区域焦炭生产情况

西北区域焦炭产能较低，受煤源限制，焦炭企业以生产兰炭为主，冶金焦企业不多。西北区域冶金焦产能为1470万吨，兰炭产能为5500万吨。

2017年，西北区域焦炭产量共6547.1万吨，同比增长2.33%，其中，兰炭产量占比达45.8%左右（见图4－29）。

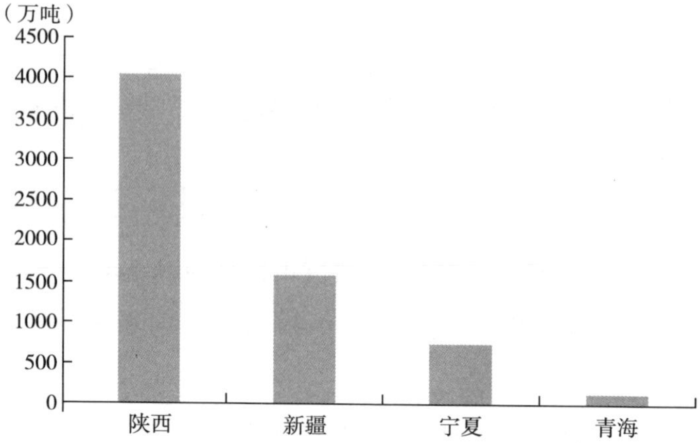

图 4－29　2017 年西北区域分省市焦炭产量

资料来源：国家统计局

3. 西北区域焦炭消费情况

新疆焦炭基本全部供应当地钢厂及铁合金厂，可基本满足下游需求。

陕西焦炭以外调为主，兰炭主要供应山东、河北玻璃厂、铁合金厂等；冶金焦除满足当地钢厂（如龙钢集团）需求外，还向山东、湖北等地销售优质焦炭。

（二）西北区域焦炭品质特点及发展

1. 西北地区炼焦煤煤质特点

西北区域成煤年代较晚，成煤物质蛋白含量较低。从常规指标上看，以低灰低硫煤、低粘结性煤为主。从灰成分数据看，该区域碱性金属含量较高，对焦炭热强度可起到抑制的作用（见表 4－26）。

表 4－26　西北区域部分煤矿灰成分数据（%）

矿区	SiO_2	Al_2O_3	Fe_2O_3	CaO	MgO	SO_3	TiO_2	K_2O	Na_2O	P_2O_5
天佑矿区	45.82	19.67	7.99	11.57	4.08	4.21	0.90	1.44	0.74	0.89
环鹏矿区	36.86	17.49	13.87	18.82	3.21	3.66	0.79	0.87	1.14	0.60
大黄山矿区	24.57	11.30	24.60	19.20	9.57	5.08	0.51	0.33	1.31	0.07
夏阔坦矿区	39.19	15.46	16.79	13.07	6.58	4.76	0.82	0.81	0.30	0.03

续表

矿区	SiO_2	Al_2O_3	Fe_2O_3	CaO	MgO	SO_3	TiO_2	K_2O	Na_2O	P_2O_5
科兴矿区	56.96	19.80	6.19	8.51	1.71	2.33	0.81	1.42	0.45	0.05
音西矿区	44.90	19.94	11.11	12.95	1.80	3.86	1.32	0.49	0.65	0.40

数据来源：中国煤炭资源网

2. 西北区域焦化厂配煤情况分析

西北区域焦炭产品以兰炭和冶金焦为主。兰炭以气煤和弱粘煤为原料生产。冶金焦以炼焦煤为主，不同区域冶金焦的配煤结构不同。

新疆冶金焦配煤以当地煤源为主，占比可达到50%以上，并配入内蒙古乌海肥煤及山西优质主焦煤，可生产三级焦（见表4－27）。

表4－27　新疆某焦化厂配煤结构

煤种	配比	Ad	V_{daf}	St. d	G	X	Y
1/3JM1	40	7.21	36.03	0.98	89	34.8	19
JM	13	10.39	26.71	0.75	89	29.7	16.2
NN	17	12.06	20.66	0.49	25	12.7	1.4
QM	10	8.97	40.23	0.31	86	41	13
1/3JM2	20	12.12	29.39	2.3	86	29	24
配合煤	100	9.6	31.2	1.06	77	29.8	16.04
焦炭质量	Ad	St. d	M40	M25	M10	CSR	CRI
	13.4	0.93	79.1	90.3	7.1	44.7	38.2

数据来源：中国煤炭资源网

陕西冶金焦配煤与山西运城区域类似，以韩城或运城瘦煤为主力煤种，并辅以临汾主焦煤、灵石肥煤等，可生产准一级焦。

（三）西北区域焦化行业综合能力评估

西北区域焦化行业结构与其他区域有明显的区别，该区煤的变质程度较低，且与华中地区距离较远，对优质煤的采购量受到限制，因此除八一钢铁或酒泉钢铁的大高炉对焦炭质量要求较高外，质量较差的焦炭基本可以满足其他小型高炉对焦炭质量的需求。除此之外，利用当地气煤、弱粘煤等资源冶炼兰炭是西北区域焦化行业发展的特色。兰炭最初是被用于冶金及化工领域，但是由于近年来中国加大了环保力度，兰炭作为一种清洁煤燃料慢慢被应用到了民用市场及工业锅炉市场，未来发展空间非常广阔。

第五章　河南省焦化行业研究

一、河南省焦炭市场发展情况分析

（一）河南省炼焦煤供应能力分析

河南省煤炭累计保有资源储量位居全国第十，仅为617.8亿吨，从人均占有资源量看，全国人均占有量为780吨，而河南省仅为620吨，不足全国平均水平。截至2009年底，全省煤炭累计查明资源储量284.54亿吨，已经消耗43.57亿吨，目前仍保有240.97亿吨，现有煤炭查明资源量还可开采不足50年。

河南省煤炭资源主要分布于豫北、豫西和豫东地区，其中90%的煤炭资源集中分布在京广线以西地区，主要分布在郑州、三门峡、焦作等14个省辖市。资源情况以动力煤为主，炼焦煤资源较少，以1/3焦煤、贫煤和焦煤为主。

2017年，河南省生产炼焦原煤4884.1万吨，占全国炼焦煤原煤产量的4.47%。分煤种产量中，1/3焦煤原煤产量达到1738.3万吨，其次为焦煤和贫瘦煤。2017年，河南省炼焦精煤产量为2627.9万吨，其中1/3焦精煤产量956万吨，焦精煤产量538.7万吨（见表4－28）。

表4－28　2017年河南省炼焦煤分煤种产量　　单位：万吨

煤种	贫瘦煤	瘦煤	焦煤	肥煤	1/3焦煤	其他	合计
炼焦原煤	976.5	693.4	979.4	455.4	1738.3	41.1	4884.1
炼焦精煤	467.6	415.2	538.7	250.4	956	0	2627.9

数据来源：中国煤炭资源网

河南省炼焦煤煤种齐全，结构完整，目前可以满足自用，除此以外，还有大量的焦煤和1/3焦煤外调，主要供应山东、湖北、江苏等地。近年来，为了降低成本，当地焦化企业不断扩大煤源，省外尤其是山西省炼焦精煤调入量不断增加，2017 年调入量达到 65 万吨以上。

此外，随着优质主焦煤的不断减少，以及外部需求量的增加，河南当地主焦煤供应量缺口逐渐凸显。例如，河南平煤神马集团的优质主焦煤并不能完全满足旗下焦化厂的使用，2018 年计划从山西调入部分量供其使用。

（二）河南省焦炭供应情况

1. 河南省焦炭产能分析

截至 2017 年，河南省共有规模以上在产焦化企业 23 家，产能达 2580 万吨，在建产能为 180 万吨。这些企业主要集中在平顶山、安阳等地，其中，安阳产能约占总产能的 46%，其次为平顶山。主要生产企业中，安阳钢铁焦化产能为 440 万吨，平顶山煤业焦化产能为 570 万吨（见图 4－30）。

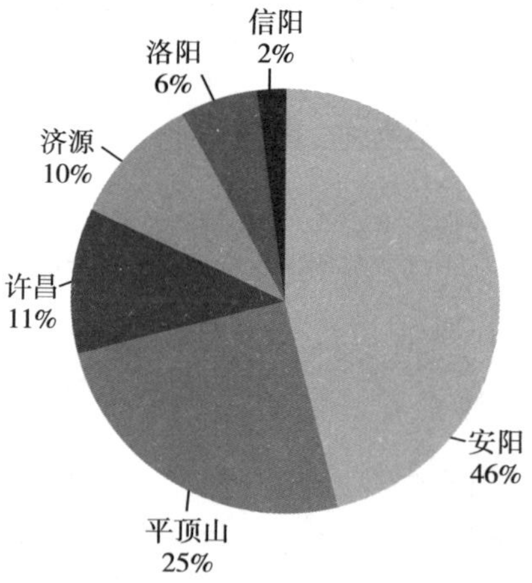

图 4－30　河南省焦炭在产产能分布

资料来源：中国煤炭资源网焦化数据库

河南省安阳临近河北，受环保影响较大，产能利用率相对较低，其他区域产能利用率几乎为 100%。受煤源限制及该省战略发展影响，河南焦化产业不会有较大的发展。

2. 河南省焦炭产量分析

2013—2015 年,河南省焦炭产量实现了稳定增长。2016 年之后,受供给侧改革与环保压力影响,焦炭产量开始回落。2017 年,河南省焦炭产量为 2290.8 万吨,同比下降 21.5%(见图 4-31)。河南省各区域差距较大,生产区域主要以平顶山和安阳等地为主。2017 年平顶山焦化厂生产正常,产量变化不大,而安阳因临近河北,受环保影响较大,河南焦炭产量下降的主要原因就在于此。

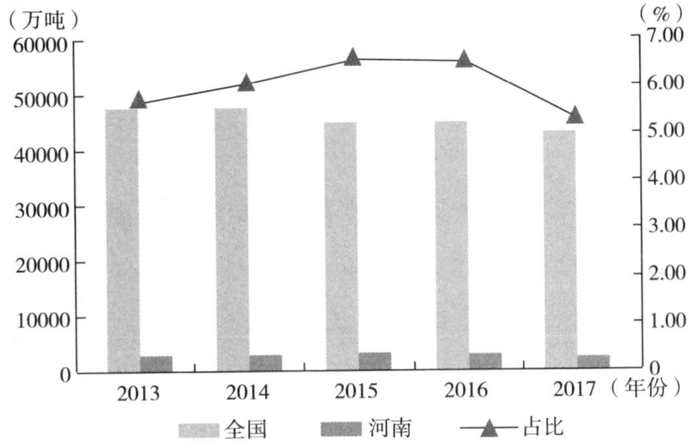

图 4-31 2013—2017 年河南省焦炭产量及占全国比重

资料来源:国家统计局

(三)河南省焦炭消费情况

1. 河南省钢铁产业发展现状

河南省钢铁产业相对落后,产能与产量一直保持在低位。据调研,河南省钢材需求量在 5000 万~6000 万吨,生产能力不足以供给当地需求,需要河北、山东和江苏的钢铁产品填充。受 2016—2017 年去产能和环保压力的影响,河南钢铁产量仍呈明显的下降趋势。2017 年,河南省生铁产量为 2702.57 万吨,同比下降 5.6%;粗钢产量为 2954.03 万吨,同比增长 3.67%;钢材产量为 3909.5 万吨,同比下降 16.2%(见图 4-32)。

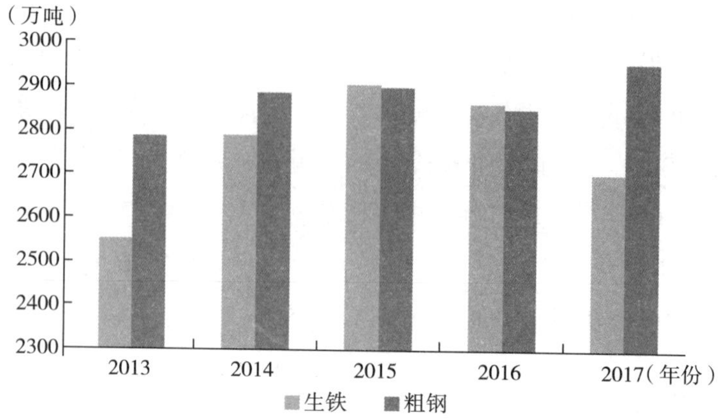

图 4－32　2013—2017 年河南省钢铁产量

资料来源：国家统计局

安阳钢铁是河南省最大的钢铁企业，2017 年，安钢粗钢产量为 1005.74万吨，占河南总产量的 38.75%，同比下降 4.06%。2017 年，安钢钢材产量为 1017 万吨，同比下降 3.01%。

整体来看，河南省钢铁产业相对落后，在全国同行业的竞争中举步维艰。产品集中在线材、长材领域，建筑用钢占比达 60% 以上。在优特钢领域，有着自己的优势，但并不明显，产品多集中在优特钢的低端市场，市场竞争力不足。预计在“十三五”期间，还将有一批低端产能退出市场，市场占有率将进一步降低。

2. 河南省焦炭消费分析

经中国煤炭资源网实地调研与综合测算，2017 年，河南省当地钢铁企业的焦炭消费量约为 1392 万吨，占焦炭总产量的 60.76%，其余焦炭主要用于外调。

3. 河南省焦炭外调情况分析

河南省焦炭外调量主要集中在湖北、山东和广西等地，运输方式以铁路为主。2017 年，河南省焦炭外调量约为 800 万吨。

二、河南省焦炭品质发展情况分析

(一)河南省炼焦煤煤质特点

1. 灰成分特点

山西组灰分含量较低,主要为低中灰和中灰分煤,平均灰分可大于15% ~20%,主要以贫煤或瘦煤为主。这部分煤的灰熔点普遍较高,软化温度一般都大于1400℃,灰成分中SO_2含量达35%,Al_2O_3达25% ~40%,CaO 和 Fe_2O_3含量略高,但不超过10%。

太原组灰分含量也较低,主要以焦煤和肥煤为主,平均灰分一般为25% ~40%。灰成分中 SO_2 含量为 40% ~60%,Al_2O_3 含量为 15% ~30%,Fe_2O_3含量较高,部分高达20%以上,部分灰熔点低到1120℃。

河南省部分煤矿灰成分含量如表4 –29 所示。

表4 –29　河南省部分煤矿灰成分数据

煤矿名称	SiO_2	Al_2O_3	Fe_2O_3	CaO	MgO	Na_2O	K_2O	TiO_2
八矿	53.64	30.95	4.3	2.38	1.68	0.03	0.63	1.15
首一	44.07	32.55	3.52	1.26	0.22	0.14	0.42	1.13
二矿	49.2	43.3	3.11	0.47	0.39	0.2	0.32	2
七星	46.95	30.59	5.84	3.62	1.25	0.45	0.89	1.66
田庄	37.3	23.9	4.41	7.2	0.66	0.6	0.56	1.26

数据来源:中国煤炭资源网煤质数据库

2. 煤岩组分特点

河南省安阳、鹤壁等地镜质组分含量普遍较高,河南西部的镜质组分含量较低,与其煤种分布相关性一致,表4 –30 为河南省部分地区煤岩组分含量。

表4 –30　河南省部分地区煤岩组分数据

所属省	所属市	所属县	煤岩显微组分(以有机质计)(%)		
			镜质组 V	惰质组 I	壳质组 E
河南省	平顶山市	卫东区	58.97	34.07	6.96
河南省	平顶山市	卫东区	56.24	32.13	11.63

续表

所属省	所属市	所属县	煤岩显微组分(以有机质计)(%)		
			镜质组 V	惰质组 I	壳质组 E
河南省	平顶山市	汝州市	67.80	7.20	0.40
河南省	平顶山市	汝州市	60.70	21.20	4.30
河南省	许昌市	襄城县	58.97	34.07	6.96
河南省	许昌市	禹州市	82.48	17.42	0.10
河南省	许昌市	禹州市	82.48	17.42	0.10
河南省	洛阳市	孟津县	76.90	5.00	7.10
河南省	安阳市	安阳县	66.80	17.30	1.50
河南省	安阳市	安阳县	83.40	8.90	0.30
河南省	鹤壁市	鹤山区	80.70	8.80	0.10
河南省	焦作市	修武县	87.30	2.20	0.10
河南省	商丘市	永城市	76.30	5.69	1.10
河南省	许昌市	许昌县	73.60	14.50	0.10
河南省	郑州市	新郑市	79.54	13.67	6.79
河南省	郑州市	新密市	62.70	15.80	5.15

数据来源：中国煤炭资源网煤质数据库

河南煤质与山西煤质类似，但灰中碱金属含量略高于山西煤，结合常规指标，决定了河南焦炭指标热强度较高，抗碎和耐磨强度也较高，适合于大高炉使用。

（二）河南省焦化厂配煤结构分析

河南省焦化厂配煤结构可分为两部分，一部分是以安钢为代表的配煤类型，另一部分是以平煤集团为代表的配煤类型。

安钢：安阳与邯郸毗邻，因此主力煤种以邯郸主焦煤为依托，配入安阳当地贫瘦煤或贫煤，山东肥煤及1/3焦煤，以及部分海运煤。主要生产一级焦供安钢使用。

平煤集团：平煤集团焦化厂的80%煤源来自集团煤矿，并辅以运城瘦煤、陕西榆林煤或青海弱粘煤用以降灰降硫。主要生产二级或准一级焦，供华中、华东和华南钢厂使用。

河南某焦化厂配煤结构如表4－31所示。

表4－31 河南某焦化厂配煤结构

煤种	配比	Ad	V_{daf}	St. d	G	X	Y
JM	40	10.5	23	0.45	85	25	14
SM	15	10	24	0.45	65	25	7
FM	20	8	30	4.2	100	0	30
1/3JM	10	10.5	31	0.45	90	30	17
RN	8	6	29	0.2	35	40	4
CY	7	6	36	0.6	35	40	4
配合煤	100	9.25	26.94	1.19	78.2	23.15	15.05
9.25	26.94	1.19	78.2	23.15	15.05	95.4	0.96
焦炭质量	Ad	St. d	M40	M25	M10	CSR	CRI
	12.4	1.14	88.9	91.8	5.4	63.4	26.06

数据来源：中国煤炭资源网

三、河南省焦化行业综合能力评估

2017年，河南省焦炭产量为2290.8万吨，其中，当地钢铁企业消费1392万吨，外调量800余万吨。不仅满足了当地钢厂的需求，还弥补了华中与华东的部分市场缺口。

河南省拥有的炼焦煤资源煤种齐全且丰富，从焦化厂配煤的角度看，目前，炼焦煤供应量基本可保障当地焦化厂的需求，生产的焦炭质量在准一级以上。外调的焦炭主要供武钢及沿海的大中型钢厂使用。

河南优质的主焦煤资源不仅供当地焦化厂使用，还有一部分通过铁路运往南方大钢厂，当地煤企为满足南方大客户的需求，开始不断压缩当地焦化厂的主要煤供应。如果不调入同等质量的主焦煤，河南焦炭质量将面临下降的风险，也会影响其在南方钢厂的地位。故预计河南当地煤企将会采购部分山西优质主焦煤作为补充，以保证其质量的稳定性。

第六章　西南区域焦化行业研究

一、西南区域焦炭市场发展情况分析

（一）西南区域炼焦煤供应能力分析

西南区域冶金用煤主要集中于贵州、云南和四川省境内，重庆市境内有少量生产。西南区域煤炭资源分布集中且煤种齐全，炼焦煤资源主要分布在贵州六盘水、云南曲靖、四川攀枝花周边地区，是中国南方最大的炼焦煤产地，其资源量占全国炼焦煤总资源量的4%左右。

1. 西南区域炼焦煤以内部消化为主，区域性较强

西南区域炼焦煤资源主要用于供应当地的焦化厂，外运量相对较少。受制于特殊的地理位置，北方及进口海运煤到西南区域运距均较长，高企的运输成本，导致北方煤及进口海运煤在西南区域炼焦煤总量中占比较小，区域内炼焦煤供应相对独立。但是当地安全事故多发，任何一个地区的安全事故对区域内炼焦煤的供应都将造成剧烈冲击。且西南煤炭部分煤种存在一定缺口，需要从区域外采购部分资源以弥补供应缺口。

受近几年淘汰落后产能及供给侧改革的影响，西南区域炼焦煤产量整体呈下降趋势。2017年，西南区域炼焦原煤总产量为1.17亿吨，占全国炼焦原煤总产量的10.7%，同比下降5.7%。其中，贵州7686.02万吨，同比微增3.0%；云南1999.92万吨，同比微增1.0%；四川1557.77万吨，同比下降19.5%；重庆466.21万吨，同比下降55.1%。2017年，西南区域炼焦精煤总产量为6110.32万吨，同比下降5.7%（见图4－33、表4－32、表4－33）。

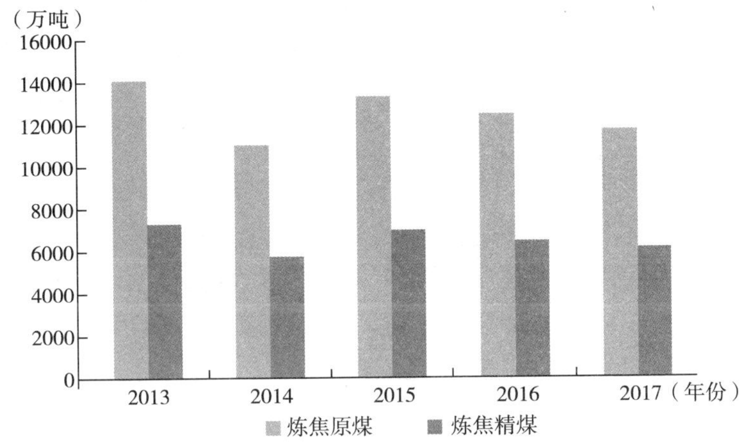

图 4－33　2013—2017 年西南区域炼焦煤产量

资料来源：中国煤炭资源网

表 4－32　2017 年西南区域分煤种原煤产量　　单位：万吨

地区	1/3 焦煤	肥煤	焦煤	贫瘦煤	气肥煤	气煤	瘦煤	总计
贵州	0	3472.05	1849.76	939.88	462.45	0	961.88	7686.02
四川	0	0	988.74	87.26	0	0	481.77	1557.77
云南	634.34	181.3	745.11	29.51	119.67	0	289.99	1999.92
重庆	177.87	56.01	87.29	59.2	34.53	32.02	19.29	466.21
总计	812.21	3709.36	3670.9	1115.85	616.65	32.02	1752.93	11709.92

数据来源：中国煤炭资源网

表 4－33　2017 年西南区域炼焦精煤分煤种产量　　单位：万吨

地区	1/3 焦煤	肥煤	焦煤	贫瘦煤	气肥煤	气煤	瘦煤	总计
贵州	0	1909.63	1017.38	295.09	207.43	0	431.41	3860.94
四川	0	0	494.38	30.46	0	0	240.16	765
云南	411.37	99.69	483.23	16.18	71.63	0	159.06	1241.16
重庆	106.73	30.81	43.62	23.63	14.78	14.03	9.62	243.22
总计	518.1	2040.13	2038.61	365.36	293.84	14.03	840.25	6110.32

数据来源：中国煤炭资源网

2. 西南区域进口煤占比较小

2015—2016 年西南区域四省（市）均未进口炼焦煤，2017 年 4 月开始恢复进口。2017 年，西南区域累积进口焦煤 96.7 万吨，仅占全国总进口量的 1.4%。其中，云南 51.7 万吨、四川 41.6 万吨、贵州 3.1 万吨、重庆 0.1 万吨。

（二）西南区域焦炭供应

1. 产能情况

截至 2017 年，西南区域在产焦化产能达 3606 万吨，其中，四川产能 1128 万吨、云南产能 1358 万吨，两省焦炭产能共占区域总产能的69.8%，其中钢铁配套焦化产能为 2091 万吨。

2. 焦炭生产情况

2017 年，西南区域焦炭产量继续呈下降态势，焦炭总产量 2719.7 万吨，同比下降 13.9%，占全国总产量的比重为 6.3%，同比下降 0.7%。其中，重庆 173.5 万吨，同比增长 29.8%；贵州 510.2 万吨，同比下降 19.1%；四川 1072.24 万吨，同比下降 11.2%；云南 963.8 万吨，同比下降 8.9%（见图 4－35）。

受市场低迷及淘汰落后产能影响，西南区域焦炭产量近年来呈逐年下降趋势。虽然重庆地区焦炭产量同比有所增加，但是 2015 年、2016 年重庆焦炭产量同比分别下降了 21.1%、38.5%（见图 4－34）。

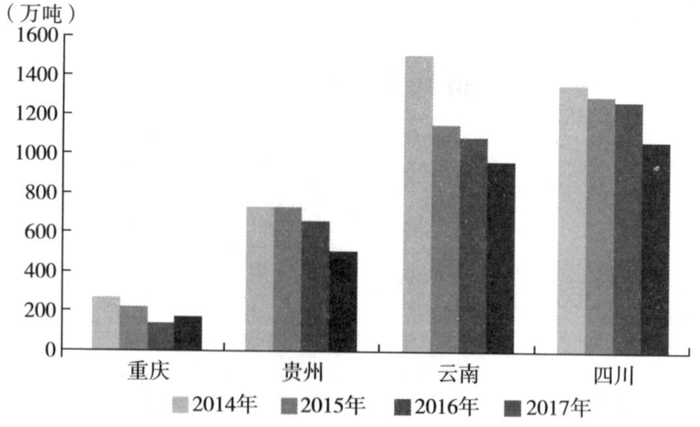

图 4－34　西南区域各省市焦炭产量

资料来源：国家统计局

(三)西南区域焦炭消费分析

1. 西南区域钢铁产业现状分析

2017 年,西南区域钢材总产量为 4395 万吨,同比增长 2.0%。其中,四川粗钢产量为 2837.21 万吨,同比增长 1.0%;云南粗钢产量为 1517 万吨,同比增长 7.1%;贵州粗钢产量为 526.18 万吨,同比下降 14.7%;重庆粗钢产量为 411 万吨,同比增长 12.3%(见图 4-35)。

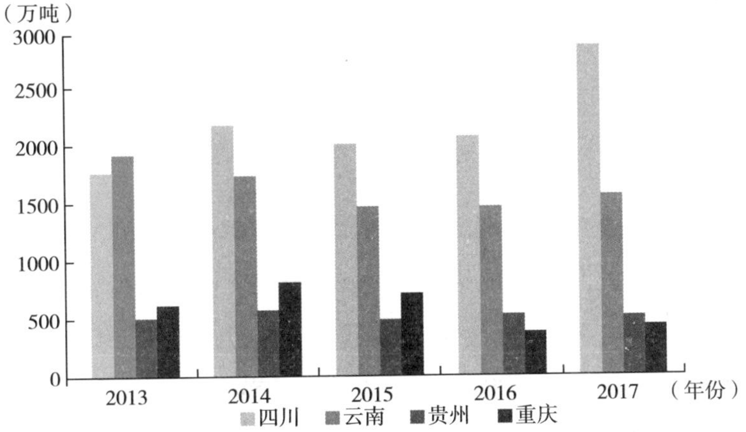

图 4-35　2013—2017 年西南地区粗钢产量

资料来源:国家统计局

2017 年,西南区域生铁总产量为 3950 万吨,同比增长 7.6%。其中,四川生铁产量为 1900 万吨,同比增长 9.6%;云南生铁产量为 1322 万吨,同比增长 3.5%;贵州生铁产量长 344 万吨,同比下降 7.45%;重庆生铁产量 384.1 万吨,同比增长 7.6%(见图 4-36)。

近年来西南区域的经济增长速度均领跑于全国,固定资产投资以及房地产开发投资均保持了良好的增长势头。在低库存、环保、去产能、供给侧改革以及资本效应轮番刺激下,2017 年钢材价格继续走高,钢厂在行业利润大幅增加的情况下,生产积极性较高,2017 年,钢材及生铁产量均实现了不同程度的增长。

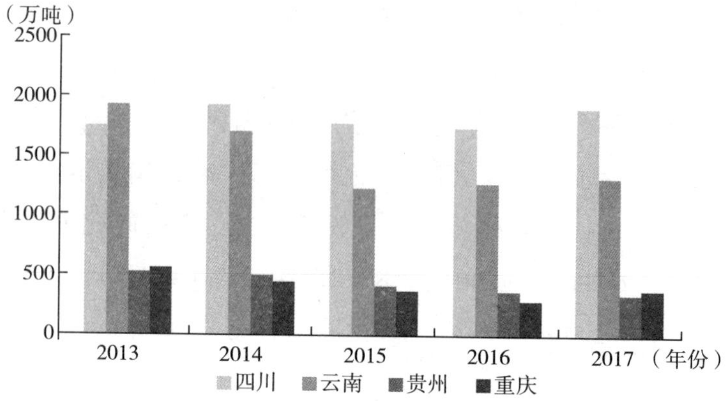

图 4－36　2013—2017 年西南地区生铁产量

资料来源：国家统计局

2. 西南区域焦炭省内消费分析

西南区域的焦炭主要以供应本地钢厂为主，根据中国煤炭资源网的现场调研与综合测算，西南区域钢铁行业焦炭耗用量约为其焦炭总产量的70%，大约为1904 万吨。其中，四川、云南两地焦炭消费量占西南总消费量的 60% 以上。

（1）西南区域焦炭调入及调出情况

受当地炼焦煤的资源特点所限，西南炼焦煤炼成的焦炭以三级焦、等外焦为主，焦炭品质相对较差，所以当地钢厂会采购一部分陕西、山西等地的焦炭作为补充。

陕西、山西、内蒙古是西南区域的主要焦炭调入地区，由于运距较远，70% 通过铁路调运。根据中国煤炭资源网的现场调研与综合测算，西南区域调入焦炭总量约为 1000 万吨。

（2）调出方向及数量

经中国煤炭资源网实地调研推算，2017 年，西南区域累计调出焦炭约为 545 万吨，占其当年焦炭总产量的 20%，主要发往周边的广西、广东等地区。

2017 年，西南区域合计出口焦炭 28 万吨，占全国出口总量的 3.5%。

仅云南和贵州有出口，其中，云南出口焦炭27万吨，贵州出口1万吨。

二、西南区域焦炭品质发展情况分析

（一）西南区域炼焦煤煤质特点

西南区域中贵州省煤炭资源最为丰富，素有西南煤田之称，是西南区域炼焦用煤的主要供应地，以焦煤、肥煤、1/3焦煤为主。同时，贵州省的大部分炼焦煤属于中灰低硫煤；肥煤的灰分、硫分偏低，1/3焦煤的灰分相对较高。

云南省炼焦用煤以焦煤和1/3焦煤为主，煤炭整体的灰分偏高，硫分较低。炼焦煤主要集中于滇东的曲靖地区和滇西北的华坪县，其余地区有少量分布。

四川焦煤的灰分、硫分都较低，而大宝鼎煤矿的焦煤的灰分偏高，硫分较低。四川省的肥煤主要集中在华蓥山煤田，属于高灰高硫煤。

重庆市的炼焦煤以肥煤、焦煤、瘦煤为主。其中，肥煤的灰分较低，但硫分偏高，主要分布于南桐煤田；焦煤的灰分偏高，硫分属于中低档位；瘦煤灰分较低，但硫分偏高。

总的来看，西南部分地区炼焦煤灰分、硫分等有害元素含量较高，从而对焦炭质量产生了一定影响。另外，随着近几年高炉大型化，对焦炭热强度要求提升，但是当地炼焦煤普遍热态强度较低，因此，为提升焦炭热强度必须引入山西等地区的焦煤或者进口煤作为补充。

（二）西南区域焦化厂配煤结构

西南区域焦化厂以当地焦煤和1/3焦煤为骨架煤种，配入部分肥煤和进口气煤，焦炭热强度可达到67（见表4－34）。

表4－34 西南某焦化厂配煤结构

煤种	配比	Ad	V_{daf}	St. d	G	X	Y
JM1	20	15	20.56	1.01	67.5	31.5	15
JM2	20	15.44	26.72	0.6	85	28	15

续表

煤种	配比	Ad	V_{daf}	St. d	G	X	Y
JM3	15	13.12	21.51	1.18	70.94	31.5	13
1/3JM	25	14.8	33.76	0.51	82.16	36.5	19
QM（进口）	10	6.64	38.81	0.56	60	56.5	11.5
FM	10	11.03	25.34	0.85	91.01	36	16
配合煤	100	13.6	27.3	0.72	77.3	34.85	15.8
焦炭质量	Ad	St. d	M40	M25	M10	CSR	CRI
	14.6	0.66	93.1	91.8	6.04	67	19.9

数据来源：中国煤炭资源网

三、西南区域焦化行业综合能力评估

2017 年，西南区域焦炭产量继续呈现下降态势，焦炭总产量为 2719.7万吨，同比下降 13.9%，其中，重庆 173.5 万吨，同比增长 29.8%；贵州 510.2 万吨，同比下降 19.1%；四川 1072.24 万吨，同比下降 11.2%；云南 963.8 万吨，同比下降 8.9%。西南区域焦炭消费量大约为 1904 万吨。西南地区的焦炭主要调往两广地区的钢厂。

西南部分地区炼焦煤灰分、硫分等有害元素含量较高，从而会对焦炭质量产生一定影响。另外，随着近几年高炉大型化，对焦炭热强度要求提升，但是当地炼焦煤普遍热态强度较低，因此，为提升焦炭热强度必须引入山西等地区的焦煤或者进口煤作为补充。

西南区域近年来去产能力度较大，炼焦煤供应能力下降。2017 年，西南区域炼焦原煤总产量为 1.17 亿吨，同比下降 5.7%，供应能力的下降或将间接影响区域内焦炭的供应。

第七章 华东区域焦化行业研究

一、华东区域焦炭市场发展情况分析

(一)华东区域炼焦煤供应能力

华东区域(除山东省)炼焦煤产量主要来自安徽和江苏两省。2017年,安徽省炼焦原煤产量为11377.83万吨,同比下降4.05%,炼焦精煤产量为2389.6万吨,同比下降4.05%。安徽大量的气煤作电煤用。2017年,江苏省炼焦原煤产量为1278.51万吨,同比下降6.72%,炼焦精煤产量为767.1万吨,同比下降6.72%(见表4-35)。

表4-35 2017年华东区域炼焦煤产量 单位:万吨

地区	煤种	1/3焦煤	肥煤	焦煤	贫瘦煤	气肥煤	气煤	瘦煤	总计
安徽	原煤	1769	444.69	946.25	314.38	1933.9	5556.9	412.71	11377.83
	精煤	884.53	244.59	473.11	125.29	192.81	304.81	164.46	2389.6
江苏	原煤	44.96	43.14	0	0	293.5	896.91	0	1278.51
	精煤	26.97	25.91	0	0	176.09	538.13	0	767.1

数据来源:中国煤炭资源网

华东区域炼焦煤资源结构不平衡,无法满足当地焦化厂的需求。进口煤和从国内其他地区(山西、河南)调煤成为重要补充。2017年,华东区域(除山东省)炼焦精煤进口量为904.2万吨,同比增长23.4%(见表4-36)。进口煤主要供应江苏和上海。

表4-36 2013—2017年华东地区炼焦煤进口 单位:万吨

地区	2013年	2014年	2015年	2016年	2017年
安徽	37.89	96.29	99.93	119.88	106.55
江苏	644.56	315.60	270.65	268.49	477.08

续表

地区	2013 年	2014 年	2015 年	2016 年	2017 年
上海	242.22	288.76	252.97	207.72	254.89
浙江	154.81	118.43	107.99	136.43	65.68
合计	1079.48	819.08	731.54	732.52	904.20

数据来源：海关总署

（二）华东区域焦炭供应能力

华东区域（除山东省）焦化产能较为集中，大部分隶属于几个大型钢厂。截至 2017 年，华东区域（除山东省）焦化产能为 4828 万吨，其中，宝钢集团焦化厂产能为 803 万吨，沙钢焦化厂产能为 630 万吨，马鞍山钢铁焦化产能为 504 万吨，淮北矿业焦化产能为 440 万吨。

从焦炉大型化看，华东区域 6 米以上焦炉产能达到 2643 万吨，占总产能的 54.7%。7.63 米顶装以沙钢和马鞍山钢铁为代表，两座焦炉产能均为 220 万吨（见图 4－37）。

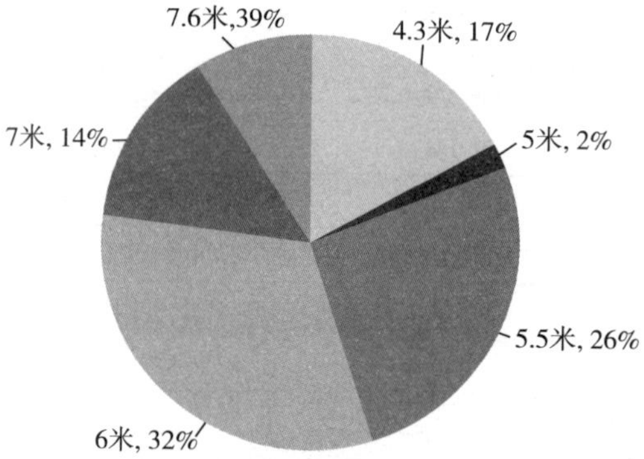

图 4－37　华东区域不同炉型产能分布

资料来源：中国煤炭资源网产能数据库

2017 年，华东区域（除山东省）焦炭产量为 3903.2 万吨，同比下降 8.6%。其中江苏焦炭产量为 2060.2 万吨，安徽焦炭产量为 1057.6 万吨，两省焦炭产量共占总产量的 80%（见图 4－38）。

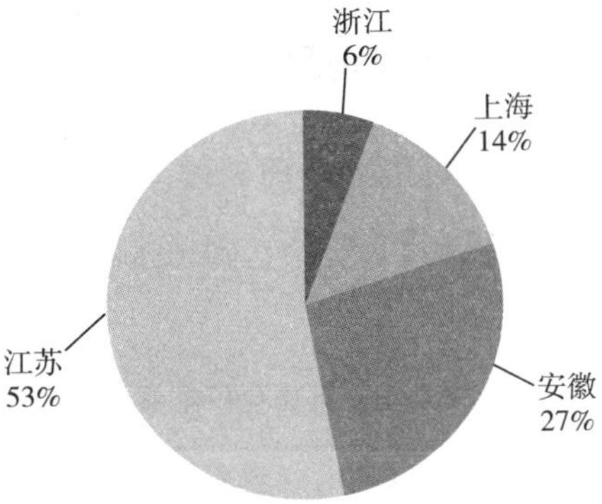

图4－38 华东区域不同省市焦炭产量

资料来源：国家统计局

（三）华东区域焦炭消费情况

2017年，华东区域受去产能及环保压力影响，钢铁产量均有不同程度下降。除山东省外，华东区域其他省市生铁产量共计12615.60万吨，同比下降1.63%，粗钢产量为17195.66万吨，同比下降5.72%，钢材产量为22491.91万吨，同比下降8.35%（见图4－39）。

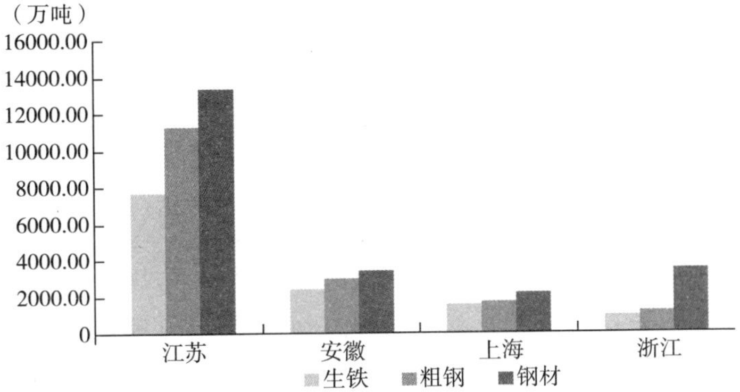

图4－39 2017年华东区域主要省市钢铁产量

资料来源：国家统计局

经中国煤炭资源网实地调研与综合测算，2017年，华东区域当地钢铁企业的焦炭消费量约为7016万吨，需求缺口达到3703万吨。从高炉对焦炭质量的要求分析，调入量主要来自山西优质焦炭、河南优质焦炭及河北二级焦炭。

二、华东区域焦炭品质发展情况分析

华东区域大型高炉较多，对焦炭的质量要求较高，而当地煤源以1/3焦煤和肥煤为主（见表4-37），因此需要调入山西优质焦煤和进口煤搭配，提高焦炭热强度。

表4-37 华东某焦化厂配煤结构

煤种	配比	Ad	V_{daf}	St. d	G	X	Y
QM（进口）	5	9.54	39.18	0.58	74.7	63	14
1/3JM	21.5	9.82	35.87	0.33	91.14	54	20
FM	25.5	9.81	32.55	0.54	91.28	44	28
JM1	18.5	10.57	26.39	0.49	91.85	30	23
JM2	18.5	9.75	23.11	2.25	86.16	24.7	17.5
SM1	7	10.2	18.44	0.44	70	43	13
SM2	3	10.15	18.71	0.48	25.31	30	10.5
配合煤	100	9.4	29.42	0.93	83.26	42.31	19.76
焦炭质量	Ad	St. d	M40	M25	M10	CSR	CRI
	12.93	0.81	84.41	92.02	5.98	61.75	28.25

数据来源：中国煤炭资源网

三、华东区域焦化行业综合能力评估

2017年，华东区域（除山东省）焦炭产量为3903.2万吨，同比下降8.6%，华东区域当地钢铁企业的焦炭消费量约为7016万吨，需求缺口达到3703万吨。华东区域的焦炭主要从华北和西南区域调入。

华东区域（除山东省）炼焦煤产量主要来自安徽和江苏两省。2017年，安徽省炼焦原煤产量为11377.83万吨，同比下降4.05%，江苏省炼焦原煤产量为1278.51万吨，同比下降6.72%，两省炼焦煤产量均处于下降的态势，进口煤和从国内其他地区（山西、河南）调煤成为重要补充，2017年，华东区域（除山东省）炼焦精煤进口量为904.2万吨，同比增长23.4%。资源条件是区域内焦炭供应的最大制约因素。